U0948883

赵丕承　著

第四册

陕西新华出版　三秦出版社

目　录

西　魏

民　　族：鲜卑族

时　　间：公元 535—556 年

疆　　域：东邻东魏的怀朔(内蒙古固阳县)、怀州(河南省沁阳市)

南至荆州(河南省邓州市)

西至敦煌，西宁——四川西昌，河州——甘肃枹罕

北到居延泽(巴丹吉林沙漠以北的内蒙古额济纳旗北境)

首　　都：长安

历代帝王：文帝元宝炬：公元 535—551 年

废帝元钦：公元 552—554 年

恭帝元廓：公元 554—556 年

北魏孝武皇帝元脩的永熙三年，公元 534 年秋七月二十七日，元脩逃离洛阳，代表着北魏正统而西奔长安。

这出戏的主导人物是当时为元脩所封的“关西大行台”宇文泰。当元脩跟高欢闹翻之后，就决定西依宇文泰。宇文泰也已派遣梁御、赵贵等率领装甲骑兵两千人东下迎接元脩。宇文泰备妥皇帝用的仪仗卫队，在今西安的东阳驿谒见皇帝元脩，叩头如仪，还泪流满面向元脩表示没有尽到保

元脩时代的西魏疆域图

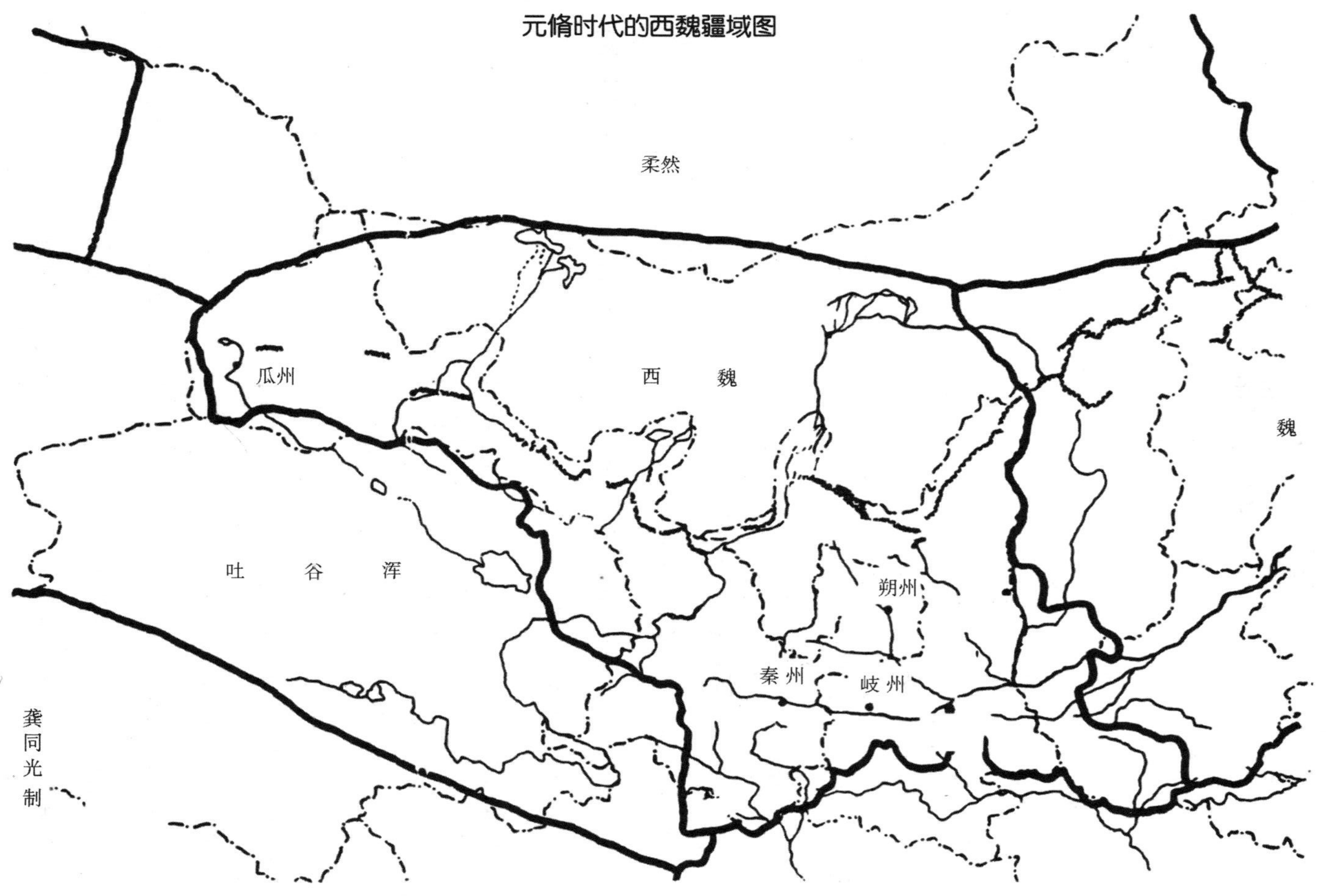

护王朝的歉意。

元脩进驻长安公廨，当年(534)秋摆脱掉了大军阀高欢的控制，宣布大赦天下，任命宇文泰为大将军、雍州刺史兼朝中的尚书令。国事、军事全由宇文泰执掌。元脩还把妹妹冯翊长公主下嫁给宇文泰为妻，宇文泰自然而然的又是驸马都尉了，这又与元氏皇族有了更深厚一层的裙带关系。

宇文泰反攻潼关，俘虏高欢的新占领军七千多人，高欢所派守将薛瑜战死。宇文泰同时又收复潼关的外围据点华州(陕西省大荔县)。华州在长安东北一百公里，是长安外围的重要据点，这样一来才使长安的安全得到保障。元脩又升宇文泰为大丞相。

元脩逃到长安，宇文泰视之“奇货可居”，仍然把他当作傀儡。而元脩设法摆脱了高欢的魔掌，幻想着做一个有自主权的真皇帝，自然不甘心再受宇文泰的摆布。于是当年(534)冬，宇文泰借口元脩与其从妹明月公主等三姊妹有染，使人杀了明月公主。皇帝元脩大怒！打算问罪宇文泰，宇文泰就在同年闰十二月十五日毒死时年二十五岁的北魏孝武皇帝元脩。他只在宇文泰手下做了不到半年的皇帝，可悲！可哀！《通鉴》说他“闺门无礼由是复与（宇文）泰有隙”。事实上元脩遇害的主要原因是在于他不自量力，也没有认清军阀之所以为军阀的真面目。

宇文泰乃奉太宰南阳王元宝炬而立之(《通鉴》)。公元535年正月一日，元宝炬在长安城西登基，改年号为大统，是为史家所称的西魏文帝(西魏第一任皇帝)。

宇文泰的革新

西魏的丞相宇文泰有心改革政治，度支尚书苏绰曾制订政府精简、武装屯垦的两个方案，还替皇帝拟出强国富民之法(六条诏书)。

一、清心：要求所有官员切实做到“清心寡欲”。他标示的口号是“道德不难修，只要你清心”。

二、敦教化：大力推行道德人格教育。

三、尽地利：发展农业经济。鼓励蚕桑与农牧并重。

四、擢贤良：用人以才为主，打破种族、门阀陋习。

五、恤狱讼：严禁任意加刑。疏解各处人满为患的监狱。

六、均赋役：赋税、徭役必须公平合理，彻底消灭财阀垄断的黑金政治。

北魏自孝明帝元诩以降，皇权旁落在皇后、皇亲之手，才弄得政事不修、军阀擅专以致分裂成西、东两政权。宇文泰能够适时提出革新理念，不失是一个颇有建国宏才的政治家，在国外观感与国内民心上都有耳目一新的风评。

柔然与西魏和亲

柔然汗国于公元520年罢黜可汗郁久闾阿那瓌，阿那瓌被迫流亡到北魏都城。

公元521年，北魏孝明皇帝元诩正光二年(元乂当权)北魏动员洛阳邻近各郡民兵一万五千人，命怀朔镇将杨钧率领护送郁久闾阿那瓌回国，又取得柔然汗国的领导权七年后（528），北魏内部发生尔朱荣之变，一年之内换了三个皇帝。柔然郁久闾阿那瓌见自己政权已稳，对北魏不再像以前那样恭顺了，也不再向北魏称臣了。公元534年，北魏分裂为东、西两魏之后，柔然已经雄霸北方，对西魏的态度更加恶劣，且不断进犯西魏边境。当时宇文泰正在全力应付东魏，他不得不运用传统的政治手腕——和亲，来应付周边局势。于是他把皇室的化政公主嫁给郁久闾阿那瓌的弟弟郁久闾塔寒为妻。柔然又要求皇帝元宝炬罢黜现任皇后乙弗氏，另娶郁久闾阿那瓌的女儿为皇后。

乙弗皇后先被移居别宫，又被迫出家为尼，最后元宝炬为柔然所迫而下令乙弗氏自尽。朝臣同情乙弗皇后，乃于公元539年春在甘肃天水东南麦积山崖凿石为墓以葬乙弗皇后，称“寂陵”。至今麦积崖“寂陵”遗迹犹在。

柔然郁久闾阿那瓌立即宣布与东魏绝交，并派使节护送女儿（史称“悼后”）到西魏成亲，又送嫁妆车七百辆，骏马一万匹，骆驼两千头。时在公元538年三月。

麦积山石窟是中国大型石窟群最早的一个，也是“丝绸之路”上很重要的宗教艺术古迹。

麦积山在甘肃天水麦积镇南边，是秦岭山脉北支小陇前山区的孤峰，顶如圆锥，好像农村的麦秸垛而得名“麦积山”。

石窟佛像的胜景为十六国时期的前秦所开创（384）。五世纪中北凉王沮渠蒙逊邀来当时名僧释玄高驻锡此山，同时与另一高僧释昙弘合力经营。西魏再修崖阁寺宇，后北周再建造雄伟壮观的七佛阁。隋朝又在七佛阁下塑造高达十五米的大佛三尊，气魄雄伟，望之弥高，璀璨夺目，光华普照半壁麦积山。只可惜毁于唐开元二十二年（734）的大地震。（《中国大百科全书》）

丝绸之路路线图

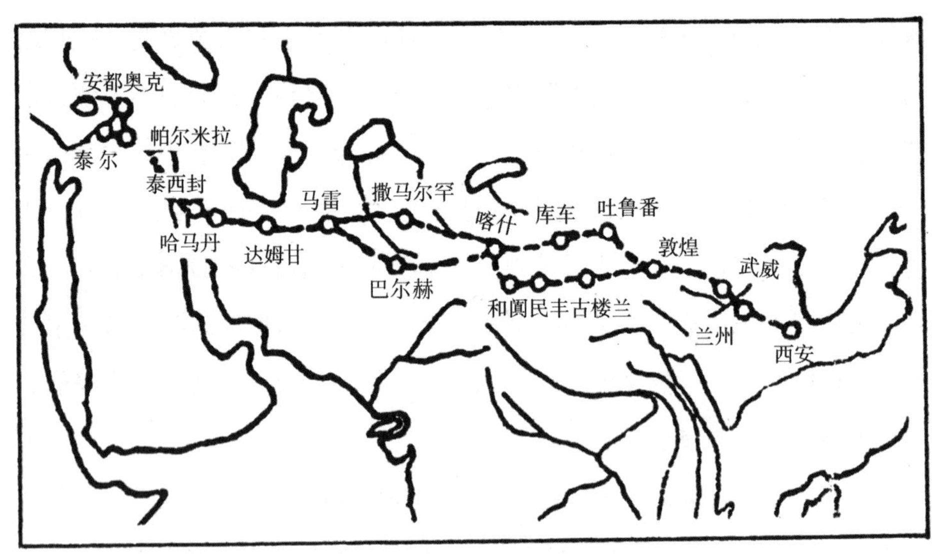

麦积山石窟全景 此石窟位于甘肃省天水市的东南。由于是一座圆形的岩山，好像麦堆的形状，因此而得名“麦积山”。

名僧释玄高驻锡此山，嗣后与释昙弘会合，乃经营石窟，利用红沙岩雕刻佛像。

河桥之役

西魏在去年(537)沙苑大捷之后，乘胜攻下了河东的蒲阪，又攻下今河南洛阳西北的金墉城。东魏的宰相高欢命令大行台侯景、大都督高敖曹等反攻。侯景包围金墉城，攻下洛阳即下令放火烧洛阳，霎时间洛阳城内外一片火海，官舍、民房或寺庙剩下不到十之二三。宇文泰亲率大军赶往救援，在河南新安县东的谷城，击杀了东魏的前锋将军莫多娄贷文。侯景据守河南孟州西南的黄河浮桥，南依洛阳以北的邙山布下强而有力的阵势，迎击宇文泰。

是年秋八月初，两魏的主力大军团几乎全部投入这个战场。大部队经历了一整天的缠斗，经历了无数次的短兵相接和白刃厮杀。

西魏右翼的独孤信等在尘雾漫天中与宇文泰失去联络，一时惶恐万分，独孤信只好只身逃离战场，其余将领、部队不见主帅，也都纷纷逃散。宇文泰的坐骑被流矢射中，受惊狂奔，宇文泰被甩落马，左右侍从也都逃散，幸有都督李穆及时杀到，奋勇反击，局势才转败为胜。东魏军大败，士卒被俘一万五千人，落水淹死的也有万数(《通鉴》)。大都督高敖曹战死，东魏高欢追赠高敖曹为太师、大司马、太尉。而西魏的宇文泰却赏给斩下高敖曹头颅的战士绸缎布帛一万匹，不过是分期发给，每年给付一部分，直到公元 581 年宇文家的北周灭亡时，历时四十三年还没有付清。

西魏的皇帝元宝炬，本来是随军回洛阳祭拜祖庙的，当他到达恒农(河南省灵宝市)时，西魏的恒农守将已经弃职逃走。原被拘留在恒农的东魏战俘群起暴动，经西魏军镇压，诛杀为首的数百人才平息。

西魏大军东征时，关中军大部调往前线作战，留守的武装部队很少；

以前俘虏东魏的士卒大部分被发配在关中民间为农奴。他们听到西魏军在前方作战失利的消息，乃发起了大小不断的暴动，长安秩序也因之大乱。宰相李虎和太尉王盟、仆射周惠达等都束手无策，只好保着太子元钦逃往渭水北岸躲避。

去年(537)沙苑战役被俘虏的东魏都督赵青雀联络雍州变民领袖于伏德率众起义，召集东魏被俘的士卒占领长安内城。于伏德与咸阳郡守慕容思庆结合占据长安西五十里的咸阳，并收容前方逃回来的散兵游勇仓促成军，与亲西魏的地方团队不断战斗。这种乱局直到宇文泰率军回师，才会同华州刺史宇文导出兵平定。

高欢自太原亲率七千精骑赶到洛阳，西魏的金墉守将长孙子彦纵火焚城又烧了洛阳后弃城西逃，高欢来了又把金墉城彻底铲平。东魏虽然收复了洛阳，而洛阳已成废墟，高欢以为没有驻守价值而撤走。可是宇文泰却以战略眼光又回师占据了废墟洛阳。

韦孝宽崭露头角

洛阳以南各郡县在东魏是侯景的势力范围，在西魏是广州(河南省鲁山县)刺史李长寿、李延孙父子的势力范围。三年来东西魏双方的重要城池都在拉锯战中。后来侯景攻陷广州，西魏的李长寿被斩，数月后李延孙又被他的长史杨伯兰杀害。后来西魏名将韦孝宽接掌这个战区，又运用反间之计，使东魏宜阳的驻军将领段琛与刺史牛道恒失和。公元538年(东魏元象元年、西魏大统四年)韦孝宽乘机攻破宜阳，东魏的牛道恒和段琛被俘。从此在河南西部洛宁、渑池一带的东魏势力完全由西魏取而代之。

宇文泰创办夜校

宇文泰创办了中国教育史上第一所夜校。“魏丞相(宇文)泰于行台置学，取丞郎、府佐德行明敏者充学生，悉令旦治公务，晚就讲习。”(《通鉴》)

公元539年，西魏大统五年，宇文泰在他的行台治所(华州——陕西省大荔县)设立学校，挑选秘书(丞)助理(郎)以及官府中有德行、成绩好的幕僚人员(府佐)做学生，命他们白天办公，晚上入学听讲习。

这所夜校教育很成功，也给西魏培养出来不少文武兼备的高级人才，如名将韦孝宽就是这个夜校的。后来他又把这个教育制度扩展到各州郡。

北魏时期的经济发展是以农业为主轴，自元宏迁都洛阳之后，由于地理环境、交通条件之优越，元宏已把文化古都洛阳改造成为四通八达的商业中心了，而西方的长安、东方的邺城也都成为商业枢纽了，虽然在政治上、军事上与东方的洛阳隔阂，但民间的通商活动已经向西发展，长安早已是南北两条丝路的起点了。

商业活动的动力在于健康的货币制度，西魏文帝元宝炬鉴于传统的五铢钱不敷应用，乃于大统六年(540)铸新的三式五铢钱如下图：

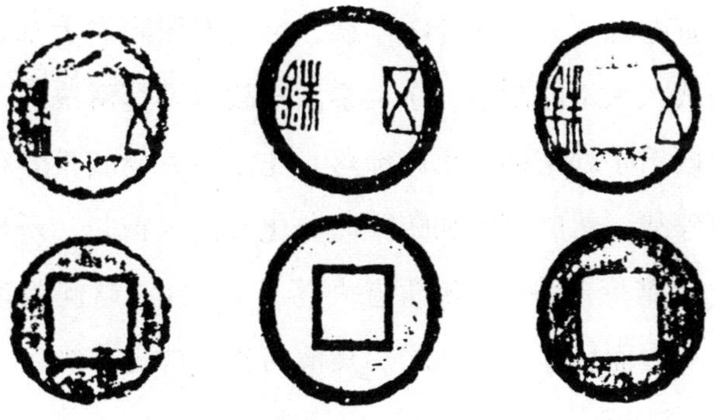

西魏文帝铸造之五铢钱

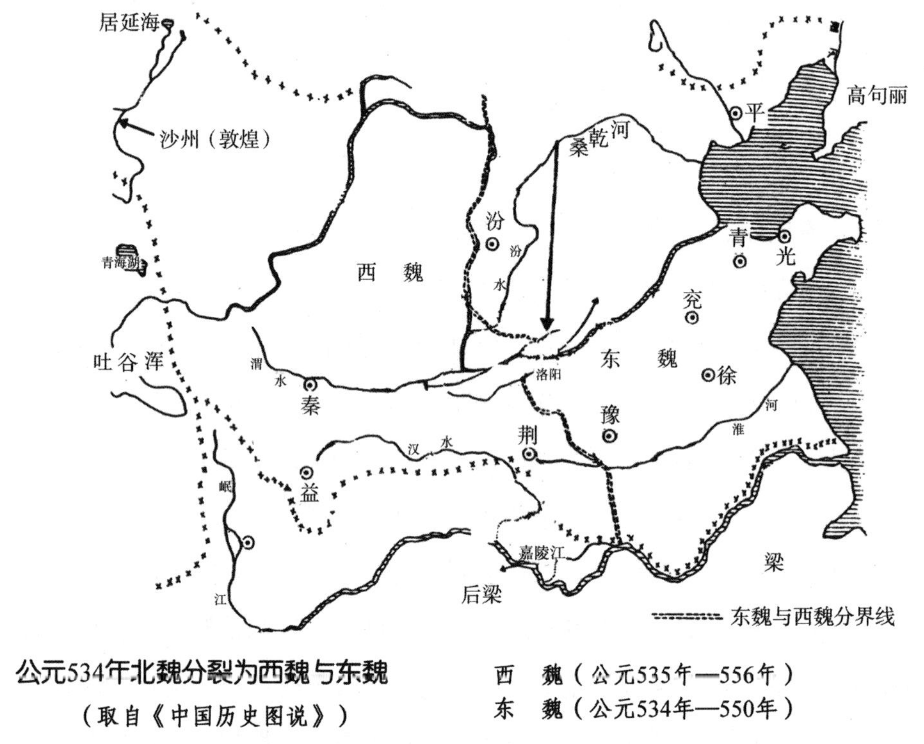

公元534年北魏分裂为西魏与东魏
（取自《中国历史图说》）

西　魏（公元535年—556年）
东　魏（公元534年—550年）

宇文泰与突厥

盘踞在甘肃清水一带的氐族部落大酋长李鼠仁眼看西魏被东魏打败，乃乘势率族众宣布独立。公元 543 年秋，宇文泰派陇右大都督独孤信发兵讨伐，军事作战久久不能制胜。宇文泰已知战争不是解决政治问题的唯一办法，乃采取政治手腕来怀柔氐族部落：先派典签赵昶带着很多绸缎去见李鼠仁，说以停战，然后以厚利贿赂而分化其高级酋长，诱导其主力部队分批迁移到比较富庶的华州(陕西省大荔县)；再派赵昶为都督，严加监管。先分化其兵力而后逐一腐蚀之。其他弱势族群也都被宇文泰运用这种分化手段而一一消灭。

突厥是匈奴族中比较落后的一弱势小族群。他的先世是在北凉匈奴族沮渠氏属下一个小部落，游牧在新疆吐鲁番以西的博克达山，与以锻铁出名的龟兹城邦为邻。龟兹位于天山南麓，今新疆的库车、沙雅二县之间，由于地处通往西域的丝路要冲，所以工商业相当发达，以锻铁著名，当时被誉为西域三十六国的兵器中心。突厥的先祖早在塞国时代就是炼铜出名的，后来运用炼铜技术来炼铁，当然熟能生巧。

大概是在公元五世纪时(约在拓拔焘时代)，这个拥有科学技术的弱势族群——突厥，被柔然掳去给其做专门制造兵器的工奴。并强制突厥族系居住在阿尔泰山(金山)的西南麓，突厥语说金山为“突”，因此才有“突厥”族名。

到公元六世纪中叶，柔然的势力日趋衰微，原被其征服的各弱势族群相继脱离柔然的统御。这时候的突厥也稍具实力，逐渐摆脱柔然的保护。

公元 545 年(西魏大统十一年)，在当时当地的各胡族群，都在向往东方大国的文明。西魏的丞相宇文泰派今甘肃酒泉匈奴族裔的安诺槃陀到突厥访问。于是突厥才和东方文明接触，并且日益加强经济、文化、技术的交流，对突厥的经济发展产生极大的助益。

翌年(546)，突厥的酋长阿史那土门就宣布脱离柔然而独立。公元 551 年，西魏大统十七年，西魏为了利用这个新兴的族群——突厥，乃把长乐公主嫁给突厥酋长阿史那土门为妻。公元 547 年，阿史那土门出兵击败柔然，把柔然敕连头兵豆伐可汗郁久闾阿那瓌逼得自杀。突厥的阿史那土门遂自称伊利可汗来统治柔然余众。

统治柔然余众的突厥伊利可汗阿史那土门死后，他的儿子阿史那科罗继立，号乙息记可汗。科罗死，其弟阿史那俟斤继立，号木杆可汗。公元 554 年，木杆可汗就彻底消灭了柔然的残余势力。从此突厥族就成了蒙古大草原的统治者，也成为威胁东魏最大的一股新兴的北方势力。

战争的最高艺术——借力使力

高欢得知西魏宇文泰与西邻新崛起的突厥联合，深深考虑到以后的发展定会不利于东魏，高欢欲利用远在突厥之西的青海吐谷浑汗国以平衡西魏与突厥联合的态势。高欢谏议元善见以和亲方式而招抚吐谷浑。二月，元善见就迎纳吐谷浑大可汗慕容夸吕的堂妹入宫。东魏与吐谷浑结成一体，等于在西魏背后放下一个火种。

柔然最后一个可汗郁久闾邓叔子集结残余部众，投奔西魏请求保护。西魏的太师宇文泰正在打算利用郁久闾邓叔子这批三千多人的兵力去攻击东魏，所以才收容了这些柔然残军。高欢得到这个情报后，派行台郎中杜弼访问突厥，游说突厥向西魏强力要求引渡逃亡到西魏的柔然残余郁久闾邓叔子所部。

西魏的宇文泰知道如果不接受突厥的要求，势必引发另一场战争。不得已乃把柔然亡命来求庇护的郁久闾邓叔子及其所部三千多人交给突厥全部予以屠杀。西魏想利用柔然的军事行动也等于唱了一出《梦幻湖》。

公元541年冬闰十月，东魏的高欢释放了前年邙山之役的西魏三万多俘虏，并把民间寡妇嫁给他们，使他们都能安心落户于东魏，给东魏增加不少的人力资源。

西魏大统十二年、东魏武定四年，公元546年春二月，西魏驻姑臧（甘肃省武威市）的前凉州刺史宇文仲和谋反，联合甘肃敦煌（瓜州）的变民首领张保，杀了西魏瓜州刺史成庆，晋昌变民首领吕兴杀了晋昌郡守郭肆等，共同反抗西魏新派来的凉州刺史史宁。宇文泰派太子太保独孤信、开府仪同三司怡峰等会同史宁联合讨伐宇文仲和。

西魏的瓜州主簿令狐整，大力运作政治手腕，使凉州变民军纷纷归降，只剩宇文仲和据守姑臧顽强抵抗。最后令狐整先占领晋昌，斩变民领袖吕兴，再配合独狐信军收复姑臧。瓜州变民领袖张保向南逃亡，投奔青海境的吐谷浑。宇文仲和也战败被擒。

公元546年西魏擢升韦孝宽为骠骑大将军、开府仪同三司，封建忠郡公。

安陆之役

这时候西、东两魏虽然暂时休战了，可是两魏统一华夏的野心都一样，于是两魏都乘南梁侯景与萧家内争之乱而分别向南梁攻城略地。

南梁太清三年、西魏大统十五年，公元549年冬，西魏派开府仪同三司杨忠东进攻击南梁司州刺史柳仲礼的基地——义阳(河南省信阳市)。义阳是南梁王朝的北疆门户，也是西、东两魏必争之地，所以南梁有重兵驻守。西魏兵至湖北随州西北唐城镇的下溠戍，南梁的太守马伯符投降。杨忠以马伯符为向导再南下攻击湖北的随州，俘虏南梁的郡守桓和。再南下围攻安陆，而迂回义阳。南梁的义阳刺史柳仲礼，紧急自义阳出兵救安陆。东魏却乘义阳之虚而捷足先取得义阳。西魏杨忠军与南梁义阳刺史柳仲礼在安陆西北的漴头镇遭遇，杨忠以精骑乘夜袭击，柳仲礼军大败。柳仲礼、柳子礼以及全部士卒全被俘虏。南梁的安陆守将马岫、竟陵(湖北省钟祥市)守将王叔孙，分别向西魏的杨忠投降。于是汉水以东地方尽归西魏。

翌年(550)春二月，杨忠知道东魏已经占领义阳，乃回头攻占汉水北岸钟祥的石城郡(今湖北省钟祥市郢中镇——《湖北省地名词典》)，打算再南下江陵(湖北省江陵县是南梁湘东王萧绎的根据地)。

南梁湘东王萧绎送儿子萧方略到西魏充当人质与杨忠媾和，双方共同声明“魏以石城(今湖北省钟祥市郢中镇)为封，梁以安陆为界，请同附庸”(《通鉴》)。西魏的杨忠遂班师。

宕昌、獠甘与巩廉玉

宕昌是西羌族群聚居的古老地方，其地自仇池以西，东西有一千多里，南北八百多里。约在甘肃岷县、临潭南部，水草丰茂，西羌族很早就定居在这块地方，安于农牧，一向对外无争。它跟仇池一样，有其地而没有建国。

西魏大统十六年，公元550年春，现任宕昌王梁弥定，受到族人獠甘袭击，梁弥定败走西魏，獠甘遂自称宕昌王。十年后(560)宕昌为北周灭，改称宕州。

同在这里游牧的羌族部落酋长傍乞铁悤与义民领袖郑五丑联合，分别占据甘肃岷县的渠株川和陇西的渭州地方，宣布反抗西魏的暴戾统治。

西魏宇文泰命大将军宇文贵率史宁(驻在甘肃武威的凉州刺史)所部讨伐。傍乞铁悤与郑五丑被俘、斩首。史宁再攻自称宕昌王的獠甘，宕昌一战獠甘败走，投奔另一羌族部落酋长巩廉玉，史宁遂护送梁弥定恢复宕昌王位。再攻下巩廉玉之地，獠甘、巩廉玉同时被俘，獠甘被斩首，巩廉玉被解送长安。

宇文泰的府兵制

所谓“府兵制”就是兵农合一的军事制度。公元537年，西魏元宝炬的大统三年，任命宇文泰为“柱国大将军”。曾为皇家立过大功，有威望而且又有军事实力的元老们，都被授予“柱国”级的爵位。

西魏大统十四年，公元 548 年，宇文泰重组他的统帅部，“形式上采取鲜卑旧日八部之制立八柱国”（王仲荦著《魏晋南北朝史》）。这个以宇文泰为首脑的“八柱国”是：

宇文泰为安定公、“柱国大将军”，总管文武百官，都督中外诸军事，当然是全国武装部队的最高统帅。

广陵王元欣：是元魏皇家的元老、功臣，德高望重。宇文泰利用他的人望，请出他来只挂一个“柱国大将军”的虚名，并没有实权，只是让他来当宇文泰与皇帝之间的桥梁而已。

赵郡公李弼、陇西公李虎、河内公独孤信、南阳公赵贵、常山公于谨、彭城公侯莫陈崇等为实际柱国大将军，分别统率六军，时称“八柱国”。宇文泰的“府兵制”就是在这个八柱国的架构下，利用人民的人力、财力而设计的。列为“府兵”的士卒，差徭租赋全免，只在农暇时期接受军事训练。战马、装备、粮秣，由其他非“府兵”之家供应。平时，轮调担任警卫京师；战时，则出征作战。薪俸、装备、粮秣、马匹等出自民间。以上是依《通鉴》。但《北史・李弼传》却说：“都十二大将军。十五日上，则门栏陛戟，警昼巡夜；十五日下，则教旗习战，无他赋役。每兵唯办弓刀一具，月简阅之，甲槊戈弩，并资官给。”这一段说法比较合理。

建立军队官阶系统

六军的前身是贺拔岳的武川军团，李弼所领导侯莫陈悦的旧部军团，元脩西狩时带去以六镇鲜卑人为主干的禁卫军团。宇文泰为了团结以上三个军团以巩固关陇统治集团的联合阵线起见，由赵贵、贺拔岳的旧属侯莫陈崇、李虎等分别为“柱国大将军”，统领武川军团。李弼军团维持原建制。独孤信是当时“专制陇右”的名将。于谨是宇文泰当年的老部下。所有新招募来的“府兵”分别派在各军服役。

每个“柱国大将军”下隶两个大将军。计十二个大将军：广平王元赞、临淮王元育、齐王元廓、章武郡公宇文导、平原郡公侯莫陈顺、高阳郡公达奚武、杨平公李远、范阳公豆卢宁、化政公宇文贵、博陵公贺兰祥、陈留公杨忠、武威公王雄(王雄564年死)。每个大将军下隶两个“开府”，计有二十四开府，是为二十四军。每一“开府”下隶两个“仪同”，计四十八个“仪同”。每个“开府”有士兵两千人，每个“仪同”有士兵一千人。以此累计：每一“大将军”领士兵四千人；“柱国大将军”领兵八千人。其基层官吏“又都是由官府选择关陇地区有名望的人物来统领的”(王仲荦著《魏晋南北朝史》)。

府兵制建立之初(548)的成员，大都是出于北方六镇或宇文泰旧部的关陇民兵，总人数也不过五万人。十四年后，到了宇文邕做北周皇帝，为了应付当时战争的需要，开始扩大编制，征均田制下的农民来充当“府兵”。“到这时候，凡是府兵，也就是均田制下的农民——均田户固然未必人人是府兵，而府兵必然是均田户。府兵制至此，已从初创期的兵农分离制走向与均田制结合起来的兵农合一制了。”(王仲荦著《魏晋南北朝史》下册)于是胡、汉族群间的歧视，也在这种统一制度之下而消弭于无形了。

北周的皇帝宇文邕把“府兵”扩充到二十万人而灭了北齐，杨坚把“府兵”扩充到五十万人而统一全中国，宇文泰创建“府兵”制最终目的达到了，他应该地下自诩中华民族统一的基础已经奠定了。

府兵制度中的汉人三将领

郭彦——今山西太原(阳曲)人，初从宇文泰为西曹书佐，历任兵部尚书。于谨属下骠骑大将军、澧州刺史等职。

令狐整——敦煌人，公元532年魏孝武皇帝元脩西狩，令狐整以地方领袖身份平定邓彦之乱，并率乡亲两千多人入京报效。随军征讨，屡建奇功，累进大将军。

苏椿——陕西武功人，初为地方领袖，神勇决断，讨关右贼，破盘头氐有功，为宇文泰征为武功郡守，旋升为骠骑大将军，他的哥哥苏绰曾为宇文泰创制朱出墨入、记账户籍之法等文案程式。

宇文泰的关陇集团

宇文泰出生在关陇(陕、甘)地区，成长在关陇地区，而今他首创的“府兵”也是以关陇地方部队为主干的。随元脩西来的原六镇部队仅占四分之一，其中包括鲜卑族与久已鲜卑化的汉人或其他少数族群的青壮人员。

宇文泰的政治野心很大，他在“府兵”制度之后，还要扩大并稳定其政治地盘，他在生活文化大统一的号召之下，一面尽力迎合当时汉人将领的心理，给主要的将领们赐以鲜卑贵族姓氏，以提高其身份地位。如大将军令狐整率乡亲两千余人投效，宇文泰嘉其忠节，就赐姓宇文氏。李穆因功赐免死铁券又赐姓拓跋氏。骠骑大将军苏椿赐姓贺兰氏等。另一面组织成胡(包括各弱势族群)、汉(包括土豪、劣绅、寺庙、僧尼)族群利益一致的政治组合——关陇集团。宇文泰除了以“府兵”为基础，提高他的战斗威力外，还内部团结占领区中各族群、各阶层的联合阵线，俾使他与雄踞山东(太行山之东)的高欢及偏安江南的萧梁一争长短。

宇文泰的关陇集团，从鲜卑族元姓皇族，其他姓的贵族(包括长孙、宇文、独孤、于、陆、源、窦)以及关(陕西)陇(甘肃)、河东(山西)一带原住民(汉人)豪门世家，如京兆(长安)韦家，弘农(河南)杨家，武功(陕西)苏家，上谷(河北)侯家，陇西(甘肃)李家，河东(山西)裴家、柳家、薛家，还有原籍在北齐境内而今出任在关陇地区的名宦世家，如博陵(河北)的崔士谦、崔说、崔猷、崔彦穆，范阳(河北)的卢柔、卢辩、卢光，荥阳(河南)郑孝穆、郑译，赵郡(河北)的李子雄，顿丘(山东)的李昶等，现任为官的或前代为官的，宇文泰也都把他们延揽到关陇集团中。

关陇集团与隋唐王朝

北周的柱国大将军李虎，是后来唐高祖李渊的祖父。独孤信的三个女儿，一个是北周皇帝宇文毓的皇后，一个嫁给李虎的儿子李昞而生唐朝的李渊，又一个嫁给杨坚，就是后来隋朝以妒、狠闻名的“文献皇后”。十二大将军中的杨忠，又是隋朝开国皇帝杨坚的父亲。又如于谨的曾孙于志宁为唐高宗宰相。隋朝名臣杨恭仁、唐宰相杨师道都是北周名将杨绍的孙子。唐大将侯君集是北周名将侯植(赐姓侯伏氏)的孙子。苏椿的侄儿苏威，仕周位至开府。杨坚代周征苏威为太子少保。隋炀帝时苏威历任尚书右仆射，开府仪同三司，征吐谷浑、辽东建功。宇文化及篡隋，以苏威为光禄大夫，化及败归李密，到唐太宗时苏威才辞归故里。

关陇集团与“府兵”不仅对北周有重大贡献，而且与后来隋、唐的开国皇帝以及其将相大臣也有着相当密切的血缘关系。所以史学家王仲荦先生说："这支军队以后终于成为隋、唐王朝的主要军事力量。隋、唐王朝能够强盛，是和均田、府兵分不开的。"（王仲荦著《魏晋南北朝史》）

宇文泰把武官制度化以后，对于文官也极力建立新制度，"因作九命之典"，是为设置官等的准则。其特点完全依《周礼》：

一、朝廷置三公（太师、太保、太傅）及三孤（少师、少保、少傅，三公的副手）为论道之官——政务官。

二、次置六卿，分掌庶（事）务：天官府：大冢宰，为六卿之首，统百官、均四海，宰相之属。小冢宰副之。

地官府：大司徒，主管教化事务。小司徒副之。

春官府：大宗伯，主管皇族亲属事务。小宗伯副之。

夏官府：大司马，主管兵事（国防）。小司马副之。

秋官府：大司寇，主管法务。小司寇副之。

冬官府：大司空，主管农、工、公共工程。小司空副之。

三、朝廷（中央级）内命之官：

三公（太师、太保、太傅）为正九命（品、职等）。年俸一万石。

三孤（少师、少保、少傅）为正八命（品、职等）。年俸八千石。

六卿（冢宰、司徒、宗伯、司马、司寇、司空）为正七命（品、职等）。年俸六千石。

各卿所属，官员又分为：

上大夫正六命（品、职等）年俸四千石。

中大夫正五命（品、职等）年俸二千石。

下大夫正四命（品、职等）年俸一千石。

上士正三命（品、职等）年俸五百石。

中士正二命（品、职等）年俸二百五十石。

下士正一命（品、职等）年俸一百二十五石。

四、外命之官分封诸侯（诸侯之国）。诸侯（地方领导）及其臣属：

公(特任官)九命(品)。孤——副手四命(品)。大夫三命(品)。上士二命、中士一命。

侯(州刺史之属)八命(品)。孤——副手、卿三命(品)。上士一命。

伯(郡级领导)七命(品)。大夫二命。

子(县级领导)六命(品)。孤、卿二命。男五命(品)。孤、卿二命。

五、年俸给付准则:“凡颁禄、视其年(收成)之上、下(每)亩收成四釜(每釜六斗四升)为上(丰)年,上年颁其正(全数发给)。”

三釜(每釜六斗四升)为中年(中等收获),中年颁其半(发半薪)。

二釜为下(歉)年,下年颁其一(成)。“无年为凶荒,不颁禄。”(《通鉴》胡三省注)

六、地方官吏、主管以所辖人口之多寡为编阶标准。至于佐辅、掾属、地方、地方团队主将等,都以从属叙级。

七、北周的地方官府(外命)官秩表(缺)。

这个制度是以《周礼》所记载的官制为厘定蓝本,与秦、汉、魏、晋各朝都不相同。宇文泰不察时代潮流而泥古不化,所以仅行二十五年,到隋朝就自行废止。

萧家的萧墙之祸

南梁武帝萧衍这一家族,可以称得上是书香门第。他有八个儿子,都是很有学问的,长子萧统五岁读完五经,是中国文学史上知名人物,一部《昭明文选》,到现在还为文学界所重。

老二萧综有才学善属文,做了北魏的侍中、太尉,封丹阳王。

老三萧纲一直跟在他父亲身边,就是后来的梁简文帝。

老四萧绩做了南兖州刺史,留下很好政绩。

老五庐陵王萧续，好文学，善骑射，做过荆州刺史，有美誉。

老六邵陵王萧纶，博学，善属文，尤工尺牍。可惜他被他的弟弟(老七)萧绎谋害。

老七湘东王萧绎，有四百三十卷的文学著作。不过萧家的萧墙之祸他应该是罪魁祸首。后来他虽做了几年的梁元帝，但仍然死于非命。

老八萧纪，少年得志，想做皇帝的野心最大，也是被他的七哥萧绎设计杀害的。

公元550年，南梁武帝萧衍已于年前被侯景折磨死了，现任梁简文帝萧纲被侯景所制，所以萧家诸王都没有把萧纲这个皇帝放在眼里，大家都集中一个目标——讨伐侯景。后来历史学家把当时萧家诸王讨伐侯景阵营称为勤王之师。这个阵营中的首脑人物是梁武帝的第七子湘东王萧绎，他驻镇湖北江陵，拥有重兵还有包括湖南的广大地盘。自从梁武帝过世，他就在做继任皇帝的准备。

他的勤王战略是大力部署地方团队，尽力防止萧家诸王直接参战，以免他们抢先夺权称帝。

邵陵王萧纶驻镇郢州(湖北省武汉市)。郢州在江陵之东，萧纶也正加紧制造铠甲武器，准备东进京师讨伐侯景。而萧绎唯恐萧纶先下京师，取得皇权，所以萧绎必须先要消灭萧纶。

萧绎施以两面战法，八月中先派他的亲信左卫将军王僧辩与信州(重庆市奉节县)刺史鲍泉等，率水师一万进驻萧纶势力范围以内的郢州与江州(浔阳——江西省九江市)；向萧纶诈称是攻击侯景军的任约部队，同时迎接邵陵王萧纶返回江陵，并表荐萧纶为湘州(临湘——湖南省长沙市)刺史。萧纶清楚地知道这是要把自己从前线调到后方去的措施，所以他没有接受。

王僧辩的部队包围了郢州，切断了萧纶的粮源。

前年萧绎发兵长沙，攻打他们的侄儿河东王萧誉时，萧纶曾写一封长信劝阻，其中有一段“至于骨肉之战，愈胜愈酷；捷则非功，败州有丧，劳兵损义，亏失多矣。侯景之军，所以未窥江外者，正为藩（指诸王）屏盘固，宗镇强密。若再自相鱼肉，是代景行师。景便不劳兵力坐致成效；丑徒闻此，何快如之……”

萧纶的部将们要求出战，而萧纶以哥哥的身份，不愿兄弟阋墙贻笑后人而不愿战，又因粮源断绝而无法再守。萧纶只好暂时离开郢州先躲避一下，于是带着他的儿子萧踬及少数士兵自郢州北门（仓门）乘小艇北逃。萧绎遂据有郢州。

萧纶一行几经曲折逃奔武昌（这个武昌县东晋改名寿昌县，又改名为鄂城县，以后由于江夏改名武昌，乃将这个武昌县改名为现在的鄂州市。在武汉市东五十公里），该地涧饮寺僧法馨把萧纶藏匿在岩穴之下，才算逃过萧绎的追击。

萧纶的长史韦质、司马姜律等也来迎接，并游说徙居在巴水流域的七栅流民八九千人来归。萧纶乃出而扎营巴水，再整合散卒，在齐昌（可能是湖北省黄冈市境）建立训练基地。并任命衡阳王萧献为齐州（齐昌——湖北省黄冈市）刺史驻镇齐昌。

萧纶所整合的流民都是外地逃来避难的，没有受过军事训练，自己的旧部为数不过千人。他已经感到要自保只有联合外部的力量，于是他派使节前往北齐求援。北齐新帝高洋乃封萧纶为梁王，但没发兵。

侯景派兵攻击西阳（湖北省黄冈市）、武昌（湖北省鄂州市）。萧纶所希望的北齐援兵没有到，自己明知力量不敌侯景，乃转进西阳北八十里的马栅城（湖北省黄州市西北）。侯景所部据有了西阳与武昌。萧纶所派的刺史萧献也被俘虏，送到建康斩首。

萧纶单人匹马向西北逃往定州（柏杨注谓：“州政府设广西贵港的郁林。”）。这个定州可能是指定州刺史田祖龙。因为田祖龙带兵在鄂北地带驻扎，定州刺史田祖龙迎接萧纶，而田祖龙与萧绎有旧，萧纶恐怕生变，于是走到汝南(柏杨注：汝南，侨郡，湖北省钟祥县北，这是历史上没有提到过的汝南)。萧纶的旧部下李素孝是西魏派驻汝南的镇将，开城迎进萧纶。

萧纶就在汝南集结兵力，联合北齐，计划东进收复被西魏占去的安陆，再攻竟陵(湖北省钟祥市)，再图随州以北的南阳。他这个计划为西魏侦知，乃派大将军杨忠率一万大军攻击这个李素孝与萧纶所驻守的汝南。萧纶婴城固守，适逢天寒大雪，杨忠攻之不克，士卒死伤甚众。后来由于李素孝阵亡，二月一日汝南城陷，萧纶被俘不屈，杨忠杀之，死年三十三岁，暴尸江岸，还是他的侄儿梁王萧詧殓而葬之。

盘踞四川十七年的南梁武陵王萧纪，等不及回到建康，就在公元552年的四月自行称帝于成都。当年冬十一月湘东王萧绎也在江陵称帝。翌年(553)春，萧纪下达动员令，率军东下巴郡，以讨侯景为号召，实际上这时候侯景已经败死，萧纪不过是假其名而行消灭江陵的萧绎为目的而已。

萧纪发兵东下，萧绎也已料到萧纪是假讨伐侯景之名而行进犯江陵之实。同时东方侯景的任约部队也在准备西犯江陵，如不及时阻止萧纪东下，马上就是腹背受敌。

这时候就萧绎的外部关系来看，他对北齐有好感，可是北齐的大军都在安徽、江苏，远水不解近渴。不得已他只好冒饮鸩止渴之险，派遣使节向西魏求援，他决心把梁州(陕西省南郑区)割让给西魏以换取西魏出兵沿汉水东下，三五天内就可以截住沿长江东下的萧纪所部。

萧家兄弟阋墙，西魏宇文泰正在注意其发展情形时，突然接到萧绎来书，自喜“取蜀制梁，在兹一举”(《通鉴》)，宇文泰立即下令三路发兵：

一、派达奚武率精骑南下接收梁州。

二、派尉迟迥进军成都。

三、派王雄率军援助萧绎。

萧绎派出使节去西魏的同时，曾下令驻守陕西南郑(梁州)的堂弟梁、秦二州刺史萧循立即率部回师保江陵，把梁州割让给西魏。萧循当时虽然要求萧绎收回成命，可是西魏的达奚武所率三万精骑已经兵临城下了。

萧循自知不敌西魏，乃向驻镇四川三台萧纪所属潼州刺史、氐族悍将杨乾运求援。四川的三台距离陕西的南郑近三百公里。当杨乾运的部队开到南郑以西的陕西勉县白马戍(城)时，与西魏达奚武的外围部队遭遇，经过一番激战，杨乾运败退。

南北朝时作战的战功纪录是看斩首多少，所以战场上的士兵身上都挂满了人头。宇文泰发现这样增加士兵负荷，当然降低战斗力，于是下令以割得敌人的左耳朵(馘)来代替人头(斩首)。这样一来西魏军的战力大大增强。击退了杨乾运，对梁州的攻击压力越来越大，萧循的守军也开始动摇了。宇文泰乘此派遣尚书左丞柳带韦游说萧循举城三万多人口投降，于是南梁的剑阁以北之地全归西魏所有。

西魏大将军王雄受命率步兵进驻陕西东南隅汉江畔的白河县，扬言待船东下救江陵，实际上他派骑兵西取魏兴、上津以巩固其后卫。南梁派驻安康的东梁州刺史李迁哲向王雄投降。

王雄派遣前进水师的斥候部队顺流东下上津，但是主力大军仍在原地观望，意在消耗萧家两弟兄的战力。

是年(553)冬，宇文泰又运用政治手腕，命萧循及其随员一千多家回归南梁的萧绎。

自从去年西魏占领了南梁的上津与魏兴等地后，当地居民先后不断地起义抗胡。尤其安康的民众领袖黄众宝率领义师，攻下在西魏手中的魏兴，捉到西魏所委任的郡守柳桧，又西围东梁州。西魏宇文泰又派大将军王雄率骠骑大将军宇文虬讨伐黄众宝。

翌年(公元554年，西魏元钦三年)二月，王雄的大军一到东梁州，义民领袖黄众宝立即率众投降。西魏宇文泰赦免黄众宝的叛乱罪，但把当地所有在地方有些影响力的民间领袖们，强制迁移到雍州定居。

宇文泰命令他的外甥、大将军尉迟迥率精骑一万二千人自大散关(陕西省宝鸡市南)出发以急行军的速度进攻萧纪的根据地——益州(四川省成都市)，开府仪同三司原珍等率一万二千步兵、骑万匹兼程跟进。

益州是有名的天府之国，地大物博，是南梁最富庶的州，只是山川险阻，攻之不易。幸得南梁潼州刺史杨乾运与沙州刺史杨法琛等暗中投靠西魏，当西魏的前锋部队侯吕陵始的尖兵群推进到四川剑阁的大剑关时，南梁守军杨略后撤，让侯吕陵始的整个前锋部队不战而下安州(剑阁县)，打开了益州的大门。并乘萧纪与萧绎正在沿江酣斗之际而顺利开到成都城郊。

南梁的成都守将是萧纪的叔伯弟弟永丰侯萧㧑，一面紧急向萧纪告警，一面婴城固守。

已经自称南梁皇帝的萧纪在东进途中命前梁州刺史谯淹率部回师救成都。谯淹又派驻镇四川彭山(距离成都五十公里)的江州刺史景欣、幽州(侨置)刺史赵拔扈等就近驰援成都，可是都被尉迟迥的外围军击溃、败退。

西魏的益州总管(刺史)宇文贵找到谯淹的侄儿谯子嗣，派他去劝说谯淹投降，允予大将军职位，但被谯淹拒绝，而且还斩了谯子嗣以示决心。

宇文贵恼羞成怒，亲率敢死队冲进谯淹军中乱杀乱砍一阵，把谯淹军杀得四处逃散，谯淹整合残众退守成都东一百多公里的遂宁。西魏军追到遂宁，谯淹再东退到垫江，计划放弃援救成都，东去湖北西陵峡与萧纪会合。宇文贵虽然放他一马，不过谯淹还是跟萧纪一样败死军前。

固守成都的南梁永丰侯萧㧑在无粮无援的境况下，被迫于公元553年八月八日向西魏的尉迟迥开城投降。西魏任命尉迟迥为都督益、潼等十二州诸军事，兼驻成都的益州刺史。

是年秋，萧纪的主力大军挺进到西陵峡(湖北省宜昌市境内)时，遭遇到萧绎大军的猛烈狙击，萧纪腹背受敌，军心涣散，萧纪战败被斩。

宇文泰征服南梁地巴蜀(四川省)，甚为重视这个新划进来的版图。加之地理形势的重要性，他不想交给军事将领来镇守。他曾召集他的儿子们，问谁愿意去做这个地方的王。可是他的儿子们都不愿意去那边远之地，只有年仅十六岁的小儿子宇文宪自告奋勇。宇文泰委任宇文宪为益州总管，驻节四川成都。宇文宪虽然年幼，但很能处理政务，甚得当地民心。宇文泰又派大将军宇文广为梁州总管，驻镇陕西的南郑，以便与宇文宪互相呼应。

西魏大统十七年至北周大定元年造

（台北历史博物馆提供）

关于汝南

汝南，这个地名在史书中出现很多，仅在这一时期中就有“汝南郡”“汝南县”或“汝南埠”等，无论是在河南、湖北、安徽或江西，它在军事上、政治上都是身价不凡的。在本文中专论在公元550—551年期间西魏与南梁军事上所占领汝南的地理位置。萧纶也只是与这个“汝南”有关的最后一段历史而已。

对于这里“汝南”的方位，据《通鉴》“按姚思廉《梁书》：汝南、治安陆重城”（“重城”则无从查考。在1990年商务印书馆出版的《湖北省地名词典》中也查不出重城之名）。《通鉴》又说：“宋白曰：晋汝南郡人流寓夏口，因侨立汝南郡汝南县于潼口。”《中国古今地名大辞典》说：“夏口为汉阳县地。”“潼口在湖北省襄阳县南六十里，汉水西岸，南接宜城界。”夏口境内是否另有“潼口”其地则无从查考。

《中国历代地名要览》中“江夏县”条是这样说的：“江夏县、汝南城在府(武昌府)西南六十里之涂口金水(后改名金口)。”沈约曰：晋末汝南流民流寓夏口，因立为县，非实土也。沙羡县废，遂为汝南之实土。《志》云：汝南，晋咸和中置。《荆湘记》：金水北岸有汝南旧城。是矣。萧梁末西魏置戍守于此。邵陵王(萧)纶，为侯景将任约所败，欲西入定州不果(定州，可能是指萧绎所任命的定州刺史田祖龙其人。田祖龙所受命的定州刺史的治所在广西贵港。田祖龙则以定州刺史身份带领所部到湖北省参加勤王集团，依当时官场习惯很容易被称为“田定州”)。行至汝南，西魏所署汝南城主李素孝，(萧)纶故吏也，开门纳之。无而(萧)纶将自汝南图安陆(安州)(《梁书》本传还说他“将攻竟陵”，今之钟祥市)。魏遣杨忠驰救安陆，袭陷汝南而杀(萧)纶。

1990年商务印书馆出版的《湖北省地名词典》“武昌县”条中有“汉沙羡县(治今金口镇)……东晋侨置汝南县。太元三年(378)省沙羡县而入汝南县”。这一段与《中国历代地名要览》中所说汝南的地理位置相同。验之今日汝南郡名改为江夏县，由金口徙治夏口，汝南郡名遂不再见于文献。不过在南北朝时期西魏的势力还没有到达这个汝南地方，当然谈不上“西魏所署汝南城主李素孝……”。按当时这个武昌还在南梁湘东王萧绎的统治下，也不会容许他的政敌萧纶存在于这个汝南的。所以说这个汝南在史乘中真有其地、有其名，但与萧纶的最后经历却没有关联。

萧纶最后在湖北黄冈以北的马栅地方战败而西逃，到了汝南之后他在计划着收复为西魏占领的安州(湖北省安陆市)，并且就要进攻竟陵(湖北省钟祥市)。由此情势推断柏杨版的《资治通鉴》说“汝南，侨郡，湖北省钟祥县北”。此说虽然没有史籍资证，但其与萧纶最后这段军事活动却若合符节，这是值得后人肯定的。

改　姓

鲜卑族一向有各种支脉族系，各有各的姓氏，如最具盛名的东部宇文氏、慕容氏，西部的吐谷浑氏、拓跋氏等。

拓跋氏自有文字记载的是公元220年拓跋诘汾、拓跋力微父子起(拓跋力微，北魏神元帝，活到104岁，为我国历史上最长寿的皇帝)。沿袭到公元496年(北魏太和二十年)北魏第七任皇帝拓跋宏，迁都到洛阳，下令改姓元。按《北朝胡姓考》说：“拓跋氏自道武(拓跋珪)都代，……自称黄帝之后，以土德王，故曲解‘拓跋’为‘土后’。至孝文(拓跋宏)迁洛，以‘土为黄中之色，万物之元’，因诏改元氏。”不论国姓、郡姓，一律改为汉化的单姓。姓拓跋的皇族改姓元，姓拓跋的贵族还有改姓“长孙氏”“周氏”“奚氏”“伊氏”“丘氏”“亥氏”“叔孙氏”“车氏”“胡氏”等十姓的。功勋大臣改姓“穆”“陆”“刘”“贺”“楼”“于”“稽”“尉”等八姓。改姓除皇族是“拓跋”氏所改者外，其贵族、功勋大臣等原都各有其胡姓。

经过五十九年政治、人事环境等等变迁，到西魏文皇帝元宝炬的大统十五年(549)五月间，元宝炬下令废除汉姓(元)，“代人改姓者皆复其旧”(《通鉴》)，也就是所有以前改姓元的拓跋氏，一律恢复原来的“拓跋”本姓。

为了提高鲜卑族的威望，又下令以有功诸将，继承鲜卑三十六国(大部落)及九十九姓(大氏族)之后，除了新军中的将领本来就用鲜卑复姓的如侯莫陈氏、独孤氏、豆卢氏、贺兰氏不予更动外，所有原鲜卑复姓已经孝文帝(元宏)变法时改为单姓的，如于氏，则仍旧回复为勿扭于氏。其他功高诸将，或虽出身武川，而已采用汉姓或本来汉姓的，则均由魏廷赐姓，以三十六大部落中的某一个姓为其姓氏。如李虎、阎庆赐姓大野氏，李弼赐姓徒何氏。赵贵、赵肃赐姓乙弗氏，杨忠赐姓普六茹氏(或作普陋茹氏)、王雄赐姓可频氏。刘亮为侯莫陈氏，辛威为普毛氏，田宏为纥干氏，耿豪为和稽氏，王勇为库汗氏，杨绍为叱利氏，侯植为侯伏侯氏，窦炽为纥豆陵氏，李穆为揄拔氏，陆通为步六孤氏，杨纂为莫胡卢氏，寇隽为若口引氏，段永为尔绵氏，韩褒为侯吕陵氏，裴文举为贺兰氏，陈忻为尉迟氏，樊深为万纽于氏。叫他们都为这一姓的宗长，也就是酋长。并且“仍撰谱录，纪其所承”(《隋书・经籍志》)，以表示他们都是三十六大部落、九十九大氏族的嫡系子孙。同时又令各将领所有部属都得以其主将的鲜卑赐姓为姓。

元钦、元廓、宇文泰

元宝炬能在宇文泰的威权统治下稳坐江山十六年，并且活到四十五岁而寿终，主要因素是国家大事、小事、芝麻事统统由宇文泰做主。元宝炬也乐此垂拱而治，装聋作哑，对于宇文泰的作为不闻不问。

公元551年三月六日西魏文皇帝元宝炬死，宇文泰立年仅十三岁的太子元钦继位。

军阀控制皇帝，其结果不是皇帝剪除军阀，便是军阀弄死皇帝。西魏的前两任皇帝，都是在大军阀宇文泰控制之下，所以朝中打算剪除宇文泰的人前仆后继，可是个个都是死在宇文泰手中，尚书拓跋烈曾谋弄死宇文泰，结果事泄，拓跋烈被斩。

皇帝诛杀皇族大臣，人人都没话说；军阀诛杀皇族大臣，在当时的传统伦理说就有可议之处。年仅十几岁的现任皇帝元钦年轻气躁，不知道宇文泰的厉害，对于宇文泰这种跋扈擅杀作风大表不满，密谋除掉宇文泰。事泄，宇文泰决心先除掉元钦，乃于公元554年五月二十五日把他囚禁旧官舍中，两个月后把他毒死。元钦在宇文泰的羽翼下做了三年不到的皇帝，死年才只有十六岁。

南梁承圣三年、西魏元钦三年，公元554年，宇文泰扶植拓跋(元)钦的弟弟齐王拓跋廓继任皇帝。宇文泰打破传统，只称“恭帝”元年而没有新年号，这就是宇文泰处心积虑消灭拓跋氏皇族的一个注脚。

宇文泰是想尽法子淡化拓跋氏皇族的皇家权威，矮化其统治地位，分化其影响力。五年以前元宝炬曾下诏恢复皇族的原姓——拓跋氏，而宇文泰却没有重视，所以也没有施行。现在宇文泰为了显示自己的威权，故意下令皇族恢复原姓——拓跋。九十九家改为单姓的不论族灭的或后裔死绝的，宇文泰刻意强调一律恢复原姓。

宇文泰与西夷

宇文泰稳住内政之后，再攻青海的吐谷浑。吐谷浑的第十五任可汗慕容夸吕虽然和西魏有邦交，但是在边境上时常抢掠西魏的民间财物。宇文泰率三万大军讨伐吐谷浑，慕容夸吕请求投降。

过了不久，慕容夸吕又背弃降约和北齐结交。西魏驻在甘肃武威的凉州总管史宁在武威的赤泉地方截击逮捕了吐谷浑的使节仆射乞伏触扳。使吐谷浑与北齐之间的外交没有进展，西魏与吐谷浑也就相安一时。

在陕西汉阴(直州)的民间领袖乐炽、西乡(洋州)的民间领袖黄国等于本年(554)五月间率众起义。反抗西魏的野蛮统治。宇文泰派开府仪同三司田宏、骠骑大将军贺若敦发兵讨伐，都被起义民军打败。宇文泰再命车骑大将军李迁哲，督同贺若敦联合出击，才把这两支义师平定。

贺若敦乘胜西南下巴州(四川省巴中市)，南梁的巴州刺史牟安民投降。巴州夷族(百濮)之乱既平，米仓山、大巴山区内的原住民都向西魏输诚。当时当地另一原住民酋长向五子王占据白帝城(重庆市奉节县)宣布反魏，西魏的李迁哲率军东下讨伐，向五子王战败逃走。宇文泰任命李迁哲为信州刺史，驻镇白帝。

四川北部松潘及平武县间邓至山中的羌族部落酋长檐桁被族众罢免其统治权，并逐出境。檐桁投奔西魏，宇文泰命驻镇今甘肃天水的秦州总管(刺史)宇文导率军护送檐桁回邓至城(邓至山下)，复行视事酋长职。

死有余辜的萧绎

消灭南梁是宇文泰的既定战略，西魏拓跋廓元年、南梁萧绎承圣三年，公元 554 年，宇文泰命侍中崔猷拓宽长安通往汉中的山路为回车道。是年秋九月中，宇文泰派柱国于谨、中山公宇文护、大将军杨忠等率领五万大军对南梁发动总攻。

十一月初西魏远征大军渡过汉江，于谨命宇文护、杨忠率精锐骑兵进占江陵南十公里的江津渡口，堵住南梁(萧绎)向南逃走的退路。次日西魏军攻陷湖北在江陵以北五十公里的荆门武宁郡，南梁守将宗均被俘。十一月中，西魏大军占领江陵东北四十里的黄华戍，次日兵临江陵城下，已把江陵城围得水泄不通。南梁嶲州刺史裴畿和他弟弟新兴郡守裴机、武昌郡守朱买臣等出城迎战，先胜后败。

当时南梁正统派最后一任皇帝萧绎征召四方各路的勤王军，可是没有一路开到。而西魏军完成围城部署后，十二月初开始对江陵城实施总攻，城中守军拆下民房门板，背在身上做盾牌。南梁名将胡僧祐为都督城东诸军事(守军总司令)，亲冒矢石，指挥作战，使西魏军无法前进。可是胡僧祐中箭阵亡，全城军心涣散，内部发生叛变的人打开西门迎西魏军进城，南梁的全城军队霎时崩溃。

萧绎的诗、书、画称绝当时，他读过很多书，也写了史称“四百三十卷”的文集；可惜他性情残忍，无谋、无略又无能，这时他犯下两宗历史大罪：第一，他愤恨自己读书无用，竟放火烧了东阁，把他自己的著作四百多卷、自己收藏的八万卷和国库保存的古今图书共有十四万卷全部焚毁。还有萧绎在荆州刺史任上(约在公元 539 年)曾把边僻地区向梁朝进贡的三十余国使节像绘成职贡图卷(并加以个别说明)原图也都付之一炬。公元 1077 年，此图有后人根据其他文字所记摹写传世，极为珍贵。萧绎还打算投火自杀，幸经侍从劝阻。第二，他死到临头还把关在监狱中萧纪、萧誉的子孙——都是他的侄子侄孙数十人用棍打死。

萧绎最后不得已换穿素衣，骑上白马，出东门投降。公元 554 年十二月中，南梁这位活到四十七岁的正统派皇帝萧绎，被他的侄儿、傀儡梁王萧詧用泥袋压死。他的儿子们，太子萧方矩、始安王萧方略、桂阳王萧大成等同时都被杀害。六年后(560)，才由南陈皇帝陈蒨把萧绎的灵柩迁移到江宁安葬。

遗民泪尽

西魏扶植梁王萧詧为南梁皇帝，把荆州交给萧詧，不过把他的行政势力范围限制在沿江三百里，南北二百余里，是谓荆州之地。襄阳(雍州)仍为西魏占领，在江陵城中萧詧住在东城，西魏的警卫军驻扎在西城：美其名曰为保护，实际则是监视萧詧。

于谨把萧绎宫中所有府库珍宝，如浑天仪、日晷、玉器、法物，以及王公大臣、宫娥采女，又在一般居民中拣选青年男女十多万人，一并解往长安，分配有功将军做奴婢。年幼或体弱的一律屠杀，沿途冻死的、饿死的、病死或为马踏而死的有十分之二三。

这时候萧詧的部将尹德毅曾向萧詧谏议以设宴庆功为饵，邀请西魏军事将领于谨等齐来赴会，四周设下伏兵集体屠杀之，再分兵突袭西魏各军营，一鼓而歼灭之。当时萧詧顾虑到如果事发，第一个被杀的还是自己。其次他想到自己的实力，在他身边的文武大员们没有几个可以信赖的人，所以他没有听尹德毅的谏议。

没过多久，江陵城内的居民又被西魏军掳掠一空。局势大变，西魏军已经露出狰狞面目，随地杀人，到处抢劫，造成社会大乱，人民的生命财产毫无保障。可是萧詧也没有兵力出来维持稳定，这时候萧詧的心情是悔恨交并，可是已经来不及了。

翌年(555)正月，萧詧在西魏军扶植之下于江陵登基，改年号“大定”。

这时候南梁的疆域只剩下长江以南，而在这个不到中国大陆十分之一的地方，萧詧的有效统治只有荆州，东西沿江不过三百里。再西四川已经大部分为西魏占据，仅剩下东部的信州(重庆市奉节县)等一部分。往南广州、广西、云南、贵州等驻有军队的地方才行政令，虽有地方行政官吏，但是由于少数民族的不断反叛，能够收到赋税的地方有限。武汉以东又是萧方智自命正统派的天下。

萧詧政权对内可以“皇帝”名义发号施令，封儿子萧岿也称“皇太子”，官制依旧。可是对西魏却事以“臣”礼，使用西魏的年号。所以后来传统历史家又称他为“西梁”。

南梁的广州刺史王琳拥有庞大兵力，但北上勤王到长沙，士卒听说要跟胡人打仗了，一则平常就没有忠心，加上都不满现实的普遍心理，于是溃散大半。

西魏宇文泰对南梁的策略是分化其官员，蚕食其领土。有一个姓“钳耳”名叫“康买”的能手，是西魏派驻在湖北安陆的安州长史。公元556年秋，宇文泰派他带着大量礼品到湖南长沙去拜访南梁皇帝萧詧所属的湘州刺史王琳，这是一场很有效果的务实外交。王琳也派长史席豁去西魏报聘。宇文泰就任命王琳为大将军，并封“长沙郡公”。嗾使他出兵攻占湖北南梁建康正统派所属的郢州。郢州监州事丰城侯萧泰向王琳投降，王琳遂占据了郢州。

王僧辩与陈霸先

南梁的太尉王僧辩已拥立萧绎的第九子江州(江西省九江市)刺史晋安王萧方智为太宰、承制(行使皇帝职权)。自浔阳(江西省九江市)到建康登基，自称梁王。萧方智任命太尉王僧辩为中书监、录尚书事、骠骑大将军、都督中外诸军事，所有权威头衔都给王僧辩戴上了。原驻守建康仪同三司陈王陈霸先也加授征西大将军。

在那时候，不论汉人、胡人，不管南朝、北朝的军阀们，统统都是想着做皇帝。王僧辩与陈霸先二人是貌合神离，在十三岁的顽童皇帝萧方智面前各怀鬼胎，都在盘算着独吞南梁这块大饼。

公元555年秋九月底，陈霸先制造一个假情报说北齐兴师南犯，借口王僧辩作战不力，把王僧辩父子两人绞死。又两年后(557)，陈霸先就从萧方智手中夺得政权而称帝于建康。改国号为“陈”，史称“南陈”。

宇文泰之于拓跋氏

宇文泰的战略对外当然是以消灭南梁为首要，而其当前对内则是处心积虑设法降低拓跋氏皇族的国家地位与声望。他一方面唆使淮安王拓跋育向皇帝拓跋廓建议：依照古制，现任亲王应一律贬降一级而改为“公爵”。另一方面根据十一年前尚书令卢辩综合《周礼》、两汉以及北魏制度所厘定的官制，把拓跋政权传统的文化精神磨灭于无形。

公元556年，西魏拓跋廓恭帝三年，由宇文泰主导西魏的朝廷依照新定“六官”制度改组。所谓“六官”，就是“大冢宰”“大司徒”“大宗伯”“大司马”“大司寇”“大司空”。“大冢宰”就相当于今国务总理，由太师宇文泰兼任。“大司徒”相当于内政部长，由太傅李弼兼任。“大宗伯”执掌教育，由太保赵贵兼任。“大司马”执掌国防，由独孤信掌理。“大司寇”是法务部部长，由于谨执掌。“大司空”主理农工，由侯莫陈崇执掌。这些朝廷职官的布置，等于把拓跋皇室给架空了。

宇文泰之死

四川仁寿(陵州)山地僚民部落起义，宇文泰派驻在四川彭山的江州刺史陆腾率军讨伐。

僚民部落依自然山势建造城堡，在制高点设有瞭望哨，在敌人来攻的要道设有递步哨以通消息，使西魏军难越雷池一步。

陆腾也想出一套诱敌战法，他乃陈伎乐，在城下一面表演，并没有武装部队出现，僚民部队都放下武器携带妻儿眷属登城观赏歌舞表演。陆腾另组轻装登山部队，自峭壁攀登僚民料想不到的山崖，俯冲三面入城，掳杀一万五千僚民军，余众遂降。

宇文泰北巡后回长安，公元556年(西魏恭帝三年)十月四日，途经云阳(陕西省泾阳县)病死，享年五十岁。顾命大臣中山公宇文护和西魏的老臣于谨等拥立世子十五岁的宇文觉继立。西魏皇帝拓跋廓于是年十二月十七日任命宇文觉为“周公”，封岐阳郡(陕西省宝鸡市)为其采邑。

就在这年(556)的除夕(距魏帝封宇文觉为周公才十四天)，中山公宇文护又要西魏皇帝拓跋廓写下诏书，把西魏的帝位禅让给周公宇文觉。改国号为“周”，自称“天王”，史称“北周”。宇文觉封西魏逊位皇帝拓跋廓为“宋公”，搬到大司马的官舍暂住。翌年(557)的二月拓跋廓就被周天王杀了，仅活了二十一岁。

北魏自公元386年建国至534年秋元脩逃离洛阳，历十四任皇帝，计一百四十九年。

盖棺论定宇文泰

宇文泰自公元534年(北魏永熙三年)由北魏大军阀都督雍、华二十州诸军事贺拔岳的部属中脱颖而出。贺拔岳被高欢策反的侯莫陈悦所谋杀，宇文泰遂被部众拥推继贺拔岳为统帅。平定秦陇，战胜侯莫陈悦集团，因为他——宇文泰掌握着庞大的兵力，遂为北魏第十四任皇帝元脩所赏识，在洛阳晋为侍中、骠骑大将军、开府仪同三司、关西大都督、公爵、承制，驻镇长安。当年(534)又接元脩移都长安，造成北魏分裂为西、东两魏。

宇文泰跟三国时候的曹操一样，自己挟天子以令诸侯一辈子，想做皇帝而没敢做，但却把这个留给他的下一代了。所以说北周的实际创建者应该是宇文泰。

宇文泰执掌西魏大政二十三年(534—556)，曾经制作新的法例三十六条，制定了许多有关国家建设的方案，如制定公文程式，规定政府会计作业规则——朱出、墨入，建立预算制度(记账法)，严格执行户籍法规，加强地方基层官吏的组织(闾正、族正、保长)法规，还有军事制度的改革(府兵制)，实行屯田制，裁减冗员，严惩贪污等。又在发展教育方面创办了中国历史上第一所夜校，最有名的六条诏书是他的强国富民之法(一曰清心，不贪污。二曰敦教化，走入群众。三曰尽地利，开发农业经济。四曰擢贤良，选贤举能。五曰恤狱讼，重法治。六曰均赋役，税负、徭役要公平——《通鉴》)。他要求所有高级官员都得熟读，不通六条及新预算制度的，不得为官。

宇文泰是一个极具篡位野心的大军阀。他之所以没有及身篡魏，主要因素是他的儿子都还年幼，唯恐守成不易，只有耐心地等，一直等到他病倒，自知不起，才委托他的侄儿宇文护扶植他年仅十五岁的第三个儿子宇文觉篡魏而称周天王。而宇文护是个极具野心的政客，他先软硬兼施地笼络宇文觉，于公元556年最后一天导演了一场拓跋廓禅让的戏码，然后一个又一个地除掉对他不满的赵贵、独孤信等。宇文觉做了不到一年的天王，就被宇文护杀了。宇文护又扶植了宇文觉的庶长兄宇文毓继立，导演了一场天王改制皇帝。公元560年的四月间，宇文护又把宇文毓毒死，他又扶植宇文邕继立。宇文邕忍气吞声等待了十三年(572)，才把这个国之蠹贼——宇文护除掉。而宇文家的北周也开始走上败亡之路了。

宇文泰的儿子们

一、庶长子宇文毓，小名统万突。北周第二任皇帝(明帝)。在位三年，为宇文护废。

二、次子宇文震。小名弥俄突。为西魏文帝元宝炬之婿，早卒。

三、三子宇文觉，小名陀罗尼。与宇文毓同日同时生。因封太子，迨西魏禅，得为北周首任皇帝(天王)。在皇帝位不到一年，为宇文护废。

四、宇文邕，小名祢罗突。宇文泰第四子。宇文毓临死遗诏立为北周第三任皇帝，是为武帝。在任曾禁佛、道两教。诛皇族恶霸宇文护，灭北齐，统一中国北方。在位十九年。

五、宇文宪，小名毗贺突。十六岁为益州刺史，有政绩，封齐炀王。旋为其侄周宣帝宇文赟嫉而杀之。

六、宇文直，宇文泰第六子。小名豆罗突。性浮躁，贪狠无赖。封卫剌王。曾任大司徒柱国将军，因谋叛被诛。

七、宇文招，小名豆卢突，宇文泰第七子，封赵王，北周亡，大象二年(580)为杨坚所杀。

八、宇文俭，泰第八子，封谯孝王。宣政元年(578)去世。

九、宇文纯，泰第九子，封陈惑王。大象二年(580)被杨坚所杀。

十、宇文盛，泰第十子，小名立久突。曾为相州总管，封越野王，北周亡，大象二年(580)殉国。

十一、宇文达，泰十一子，小名度斤突，封代奰王，为荆州刺史，大定元年(581)，为北周殉国。

十二、宇文通，泰十二子，曾封冀康王。天和六年(571)去世。

十三、宇文逌，小名尔固突，泰十三子，少好经史，封滕闻王，曾为河阳总管，大定元年(581)，为国殉难。

北　周

民　　族：鲜卑族

建 国 者：宇文觉

时　　间：公元 557—581 年，计二十五年

首　　都：长安

疆　　域：以陕西西安为中心

东自河南洛阳、平顶山宝丰西

北至陕西榆林以南，沿黄河到山西汾河、沁水以南

南至河南西南隅，湖北汉口以西，四川、湖南，云南北部，贵州北部

西到青海吐谷浑，新疆的昆仑山脉，甘肃兰州以南地区

兼并北齐后，取得北齐所有领土，于是整个中国的五分之四领土全归北周所有

历代帝王：孝闵皇帝宇文觉：公元 557 年元月登基，同年八月被政坛恶霸宇文护所废

明皇帝宇文毓：公元 557—560 年

武皇帝宇文邕：公元 560—578 年

天元皇帝宇文赟：公元 578—580 年

静皇帝宇文阐：公元 580—581 年

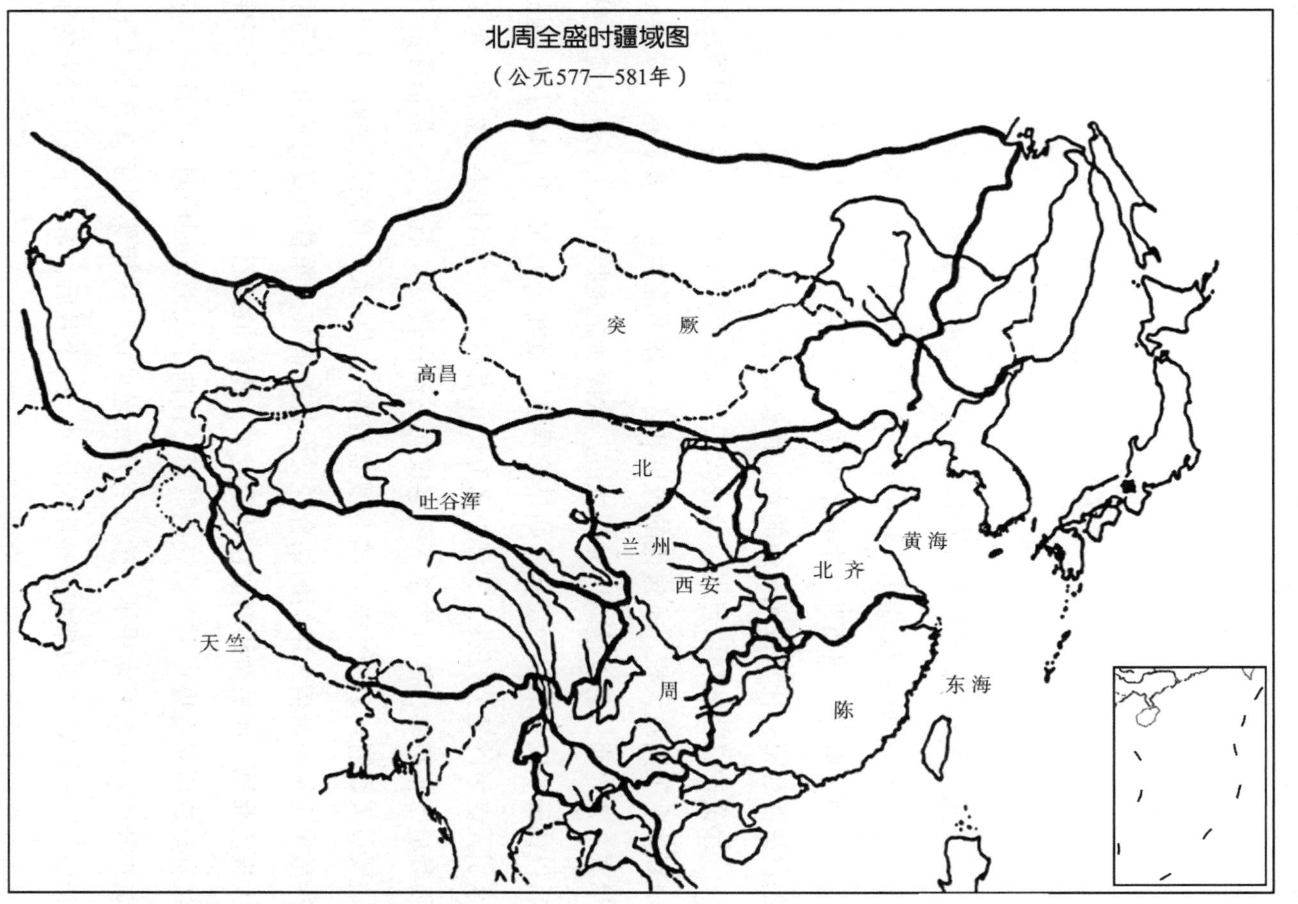

龚同光制

西魏的霸权宰相宇文泰于公元556年，西魏恭帝三年的十月四日病死。西魏的末代皇帝拓跋廓在西魏政坛恶霸宇文护的导演下把皇帝位置禅让给宇文泰的儿子宇文觉，就是史家所称“北周”的建立。

宇文觉自称天王

公元557年的正月，北周首任皇帝宇文觉在长安登基，自己谦称“天王”，依例封他已死的父亲宇文泰为“文王”，母亲为“文后”。他专为宇文泰修建一座“太祖庙”。封妻元胡摩为“王后”。元胡摩是宇文泰扶植的已故西魏第一任皇帝元宝炬的女儿晋安公主。

宇文护以新朝功臣自居，新的天王宇文觉年仅十五岁，宇文护就顺理成章执掌了国政大权。不过他的身世和才干并不能服众，关于这一点他也早有自知之明，所以他就以兄长之谊，软硬兼施地控制着天王宇文觉，然后以挟天子以令诸侯的态势开始排除异己。就在公元557年的二月，他先杀了元老级的楚公赵贵，三月中又迫使元老赵公独孤信自杀，然后又杀了西魏逊帝拓跋廓，四月中杀了元老仪同三司齐轨，又把宇文觉最信任的身边要员天官府司会中大夫李植与夏官府军司马中大夫孙恒外放做州刺史，拆散宇文觉与亲信大臣们的结合。又设计逮捕禁卫军首长夏官府军司马中大夫乙弗凤，而后矫诏解散宫廷禁卫军，将孙恒及乙弗凤斩首，使天王宇文觉形成孤立之势。宇文觉气急败坏，曾向宇文护严词质问。八月中，宇文护开始要向天王动手了，他先召开元老会议，决定罢黜宇文觉的天王，把他(天王宇文觉)囚禁在前略阳公旧宅。一个月后，杀了年仅十六岁的宇文觉，强迫王后元胡摩削发为尼。

宇文护斩了忠于天王宇文觉的李植，又逼迫李植的父亲、元老大臣李远自杀。李植的三个弟弟全部被处死，李植的叔父李穆等一家人都罢官回乡，不得再现京都。

宇文护把宇文泰的庶出长子宇文毓从岐州(治陕西省凤翔区东五里)调回长安。同年(557)九月中，时年二十四岁的宇文毓宣告登基为北周第二任天王。当然又是依例祭天、祭地、拜祖先的传统仪注表演一番，册封正妻独孤氏为王后。独孤氏就是年前被宇文护强迫自杀的国家元勋独孤信的女儿，不知道这位新任王后还记不记得杀父之仇？可惜她只做了一年的王后，据说也是被毒死的。

政治问题由政治解决

宇文泰在世时，南梁派驻在陕西略阳的兴州刺史席固向西魏献城投降。西魏太师宇文泰任命席固为驻湖北郧县的丰州刺史，并准其官制仍依南梁。现在北周王朝建立了，席固仍然拒绝改变其行政体制。

南北朝时期，胡人对于汉人地方官吏，一向都是调来调去，免得他们在地方生根造反。席固拒绝周命，更使北周新政权加深猜疑。宇文毓的政治手腕很高明，先派秋官府司宪中大夫令狐整衔命去丰州协防；迨州官府与驻军之间和谐一致，宇文毓就正式任命令狐整为丰州刺史，席固调任湖州刺史，驻守河南唐河。

令狐整迁丰州于武当，旬月之间，城府周备，迁者如归。民众皆大欢喜，甚至连席固的部曲也都愿意留下来归附令狐整。

天王改称皇帝

北周的开国元勋、太师宇文护独揽国家大权三年后，公元559年，北周明帝三年春，他对外宣称归政给天王宇文毓，从此宇文毓开始亲政，但军事大权仍然为宇文护掌握。

这年，北周的天官御正中大夫崔猷等，谏议“圣人沿革，因时制宜；今天子称王，不足以威天下，请遵秦、汉旧制称皇帝，建年号”（《通鉴》）。宇文毓于是年(公元559年，北周明帝三年)自称“皇帝”，改年号为“武成”。

这年北周也把武官制度予以改革，以前称为“都督州军事”的官衔改称某地总管，“总管”好像比“都督”更具权威性。文官方面任命侯莫陈崇为大司徒，掌理内政；达奚武为大宗伯，掌管教育；豆卢宁为大司寇，掌管司法；宇文邕为大司空，掌理农工。

是年，吐谷浑进攻北周边境，北周派大司马贺兰祥迎战。贺兰祥击退吐谷浑军，进占甘肃临潭的洮阳郡和洪和郡，设立洮州，派军驻镇之。

北周与南梁

这时候，南朝的国土分裂成三个势力范围：江西九江以东是陈霸先的南陈。九江以西到武汉是自称“南梁正统”派，也是北齐羽翼下的萧庄为皇帝的“南梁”。武汉以西，以江陵为中心，包括湖南、湖北部分土地，是北周保护下的萧詧为帝的“南梁”。两个“南梁”的疆域仅有萧衍时南梁的一半，其余一半是陈霸先的占领区。位在中间的萧庄，既不承认西方的萧督，又以光复建康(南京)、消灭南陈为战志，东进为国策，这完全是受北齐所唆使。而北周所保护的南梁萧督，则是时刻以东进消灭萧庄的南梁，再进而驱逐陈霸先为总目标。

公元559年，南陈永定三年的六月二十一日，陈霸先病死。

萧庄的丞相王琳，听到陈霸先病逝的消息以为东进攻陈的机会来了，乃于公元559年秋，命孙玚为郢州刺史，留守武汉护卫皇帝萧庄。王琳自己率领水陆大军进驻安徽含山西南的濡须口。北齐的扬州道行台慕容俨也率军进驻长江口岸支援王琳。

宇文毓死

据北朝的历史记录，凡是军阀扶植起来的皇帝，大都是死于军阀之手。

宇文护对前任天王宇文觉是以兄弟之谊而行周公之实。他弄死宇文觉后，公元557年秋又扶植宇文觉的庶长兄宇文毓为北周皇帝。近三年来，他总觉得宇文毓“明敏有识量”(《通鉴》)，将来不仅难以驾驭，恐怕还会对自己不利，于是唆使厨师在糖饼中放下毒药，使时年二十七岁的宇文毓中毒而死，这是公元560年四月二十日的事。宇文毓自557年九月二十八日为北周第二任天王，公元559年八月十五日改称皇帝，年号“武成”。

宇文毓死前已经知道是宇文护的毒计，所以对顾命大臣们吩咐由他同父不同母，年方十八岁的弟弟宇文邕继位为帝，也可能他已把宇文护的阴谋告知宇文邕了。560年四月二十一日宇文邕登基，改年号“保定”。

北周与南陈

在这时候，北齐、北周都是以“统一中原”为目标的。北齐南犯的中心目标是建康(南京)，势力范围在湖北武汉以东。北周南犯的中心目标，是南梁正统系最后一个皇帝萧绎所控制的湖北江陵，其势力范围在武汉以西。

据守江陵的南梁萧绎于公元554年冬战败死于北周之手，北周的傀儡萧詧在江陵称帝，传统史家称之为“西梁”，可是他的统治疆域只局促在江陵一郡之地，江陵以西乃至四川、湖南的北部都已为北周的新占领区。北周扶植萧詧在江陵仍以南梁国号称帝后，北周就把巴湘(湖南省长沙以北)地区，交付萧詧派军镇守。可是萧詧手下的兵力有限，致为南陈所乘。公元560年秋，南陈天嘉元年、萧詧的西梁大定元年、北周武成二年秋，南陈的太尉侯瑱率军进攻应为萧詧所属的湖南长沙(湘州)。

北周骠骑大将军贺若敦率一万步骑兵驰援长沙，先攻占长沙西北的战略据点武陵(湖南省常德市)以声援长沙。南陈的武州刺史吴明彻退回巴陵(湖南省岳阳市)。贺若敦乘胜驰援湘州(湖南省长沙市)。

湖南的长沙(湘州)、常德(武陵)、岳阳(巴陵)、湘阴(罗州)，都是防卫江陵的战略要地。

九月初，北周派遣性情刚烈、有胆气的独孤盛率水师会同贺若敦水陆并进，九月中南陈也派仪同三司徐度率军进驻湖南岳阳西南的巴丘山，与侯瑱会师。于是，长沙、湘阴、岳阳地区就成了北周与南陈的拉锯战场。

北周军的粮食吃完了，就派兵四出抢粮，又怕这个秘密被南陈发觉，贺若敦仿南朝刘宋时檀道济“唱筹量沙”之计，堆土覆米，故意示之于南陈侯瑱，使其误以为北周军粮之丰沛充足，并在湘江入口处的杨叶洲上筑成基地，又在洞庭湖岸边增筑营垒、碉堡及眷舍，表示长久居住之意。

当地民众在北周军的管制之下，常有暗中送食物给南陈军的，北周的贺若敦也常施各种诈术，挑拨离间使南陈军民之间互相猜忌。

是年(560)冬十月中，南陈侯瑱利用机会突袭杨叶洲独孤盛的基地。

独孤盛放弃杨叶洲而登洞庭湖南岸上再建更结实坚固的防卫阵地。

关于杨叶洲，首见于《通鉴》："侯瑱袭破独孤盛于杨叶洲。"

附注："据姚思廉《陈书》：杨叶洲在西江口"。又说"西江谓湘江也"。而唐初姚思廉所撰《陈书·侯瑱传》只说"侯瑱与独孤盛战于西江口，大败盛军"。并没有提到"杨叶洲"之名。也没有说杨叶洲在西江口。

同书《世祖纪》说"侯瑱袭破独孤盛于杨叶洲"，前后两说是否出于一人之手？不得而知。

后出的《南史·陈本纪》及《陈书·世祖纪》也都提到"杨叶洲"之名。

《中国古今地名大辞典》及《读史方舆纪要》都是说："杨叶洲，在湖北省鄂城县东，一名白田洲。"同时也说"南陈天嘉元年，侯瑱袭破独孤盛于杨叶洲"。

当时这个战事是在湖南洞庭湖一带进行的，而"杨叶洲"的地理位置却有南北相距数百里地的说法。只有柏杨版《资治通鉴》译本中注谓杨叶洲是"湘江入口洞庭湖处一小岛"，虽然没有根据，但却十分合理。谨志于此，以待方家。

岳阳久攻不下，南陈再派其老牌名将侯安都率军增援侯瑱。老谋深算的侯瑱眼看军事制胜贺若敦很费力，于是展开政治作战，先于是年(560)

冬策反北周驻守岳阳(巴陵)的城主尉迟宪投降南陈。

翌年(561)春，又说动北周驻守湖南长沙的湘州城主殷亮也向南陈围城军投降。加之北周的官兵因不服水土、缺乏粮食、长期营养不良等原因致病死大半。南陈的太尉侯瑱乘此机会又向北周贺若敦提议，愿提供数日军糈以及运兵船只，送北周军渡江北返。于是“为将多智计”的贺若敦黯然撤退。遂使湖南常德的武陵郡、石门的天门、安乡的南平与义阳，湖北松滋的河东，以及湖北长阳的宜都等地都回归了南陈。

北周朝廷大政革

公元561年春正月，宇文邕前往圆形神坛祭天，再到方形神坛祭地，再到南郊祭祀感生帝神。还有春季东郊祭日，秋季黄昏时分祭月等古俗，统统在汉文化的熏陶之下复出了。再到太庙祭祀祖先，然后颁布他父亲宇文泰所制定的“六官”制度。

天官(大冢宰)总理国务全权。

地官(大司徒)掌理内政。

春官(大宗伯)掌理教育。

夏官(大司马)就是以前的太尉，掌国防。

秋官(大司寇)掌司法。

冬官(大司空)掌农、工。

规定“五府总于天官”。一切国政统统由天官(大冢宰)裁定后再奏报皇帝，并任命宇文护为大冢宰(天官)，都督中外诸军事。文武大权乃集中在宇文护一身，然后改年号为“保定”。

宇文护既拥得政治、军事大权于一身，又以皇帝之命，追封他的父亲宇文颢为邵国公。宇文颢早年为国殉职，其爵位由宇文护的儿子宇文会继承。

封宇文颢的弟弟(宇文护的叔父)宇文洛生为莒国公。宇文洛生早年被尔朱荣所杀，无后，所封爵位由宇文护的儿子宇文至继承。又追封宇文连为杞国公，由宇文亮(宇文护的侄儿)继承爵位。追封宇文震为宋国公，宇文震早卒，封爵由逊帝宇文毓的儿子宇文实入继。

在军制方面也作重大的变革，提高轮休频度，注重军事效率——北周的兵役制度本来是以八个梯次轮调，现在改为十二梯次轮调，平均每一个在战场服兵役的军人或部队不致超过一个月。这样可以使大部队有充分的轮休或教育时间。

北周的币制

五胡十六国的前期，各国币制大都沿袭魏、晋的“五铢钱”。当时民间私铸之风很盛，因而币制之乱可以说已到极点。长时期的战乱，使诸胡统治者仍以“实物”为经济实体，货币已经退而为贸易活动的帮手了。到了北魏剪灭诸胡之后，开国皇帝拓跋珪曾经注意到“铸币以裕战费”，但也仅仅是仿制相沿数百年的“五铢钱”，并没有具体的新理论或制度的新观念。

拓跋焘时代曾有过改革币制的打算，可是仍然没有摆脱“实物”论的窠臼。不过这时候对于货币文化的理论方面已经有了新的思想出现。新理论认定金属铸币可以方便流通，这就是当时认为谷、绸、缎携带不易的“轻重论者”，也有人称之为“反实物论者”(《魏书·食货志》)。

这种理论，重视货币铸制、流通的手段与功能，所以他们主张货币应为发展民生经济的主要工具，也主张政府应该管制铸币的资源——铜。同时又有更新的理论出现，他们认为货币本身就是资源，就是商品，就是一般财富或社会财富的集成。如此说法，货币则“从商品的区区帮手而变成了商品的上帝”(《中国货币史》引马克思语)。

拓跋宏迁都洛阳之后，朝廷设立了“铸钱都将”，长史高谦之鉴于铜价腾贵，乃建议铸造“三铢钱”，与传统的“五铢钱”等价流通。

北周宇文邕做皇帝第二年(561)七月，为了筹备他计划中的庞大军费，乃下令铸造“三泉”和“布泉”新币，铜质纯、重量足、铸工精致。一枚“布泉”当民间现行的五铢钱五枚，与五铢钱并行。民间为实际需要而私铸旧铜钱(俗称“皮钱”)与仿铸的“布泉”“五铢钱”也同在民间流通，无形中使“实物论”慢慢消音。

由于战争连连，物价腾贵，政府赖以大宗通货的绸缎、谷物等物资也日感缺乏，不得已乃于公元574年，北周建德三年的六月铸造“五行大布钱”以资挹注。“五行大布钱”比现行的“布泉”钱价高十倍，也就是一个“五行大布钱”当十个正在流通中的“布泉”，与“五铢钱”同时流通。总之北周所实行的货币政策，完全是为了筹措军费，并没有想到民生问题，所以民间只好自求多福，不顾严刑酷法而大兴私铸之风。

北周的执政当局深深了解发展农业经济的重要性，于铸币制度之后乃在蒲州开发水利渠，在同州(陕西省大荔县)开凿龙首渠以利灌溉，使农业大大丰收。

这一次整体改革，使北周的实力已超过北齐，更压倒南梁。

后来随着北周势力不断扩张，商业和农业经济活动日益繁盛，加上军费浩繁，现行货币已经不敷应用，铜的来源也日益减少，于是又做了铁钱、小平钱，当然铁没有铜的密度高、价值高，因而货币市场又混乱起来。

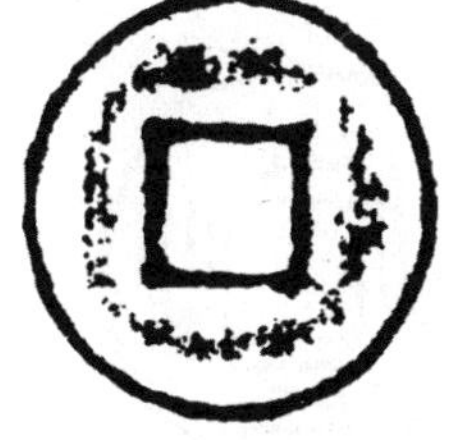

（一）大型五行大布　（二）中型五行大布

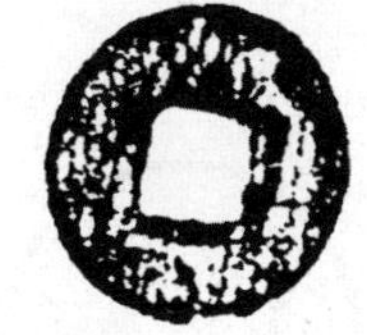

（三）小型五行大布(形态微薄)

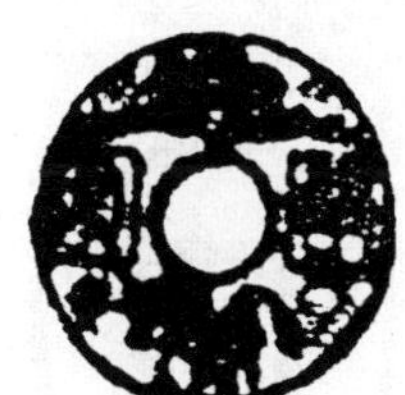

(四)背有团圆、上祥云、下奔马

(五)厌胜钱

背有蛇龟剑刀，道教符咒。这种厌胜钱不知道是否曾经流通市场。

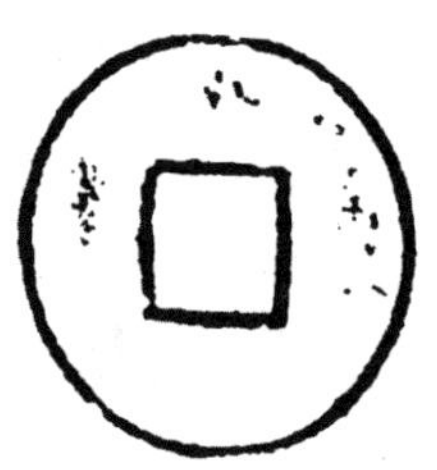

(六)衡门泉影版五行大布

北周武帝宇文邕于公元574年(建德三年)铸行“五行大布”(取自《历代古钱图说》)。

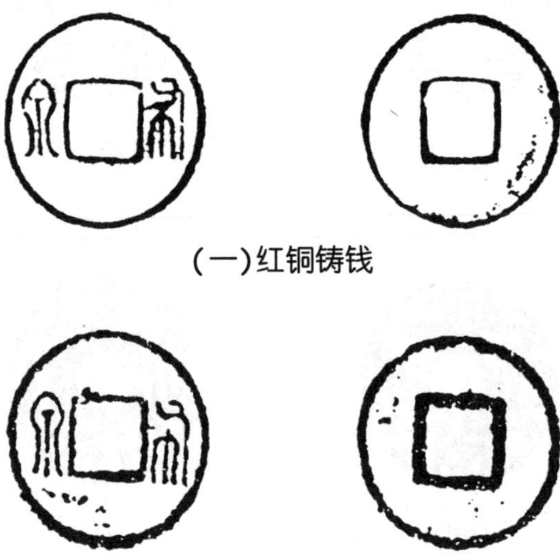

(一)红铜铸钱

(二)青铜铸钱

北周武帝宇文邕于保定元年(561)所铸“布泉”，一当永安五铢钱五枚。

四面千佛像柱

北朝末年(550—581)
(台北历史博物馆提供)

韦孝宽制山胡

山胡就是世居在山西吕梁山西麓的“生胡”族群。自公元553年，北齐的高洋修了一道专为防御山胡的长城以后，山胡就转移目标，向南进犯北周境内掠夺财物。北周驻镇玉璧(山西省稷山县)的勋州刺史韦孝宽，在这个地区内和北齐交战多年，韦孝宽精于经史，用兵如神，而且擅于用间。山胡的根据地在山西的离石，是北齐领域，北周又不便进兵北齐境内，于是韦孝宽就下令征调汾河以南的民夫及囚犯十万人，在山西临汾西南四百多里，山胡出没的要道处兴筑要塞，扼住山胡咽喉。山胡见北周有备，就退回基地。韦孝宽下令在汾水以南到介山、稷山一带的村落，白天旌旗招展，夜晚灯火通明，从此山胡不敢再犯北周。

北周释放陈顼

南陈皇帝陈蒨的弟弟安成王陈顼，于554年江陵之役被北周掳去。陈蒨做了皇帝，曾派使节报聘北周，传达陈蒨愿以贵州和湖北汉阳东北的鲁山城交换陈顼的意愿。北周也早就计划利用陈顼的皇族身份渗透南陈。于是在公元562年，北周保定二年、南陈天嘉三年春，先任命陈顼为勋官一级的柱国大将军，然后派天官府田赋官杜杲护送陈顼回南陈。

南陈皇帝陈蒨任命陈顼为中书监、中卫将军。不过陈顼的元配夫人柳妃和儿子陈叔宝还被扣留在北周河南邓州东南的穰城。陈蒨又派侍中毛喜前往北周交涉，北周也全部送还。

后来陈顼篡陈伯宗为南陈废帝，史称宣帝，在位十四年；传给陈叔宝

——陈后主，在位六年，亡于隋。

宇文邕的心机

宇文邕对宇文护的专权早有除之而后快的决心，不过他赋性深沉，从来不动声色。

北周的梁公侯莫陈崇是北周的功臣、忠臣，公元563年，北周宇文邕的保定三年，随从宇文邕前往宁夏固原(高平)的原州视察。宇文邕突然连夜赶回长安，随从官员都觉得很奇怪，侯莫陈崇对同僚说："可能与大冢宰、晋公宇文护的事有关。"这话传到宇文邕的耳朵里，使宇文邕大吃一惊。因为宇文邕对于宇文护的态度一向使人莫测高深，就是这样才使宇文护误以为宇文邕平庸无能，不会对自己的专横朝政有什么反对意见，所以他也放手去做他自己想做的事情。这次宇文邕紧急回驾长安目的就是看宇文护会不会利用他离开京城的时间发动政变。如果宇文护真的有任何不轨行动，宇文邕正可借机除掉他。可是宇文邕这个心底的机密竟然被侯莫陈崇猜透了，宇文邕也想到对付宇文护如果稍有不慎就会给自己招来杀身之祸，他又想到三国时曹操与杨修"鸡肋"的故事，他为了掩饰自己的心机，一面召见侯莫陈崇当众责备他不应无中生有，另一面却密令宇文护派将领率军包围侯莫陈崇的住宅，逼令侯莫陈崇自杀。

宇文邕又下令：自即日起，无论什么文告、诏书、公文，都不可直接书写宇文护的名字，表示对他的尊重如同皇帝。宇文邕为了掩饰自己的心机，不惜杀害一个忠臣良将，这个心战成本未免太高些。

宇文邕处心积虑要灭北齐，但在北边新兴起的突厥也是他的后顾之忧。

公元563年，北周保定三年秋七月，宇文邕再往宁夏固原(高平)的原州视察，九月初登陇山，这是一次战备之行。

陇山，主峰在陕西陇县，山高而长，延亘陇县、静宁、镇原等县，西北跨过甘肃清水；东西一百八十里，登山东望极目五百里，是北周北境边防之险地。

北周与突厥联合攻北齐

北周把北齐的情势缜密研究之后，拟出进攻北齐的作战计划。

公元563年，北周保定三年、北齐河清二年秋，北周先派天官御伯中大夫杨荐前往北邻新兴强国的突厥，游说突厥现任木杆可汗阿史那俟斤，以迎娶阿史那俟斤的女儿为皇后的条件，要求突厥与北周联合进攻北齐。当时北齐方面获知这个情报，立即也派使节，致送大批的金银财宝给突厥，并允迎娶阿史那俟斤的女儿为皇后。突厥可汗为贪图北齐的厚礼，打算逮捕北周使节杨荐等并交付北齐发落。

这时候，突厥已拥有控弦战士数十万，为北周攻齐必争之国。

杨荐得到这个消息，立即晋见突厥可汗阿史那俟斤，义正词严地述说八年前(公元555年，西魏恭帝二年)突厥要求宇文泰引渡柔然投到西魏的郁久间邓叔子残部三千多人，当时宇文泰慨然应允，突厥把这批柔然残余敌人全部处决，才得以彻底消灭了他的世仇大敌——柔然。杨荐责问阿史那俟斤："那时候如果我们不帮你们这个忙，试问你们还会有今天的安定富强吗?"

杨荐这席话打动了阿史那俟斤，突厥与北周遂即决定联合作战相与共平北齐。

在三十年前，宇文泰还是贺拔岳的部将时，贺拔岳的势力退出山西，高欢乘机把贺拔岳所部高级将领的眷属扣留，并将俘虏分配到河北定州北魏皇室的中山宫为奴。宇文泰的妹妹(宇文氏)和嫂嫂(宇文护的母亲——阎氏)都在其中。

宇文护在北周当权了，就派间谍探知上情，乃正式向北齐的高湛政权交涉，要求放回他的母亲和姑妈。起初，高湛为借此筹码向北周宇文护要求更高条件，而且军方实力派的段韶也反对送回宇文氏和阎氏。正在犹豫中，边防传来警报说突厥部众十万再次进军塞北，高湛有去年晋阳战败的经验，对于突厥是闻风丧胆，于是立即送还宇文氏和阎氏，希望与北周同样遣俘息兵，这时进犯塞北的突厥兵也大肆抢掠而还。

周、齐之战

突厥的南犯大军进入长城后，大肆抢掠民间牲畜、财物，掳去不少人口才退驻塞外，继续集结各部落兵马，一面积极训练，一面派使节联系北周，要求再次联合出兵犯齐。

这时候的北周，由于宇文护的母亲(阎氏)与姑妈(宇文氏)已经回国，时下并没有再犯北齐的打算。可是他又怕突厥借口说他背信而反目成仇，不得已，宇文护下令动员十二大将军所统辖的府兵，及左、右两翼禁卫军，秦陇(甘肃省)、巴蜀(四川省)的地方团队，以及羌部落、匈奴部落等内附者，共有二十多万人。是年(564)十月十三日，皇帝宇文邕在皇家祖庙加授宇文护象征皇帝权力的斧、钺，然后自陕西大荔南的沙苑基地誓师东进伐北齐。

宇文护的战斗路线，是兵分三路东进：北路以镇守东疆二十年的老将邵州刺史杨檦率东疆大军由山西垣曲出发，攻击河南济源太行山第一关的轵关。这是北齐新筑最坚实的防御主阵地。

中路由柱国尉迟迥率精锐主力十万大军由潼关出发，直取洛阳。

南路由大将军权景宣率山南东道荆、襄二州的地方团队进攻河南汝南北齐的悬瓠城。十二月初权景宣兵临悬瓠城下，北齐守将豫州行台太原王高士良和永州刺史萧世怡献城投降，权景宣把他们及一千多降卒解送长安。

宇文护另派柱国大将军杨忠率领一支精锐骑兵北上内蒙古鄂尔多斯右翼的沃野镇，接应突厥军。

宇文护则进驻弘农(河南省灵宝市)督战。

尉迟迥下令雍州牧宇文宪、同州(陕西省大荔县)刺史达奚武以及泾州总管王雄等分别进驻邙山，对洛阳形成包围。地面上筑土山，地下挖地道，猛烈攻击洛阳但一个月不能攻下。宇文护下令黄河以北一定要占领河阳(河南省孟州市)，阻绝北齐援军之路。可是在轵关之战北路的杨檦，由于轻敌而遭北齐太尉娄叡击败，杨檦投降。黄河北岸战场已经失败，宇文护把自己所率主力部队投入尉迟迥的战斗兵团中直接攻击洛阳。

北齐派兰陵王高长恭、大将军斛律光增援洛阳，又命并州刺史段韶率精骑一千自晋阳出发增援洛阳，皇帝高湛也自晋阳出发增援洛阳。

太原距离洛阳近四百公里，段韶急行军五天渡过黄河到达洛阳北邙山。由于大雾的掩护，段韶把所属骑兵分成许多小组战斗群，分别向北周军的阵地悄悄地摸索前进。段军挺进到洛阳东北的太和谷才与北周军遭遇。段韶下令且战且退，引诱北周的步兵翻山越岭，乘其疲劳不堪之际，段韶一声令下，士卒下马步战，猛烈反扑。北周军个个累得无力再战，甚至有些士兵累倒在地上爬不起来，索性等着挨刀、挨枪。邙山上的北周军就这样土崩瓦解了。

北齐兰陵王高长恭所率领的五百骑兵奋勇冲入北周围城军的阵地，杀开一条血路横冲直撞，接应城内守军乘势杀出城来。北周围城军腹背受敌，死伤惨重，乃抛弃营帐、辎重、武器而逃散，王雄中箭而死，宇文宪与达奚武也乘夜色掩护而悄悄撤退。

在南路战场上已经占据了河南汝南的北周大将军权景宣听到北战场大败的消息，也立即放弃豫州(河南省汝南县)而撤退。

受命率军接应突厥的北周大将军杨忠也黯然班师。

北周为了掩饰败绩，一面改年更运，改保定六年为天和元年；一面向西南寻求补偿，乃派地官下大夫杜杲报聘南陈。另一方面结纳在青海的吐谷浑，使其龙涸王慕容莫昌率所属部落宣布归附北周。宇文邕下令把吐谷浑所盘踞的地区改称“扶州”，总管府设在四川阿坝的松潘。这是正式把吐谷浑列为一个藩属了。

北周用兵于西南的蛮族，他也要防西北的义民，宇文邕下令在陕西长安西北兴建武功城(陕西省武功县)、郿城(陕西省眉县东)、斜谷城(眉县西南二十里)、武都城(甘肃省武都区西北)、留谷城、津坑城，都派重兵驻守，限当年(566)完工，十一月中宇文邕亲自前往视察启用。

“信州蛮”起义

盘踞在重庆奉节一带的“信州蛮”酋长“向五子王、冉令贤”部，占据了湖北巴东县起义，并攻陷奉节的白帝城。这一事件的影响所及，义民蜂起，蔓延两千多里(《通鉴》)。

北周前后派开府仪同三司元契、赵刚等讨伐，都不能平定。是年(566)秋，宇文邕命陆腾督同王亮、司马裔等率军进剿。陆腾军在重庆云阳长江北岸的汤口扎营，义军冉令贤在长江南岸各地险要处筑成十几个城堡。并且联合东方湖北公安一带的“涔阳蛮”互为声援。冉令贤率精锐主力进驻奉节东的水逻城固守。

北周的陆腾派王亮率军南渡长江，一连攻下义军力量薄弱的八个小据点，俘虏及收容投降过来的义军官兵一千多人，又兵分数路围攻义军总部——水逻城。

义军将领冉伯黎、冉安西二人平素与冉令贤不睦，北周的陆腾贿赂大批金、银、绸缎，使二人当向导，并说服水逻城外围重要据点石胜城的守将冉龙真献城投降，义军的水逻城遂告崩溃。北周军斩杀义军一万多，俘虏一万多，冉令贤被俘后斩首。北周陆腾把所有义军的尸体堆积在水逻城附近，筑成高台，以后义军、义民，每望此台就会放声大哭。

向五子王的义军总部驻在奉节东北的石墨城，命儿子向宝胜据守湖北巴东县北的双城。陆腾乘胜进击，俘虏了向五子王父子，把姓向的义军官吏全部斩杀，俘虏一万多义军。

陆腾把信州总管府自白帝城迁到奉节西南的八陈滩，北周派司马裔为刺史驻镇。

辛昂与华皎

在北周军与义军战争时，北周派夏官小吏部下大夫辛昂巡视梁州(陕西省南部)、益州(四川省)督征军粮，支援陆腾兵团。当时的临州(重庆市忠县)、信州(重庆市奉节县)、楚州(重庆市)、合州(重庆市合川区)一带居民大都参加义军。水逻城、石墨城义军覆灭之后，巴州(四川省巴中市)万荣郡(四川省达州市)仍有义军围攻郡城，并且切断山区道路以扩大战果。辛昂就近征兵、集训三千多人，就地成军，反击义军，大出义军意表。因之义军没有抵抗而望风瓦解。北周皇帝宇文邕遂命辛昂为当地渠州(四川省渠县)总管(刺史)。

南陈的外在反对派，驻镇湖南长沙的湘州刺史华皎，听到中央朝内的反对派失败后，为了自保，就一面抚循所部，整军经武，一面向朝廷请求调他去更远一点的广州(广东省广州市)，来试探朝廷对他的真正态度。华皎还有更大的野心，一面派使节暗中和北周勾结，引北周军南下，另一面又向湖北江陵的南梁第八任皇帝萧岿表示归降，并送他的儿子华玄响前往江陵为人质。

在北周保护下的南梁皇帝萧岿接到华皎的降书后，立即上书北周朝廷，请求利用南陈内乱出兵伐陈，这是处在两大势力(北周与南陈)之间的南梁唯一期望。同时华皎派往北周的使节也已到达长安，表达华皎愿作内应的意愿。

北周这时候也出现了反战派，是由主理财政的崔猷所领导的。可是最具权威的宇文护却极力主战，当然崔猷敌不过宇文护。是年(567)闰六月中，宇文护径行派遣驻镇湖北襄阳的襄州总管宇文直(宇文邕的弟弟)率领柱国陆通，大将军田弘、权景宣、元定等出兵声援华皎。

权景宣率水师，元定率陆军，宇文直总之，会同华皎顺流长江东下。

南陈的征南大将军淳于量，率庞大舰队在湖北的汉口(夏口)布防。北周的宇文直大军到达湖北汉阳东北的鲁山，命元定率步骑兵包围武昌(江夏)的郢州。华皎则自湖南长沙北上进驻湖北监利东南的白螺山(岳阳市附近)与南陈新派湘州刺史吴明彻所部对峙。南陈听说华皎率武装部队北上了，一面命令新上任的湘州刺史吴明彻堵击，一面派冠武将军杨文通率步兵自江西安福山路越过湖南、江西交界的罗霄山而西进湖南茶陵，牵制华皎的基地——长沙。南陈又命巴山郡守黄法慧自江西宜春西进湖南的醴陵，并会同江州(江西省九江市)刺史章昭达、郢州刺史程灵洗共商进讨大计。

六月初，南陈任命司空徐度为车骑将军，总督建康诸军，从陆路西进，会同茶陵的冠武将军杨文通所部直指湖南长沙，俘虏华皎所有留守在基地的官兵及眷属，并把华皎这些家属全部斩首。

战火即将接近江陵，南梁的政策是只要是反对南陈的他都尽量吸收，于是任命华皎为司空(最高监察长)，又派柱国王操率领两万步骑兵支援华皎。

北周、南梁与华皎的联军，水师自湖南岳阳顺流东下，与南陈军在湖北汉阳西南的沌口会战。沌口在汉阳西南三十里，乃沌水入长江之口，上接沔阳诸水、下通长江，形势险要，得之则可顺江东下。

南陈的征南大将军淳于量与受命接任湘州(长沙)刺史的吴明彻运用以小制大的消耗战法，集合许多小型快艇分批接触北周联合舰队各作战组中主力巨舰，承受那些主力巨舰上所投掷的制式兵器“撞击长杆”(形如现在运动项目的标枪)，等那些巨舰把“撞击长杆”投掷完了，然后再召来自己的大型舰只运用各型(撞击长杆、抛石、沾油火箭等)兵器来攻打已经没有攻击能力的北周联军的主力巨舰。北周联军又用小型快艇装载木材火攻，结果还是全部失败。华皎乘小舟直奔江陵，北周的宇文直也投奔江陵，只剩下包围武昌(郢州)的元定所部孤军奋战，进退两难，只有自动解围。元定率所部一千多人从陆路翻山越岭，且战且退，好不容易退到巴陵(湖南省岳阳市)，而巴陵已被南陈的徐度占领。徐度用计使元定解除武装，诱捕元定，北周军全部被俘，元定知道中计，后悔不及，一气之下发病而死。

宇文直把这次失败的责任完全归咎于南梁的柱国殷亮，南梁的皇帝萧岿明知殷亮没错，可是不敢违拗北周，于是殷亮成了代罪羔羊而被斩.

南陈驻守湖北武昌的郢州刺史程灵洗并不追击北周的元定，而乘元定撤围的有利形势，发动水师猛攻威胁武昌的北周前进基地——沔州(湖北省汉川市)。北周沔州刺史裴宽颇知兵事，听说元定自武昌奔湖南岳阳(巴陵)后，立即要求襄州总管派兵支援，并准将沔州刺史府迁到汉川的羊蹄山。公文往返尚在途中，不料南陈的大批舰只已经兵临城下。正巧天降连阴雨、江河水涨，南陈的艨艟巨舰乘水势紧靠城墙，使用撞击长杆猛烈撞击城楼，城墙毁坏多处，矢石如雨，守城人员不敢抬头，南陈军攀登城墙而上。就这样激烈战斗一个多月，结果城陷，裴宽被俘，北周在华皎一役完全失败，时在公元 567 年，后梁天保六年、北周天和二年、南陈光大元年秋。

杨坚出线的十三年

北周天和三年，公元 568 年秋，六十二岁的随桓公杨忠去世，杨忠的儿子杨坚继承爵位，任开府仪同三司、天官小宫伯。

北周建德二年，公元 573 年九月，十五岁的北周皇太子宇文赟娶了随公、大将军杨坚的女儿杨丽华为太子妃。五年后宇文赟做了皇帝，杨丽华当然升格为皇后。杨坚也晋级为大司马，四辅中的“大后承”，四辅之首的“大前疑”。

北周末代皇帝宇文阐大定元年，公元 581 年的二月二十四日，杨坚接受了宇文阐的禅让，接掌了北周政权而建立统一中国南北朝的隋王朝。

三国之间的外交战

公元 572 年四月初，北周的宇文邕派冬官工部中大夫宇文建、春官小礼部上士辛彦之前往北齐报聘。

是年夏，北周追尊开国皇帝宇文觉为“孝闵皇帝”，封皇子宇文赟为太子。

是年秋，又分别派遣大员聘问南陈与北齐，这些外交运作都是为了搜集情报，为战争作准备。

南陈太建四年、北齐武平三年、北周天和七年，公元 572 年秋七月，南陈派使节聘问北周。八月初北周派司城中大夫杜杲报聘南陈。而北齐派领军将军封辅相前往北周聘问。

北齐访北周是为了刺探军情，南陈访北周是为了联合谋北齐，因为北齐是他的直接敌人。南陈皇帝陈顼向北周使节要求以湖北襄樊的樊城和襄阳东北的邓城交换，两国之间结盟，共同讨伐北齐。而北周则是希望北周与南陈通好，北周进犯北齐而南陈不要出兵助齐就行了。其实南陈也正打算利用北周和北齐之间的矛盾而积极准备北伐北齐。

北周的人力之盛

据《通鉴地理通释》说，北周大象中北周人口是三百五十九万户，九百万九千六百零四人。

后起游牧国家的经济基础在于农业的发展。所以北魏的第一目标是掳掠劳动人手。西魏在宇文泰占领四川时，曾把当地农牧人力掳去数十万人口，尤其对有些少数弱势族群则全族虏去。有的分别赏赐给功臣、贵族家中做奴隶，有些发配给军阀们当奖品，或给官府为奴役，不过大部分还是以农业生产为主。如史载大将陆腾受赐八百口，长孙俭三百口，杨绍一百口，侯植一百口，韩果一百口，于寔一百口，李贤四十口，李雅一百口，元景山二百五十口，宇文弼一百五十口，崔弘度一百口等。

公元554年，西魏在湖北江陵战役中俘虏了南梁萧绎政权的官、民男女十多万人，除了赏赐战功官兵外，大部分押解到长安就地为农奴、工奴。这大批劳动人力在过去二十多年中对西魏与北周的农业增产有很大贡献，在工业(开凿石窟与制造兵器)方面也是功不可没。

宇文邕释放工奴

宇文邕为了争取民心，于公元572年，北周天和七年冬下令把所有农奴、工奴、奴役等一律释放，恢复他们的自由，使他们成为平民，愿意回原籍的也听其自然，不过他们很少有财力可以回去原籍的，于是原来的主人、豪门大族或官府，仍然可以挽留他们，并将他们改称为“佃户”或“部曲”。虽然除去了“奴隶”之名，但实质上仍然是豪门、政客、军阀们奴役之下的劳动者。

这时候北周的国策，是看准北齐日趋衰微，所以他积极准备东进伐齐。在当前三国——南陈、北齐、北周鼎立的状况下，他必须稳住西梁的萧巋政权，拉拢建康的南陈政权。萧巋政权作为北周的保护国，无力有所作为，自无顾虑。公元572年十月初，北周派下大夫杨勰等聘问南陈，示好于陈。

北齐与北周和

那时候的各国战争，向来都是战和相间，“和”是“战”的准备，“战”是“和”的另一种方式。公元568年，北齐天统四年、北周天和三年秋八月，北齐请和于周。北周也积极派遣军司马中大夫陆程等访北齐，九月初北齐也派侍中斛斯文略报聘北周，冬季双方又互派高官互相礼貌性地拜访。这些活动无非是在搜集情报。南陈、北周、北齐互相玩这种营造战争的纵横把戏已是太多太多了。

营造外部战争，除了尽力拉拢其他政权之外，必须凝聚人心，鼓舞国内士气。公元572年冬十一月初宇文邕亲自劳军，先召集长安(陕西省西安市)以东诸军都督(大概是战略单位以上的军事首长)以上高级军官依职等颁发赏赐。十一月中，任命赵公宇文招为大司马。壬申，宇文邕在长安以西鄠县南的军事基地斜谷集合都督以上军官，依职等颁发奖赏。庚寅，宇文邕返宫途中参观道家的聚会所道会苑，见殿堂华丽、俗道杂处，觉得这是国家财力的浪费，于是下令纵火烧毁这个道会苑的全部房舍。

宇文护之死

早在公元550年，西魏大统十六年，宇文泰为西魏宰相时，建立了以军领政的独裁制度。六年后宇文泰死，宇文护乘机接掌军政大权。这时候宇文护谏议西魏皇帝拓跋廓禅让。后来他扶植宇文泰的嫡长子宇文觉称帝，宇文护为大司马，封晋国公，采邑一万户。这时宇文泰的旧部属都怕宇文护篡夺帝位，于是赵贵、独孤信等计划诛杀宇文护，但都失败而被诛。宇文护也借此杀了宇文觉，再立宇文毓为帝。当时又有李植、孙恒等计划铲除宇文护，事未成而宇文护把李植外放为梁州刺史，外放孙恒为潼州刺史。以后又有乙弗凤、张光洛等谋诛宇文护，事为张光洛向宇文护告密，宇文护收斩乙弗凤，并株连到李植、孙恒同时被斩。宇文护还解散保卫皇帝的禁卫军，然后毒死宇文毓，再立宇文邕为北周第三任皇帝。宇文护以皇长兄之尊仍掌握着军政大权，无论征发调遣、百官任命，都得宇文护允可。

宇文邕虽然年轻，但城府极深，由于前车之鉴，他对于宇文护是心存警戒，但却不露声色，表面上对宇文护完全信任与依赖。

宇文护专权骄恣，私宅警卫威武森严，超过皇宫，他的儿子和僚属们个个贪污凶暴、横行霸道，朝野、军民都恨之入骨。可是皇帝宇文邕却置若罔闻，只在不声不响中准备只有他自己知道的除奸计划，朝中官员都猜不透皇帝在想什么。

宇文护的母亲去世，依礼制应该给假宇文护回家守丧，可是宇文邕唯恐他借机生事而婉言请他回朝，使宇文护感觉到宇文邕确实离不开他。

宇文邕的弟弟宇文直本来和宇文护十分亲昵，后来失和，宇文直总想弄死宇文护，他好接掌宇文护的职务。宇文邕遂乘机邀同天官右宫伯中大夫宇文神举、天官右侍上士(皇帝身边的侍卫官)宇文孝伯、春官内史下大夫王轨等秘密商议铲除宇文护。

公元 572 年三月中，宇文护自陕西大荔的同州返回长安，宇文邕约在文安殿接见，并引导他到含仁殿晋见叱奴皇太后。宇文邕在其身后乘机用手中的玉珪使劲猛击宇文护的后脑，宇文护因脑震荡倒地，宇文直早已埋伏在内室，一跃而冲出来砍下宇文护的人头。

宇文邕又下令天官宫伯长孙览带兵逮捕宇文护的儿子宇文会、宇文至、宇文静等以及宇文护的弟弟宇文乾嘉、宇文乾基、宇文乾光、宇文乾蔚、宇文乾祖、宇文乾威，还有宇文护的亲信属下侯龙恩、侯万寿、刘勇、尹公正、袁杰，将在食物中下毒害死两任皇帝宇文觉、宇文毓的天官膳部下大夫李安等人以及他们的家人一律斩首东市。

宇文护的世子宇文训为驻守山西永济的蒲州刺史，宇文邕派越公宇文盛于公元 573 年三月十四日星夜乘驿马车急速前往征召宇文训回京，等他离开基地，走到陕西大荔时皇帝下令宇文训自杀，他是宇文护后代中唯一得全尸而终的。

宇文护的另一个儿子宇文深，刚于二月间受命为聘问突厥的使节，宇文邕派宇文德前往突厥将其就地斩首。

宇文护的长史叱罗协、司录冯迁以及所有亲信，一律免职永不录用。

宇文护可以说是北周建国的元勋，自公元 557—572 年，计执政十六年，享尽官威、特权，最后没得好死。

大肆屠杀的次日，公元572年三月十五日，宇文邕以全胜的姿态宣布大赦天下，改天和七年为建德元年。

公元577年的五月中，宇文邕忽然想起要把宇文护留在人世的所有痕迹都得消灭干净，于是下令把宇文护掌权时所建奢侈豪华的“会义”“崇信”“含仁”“云和”“思齐”各殿全部拆除，所拆砖瓦、木材等赏给贫穷民众使用。并下令并、邺诸堂殿壮丽者皆准此。(《通鉴》)帝王为表现自己而不惜民命。华丽的宫殿是民脂民膏，拆了华丽的宫殿，再建朴素的宫殿还是要再征民脂民膏，拆了再建岂不是徒然浪费民脂民膏？

宇文邕阅宇文护的书牍档案，对于凡是假托神秘预言、祥瑞预兆、鼓励篡夺帝位的人，统统抓来斩首或族诛。在过去宇文护掌权十六年中，这类人物一定不在少数。其中只有庾季才的一封信是分析天象变异，建议宇文护把军政大权归还给皇帝。宇文邕赏给庾季才粟米三百石、帛二百段，并升他为太中大夫，散官七命(品)。

棠棣之间

宇文孝伯是安化公宇文深的儿子。这个宇文深是宇文泰同族兄弟辈的儿子。宇文孝伯和宇文邕同一天出生，所以宇文泰很喜欢他，就把他收养在家和宇文邕做玩伴、一起读书。宇文邕做了皇帝后就任命宇文孝伯为天官宫伯右侍上士，又称“麟刀侍从官”，是皇帝的贴身卫士，可以出入皇帝寝宫，还是参与机密的高级侍卫官员。

宇文邕的胞弟宇文直自以为铲除宇文护有功，原来想着接掌宇文护所遗职务。宇文邕不给他做大冢宰，是因为他平常性情浮躁，贪得无厌。宇文直见皇帝不给他做大冢宰，于是退而求其次要求做大司马，希望取得军权，可是宇文邕很了解他，只给他做大司徒，主理如今内政部事务。因此宇文直总是怀恨在心。

574年的七月二十七日，宇文直乘皇帝宇文邕出巡云阳郡(陕西省泾阳县西北)的机会，发动政变，率其党羽进攻皇宫的肃章门。守门将军尉迟运，紧闭城门。宇文直放火烧门，尉迟运恐怕火熄后宇文直的部队冲进城来，于是搜集宫中家具、木材及油脂使火更加炽烈地继续燃烧。宇文直见烈火越来越大，不能进城，乃下令撤退。尉迟运也下令冲出追击，叛军大败，宇文直率百余骑南逃，打算投奔南陈，行经荆州(穰县——河南省邓州市域)时被捕，押解回长安处死。

北周、北齐与突厥

这一时期的各割据政权关系完全建立在互相利用上。北周与新兴的突厥的交往，源自公元545年，西魏大统十一年。当时西魏的宰相宇文泰鉴于突厥灭了北方大族群的柔然，“尽有塞表之地，控弦数十万，志陵中夏。太祖(宇文泰)方与齐人争衡，乃结以为援”(《周书》)。双方正式联合，缔结协定，再进一步政治联姻，西魏的长乐公主下嫁给突厥伊利可汗阿史那土门为后。

北周保定三年、北齐河清二年，公元563年秋，北周打算联合突厥攻打北齐，于是答允娶突厥木杆可汗阿史那俟斤的女儿为皇后，并派天官御伯中大夫杨荐签订盟约与婚约。

公元564年春，北周与突厥联军攻击北齐，联军失败。突厥退守塞(长城)北，旋即又与北齐结盟。

北周为争取这个有力而又可用的盟友——突厥，于翌年(565)，北周保定五年春二月初，派出宇文纯、宇文贵、窦毅、杨荐等公爵级的大员组成庞大迎亲团，率同皇后仪队、警卫、行宫帐幕、一百二十名宫女前往突厥王庭迎娶去年突厥应允的公主——木杆可汗阿史那俟斤的女儿。

可是突厥的木杆可汗阿史那俟斤背叛跟北周缔结的盟约反而又跟北齐结盟。当时还扣留了北周的使节团宇文纯等，直到公元 568 年，北周天和三年的三月间才释放他们，宇文纯等才得护送突厥公主南返。三月初返抵长安，宇文邕亲自出城迎接成亲，下令大赦。

北齐高纬的武平三年、北周宇文邕的建德元年，公元 572 年，这年突厥第三任可汗——木杆可汗阿史那俟斤死(？—572)，汗位没有传给他的儿子阿史那大逻便，竟遗命传位给他的弟弟佗钵可汗为第四任大可汗。

佗钵可汗把他两个亲王侄儿分封为尔伏可汗(阿史那摄图，是佗钵可汗哥哥阿史那科罗的儿子)，统治东方疆土。另封弟弟儿子为步离可汗，统治西方。

这时候突厥所占有的领域(依刘义棠《中国边疆民族史》)：东自辽海(内蒙古自治区科尔沁左翼)以西；

西至西海(里海)万里；

南自沙漠以北；

北至北海(贝加尔湖)五六千里。

其所谓“东方”“西方”的正确位置古代史乘无从查考。

阿史那佗钵在位时，承其兄长阿史那俟斤的遗志，继续与北周和平相处，北周每年贡给绸缎、棉布十万匹。突厥驻在长安的使节经常维持千数人都是锦衣玉食，享受特高级待遇。而北齐也为赢取突厥有形、无形的奥援，而竞相贡献金银财宝给突厥。因而佗钵可汗更加骄傲自大。

宇文邕于四年前(568)娶来突厥二任可汗阿史那俟斤的女儿为后，“后有姿貌，善容止”(《周书·皇后列传》)。但是这种不同文化的政治婚姻，不会有真正感情的。宇文邕的外甥女(佚名)曾郑重警告宇文邕：“当前我与北齐、南陈鼎足而三，互相制衡，现在突厥正在强盛，谁能取得突厥的力量，谁就能统一中国，希望舅舅能把感情运用在阿史那皇后身上以强化北周与突厥的关系。”宇文邕欣然接受这个建议，殷勤于阿史那皇后，使北周与突厥的外交关系更加密切。

不过北周在公元 581 年春亡于隋，在此十三年间，突厥对北周并没有什么助力。

论疆域北周不如北齐，北周的领域：以陕西的西安(长安)为中心，陕北榆林以南，沿黄河到山西汾河、沁水以南，东至河南洛阳、平顶山宝丰以西，以及河南西南隅，湖北汉口以西，四川、湖南、云南北部、贵州北部，西至青海的吐谷浑、新疆的昆仑山脉、甘肃兰州以南地带。

北齐则东自朝鲜、北有内蒙古，西有新疆、甘肃、宁夏、陕西北端，河南省除了西南隅，湖北自武汉以东、长江以北，江苏、安徽、山东乃至东北三省都是北齐疆域。

论人口，当时北齐有两千万六千八百八十口，而北周只有九百万九千六百多口(见王应麟撰《通鉴地理通释》)。可是北周多年来很顺利地完成一连串的改革，使其在政治、经济、军事都比北齐强很多。所以北周积极筹备着大举攻北齐。

北周建德四年、北齐武平六年，公元 575 年春，北周宇文邕下令与北齐接壤边境大小城镇全面储粮备战。北齐也加强边防戒备，双方战争有一触即发之势。

三月初，宇文邕派仪同三司伊娄谦和小司寇元卫聘问北齐，表面是缓和紧张情势，实际上是刺探北齐军情。

北周的元老功臣柱国于翼认为时下不宜动武，建议宇文邕解除戒严，继续与北齐敦睦相交，使他们不再戒备；然后出其不意，攻其无备，一次而竟全功。

韦孝宽的三方案

北周的北疆重臣，勋州(山西省稷山县)刺史韦孝宽则提出三个攻齐方案：

一、出轵关，方轨而进。

主力大军自山西南部东进，穿过河南济源太行山的轵关，方轨而进，再东进邺城。

再命驻镇河南鲁山的广州刺史动员当地团队从鲁阳关的三鵶(河南省鲁山县西南)出兵北上，兼与南陈构成犄角之势。

加强后备战力，并征集各少数族群的骁勇青壮，组成精兵新军，沿黄河东下洛阳。

以高爵厚禄利诱齐境义民或齐官，发动敌后作战。

二、屯田战备与游击战。

策动南陈再次北伐北齐，在江苏、山东等北齐的东南边疆地区开辟新战场。本国在东疆各边界施行军事屯垦，一面储备大量军用物资，一面组成新军，配合南陈北伐的情势，在敌后发展游击战。

三、乘机而动：双方重修旧好，贸易通行无阻。储备精锐，伺机而动。

宇文邕看了韦孝宽的攻齐方案，立即联想到公元564年(北周保定四年)冬邵州刺史杨檦进攻洛阳，在轵关失败的经过与韦孝宽的第一案相似。同时也想到当年悬瓠之败，天和四年(569)、五年(570)再争宜阳与汾北之败，所以没有考虑韦孝宽的建议。

宇文邕声东击西

宇文邕积极筹划攻齐，而唯恐西方的吐谷浑乘隙蠢动，乃派太子宇文赟率大将军王轨、太子宫总管宇文孝伯巡视西疆，观察吐谷浑的动静，并顺便进击吐谷浑，以粉碎其即将兴兵东犯的计划。

宇文赟西征吐谷浑，到达青海共和吐谷浑的国都伏俟城，已达战略目的之后，即行班师。

宇文邕检讨太子此行中败坏军纪的严重缺失，曾下令责打太子宇文赟及其将领、随员等各数十军棍。

当年(575)秋七月中，宇文邕与齐王宇文宪、地官内史上大夫王谊、大宗伯卢韫与安州总管于翼等密商伐齐战略。

是年(575)七月二十五日，宇文邕下令出兵北齐。

宇文邕所部署的战斗序列：

柱国陈王宇文纯、荥阳公司马消难、郑公达奚震，分别为前锋三军总管。

越王宇文盛、赵王宇文招、周昌公侯莫陈崇等分别为后卫三军总管。

齐王宇文宪率军两万进攻河南浚县的黎阳郡。

随公杨坚、广宁公薛迥率领三万水师自渭水东进入黄河。梁国公侯莫陈芮率军两万进驻河阳太行道(河南省孟州市)，阻止河北、河南北部(并、冀、殷、定)各州南下之北齐援军。申公李穆率军三万封锁河阳(河南省孟州市)道。常山公于翼率军两万自河南南阳方城县的安州出兵，进攻陈州(河南省周口市下辖项城市)与汝州。

宇文邕计划直接进攻河阳郡。天官内史上士宇文弼认为河阳郡地据要冲，是北齐精锐部队所驻守，开始作战就攻坚，不合兵法要义。所以他建议宇文邕依地理形势应北上进攻汾曲目标指向北齐高家神经中枢的太原(晋阳)。

地官民部中大夫赵煚也说河南、洛阳，四面受敌，纵得之，不可以守。主张主力应攻太原，占领高家祖传的精神堡垒，就可一次战胜北齐。可是宇文邕都没有接受。

洛阳之战

是年(575)七月底，宇文邕命仪同三司杨素为前锋，宇文邕自率六万大军进攻洛阳西北的河阴。

宇文邕另派使节聘问南陈，要求出兵北齐，配合作战。

北周大军深入北齐国境，由于军纪森严，士卒不敢扰民，宇文邕很快攻下河阴，齐王宇文宪也攻陷孟津县东北的武济郡，两军夹攻洛口(洛水注入黄河处，河南省巩义市北)。攻陷其东西两城，纵火烧毁黄河大桥，阻断河北齐军南下之路。

北齐驻守河南武陟西永桥城(今名虹桥镇)的永桥大都督傅伏，乘夜自永桥城出兵增援中潬(河阳三城之一)，北周遂又进攻中潬。

注：河阳三城：北齐初，在河阳(黄河北岸)筑北城、南城、中洋三城，构成黄河渡口。北城就是现在孟县。南城就是现在的孟津。中潬城就是黄河中的夹滩，或称郭家滩。(《中国古今地名大辞典》)

北齐驻守洛阳的洛州刺史独孤永业固守洛阳的金墉。北周宇文邕亲自督战进攻金墉，不克。独孤永业连夜赶造马槽两千具，使北周军误以为北齐将有大批援军赶到而分化了北周围城的兵力。

北齐右丞相高阿那肱于九月初自晋阳率军南下支援洛阳，当他到了河阳时，北周军已因宇文邕生病而撤退，北周水师也已弃船而退去。

北齐永桥大都督傅伏向行台乞伏贵和要求配给二千骑兵追击北周军，可是乞伏贵和没有批准，宇文邕才得全师而退。

这时候北周的宇文宪、于翼、李穆等部队已经攻占北齐三十多个城镇，也只有放弃了。北周仅仅保守着在河南济源境内一个重要据点——王药城(《读史方舆纪要》："在河南省巩县东北黄河岸。")，派仪同三司韩正驻守，而韩正不久献城投降北齐。

这次战事以没有结果而结束，北周并不死心，乃派遣性忠直、善词令的间谍伊娄谦潜赴北齐的太原探听虚实、搜集情报，准备下次进攻太原。伊娄谦的随从参军高遵把伊娄谦的秘密任务泄露给北齐，伊娄谦遂被北齐扣押，两年后北周占领太原，伊娄谦才获得自由，恢复原职。而伊娄谦也没有报复高遵。

宇文邕于是年(575)九月底返回长安。闰九月初，南陈应北周之请，派车骑大将军吴明彻进攻北齐的彭城，在铜山东南的吕梁山击溃北齐数万人。

宇文邕锐意改革

北周自开国以来，一直继承着宇文泰经营西魏时所制定的政治制度、军事制度乃至于一般社会的生活文化，可以说完全汉化、官僚化，所谓种族意识也早已由淡化而同化了。所以宇文邕也以王天下的高姿态来创制一些儒家仁政的政治建设，如解放奴工。

公元572年，宇文邕下令把父亲——宇文泰在西魏宰相任内掳自·四川、湖北的那些农奴、工奴们全部释放。

宇文邕深切体会到过去多少年来残酷战争毁了多少人、毁了多少家。多少族群被战争所消灭，造成世世代代的积怨，造成永无止境的反抗与报复。他深切了解战争造成的政治问题，必须用政治手段来化解他统治下的这些问题。

一百多年前(439)，北魏太武帝拓跋焘灭了匈奴族沮渠氏的北凉，把举国君、臣、皇族、贵族和平民全部掳来，分别发配在河北、河南、山东等地世世代代为农奴、工奴，宇文邕也把这些移民下令解放。一百多年的桎梏，子孙得以落地为自由民，以前为当地统治者所种的土地也归农奴所有。

近年掳自东魏、北齐与南梁的战俘也都一律释放，恢复其自由，任其各回原籍或就地为民。

宇文邕在释放奴工之后，又下令释放一万多名宫人。他规定皇后以下的宫人只留“妃”二人，“世妇”三人，“御妻”三人；余者每人都给予布匹、绸缎，予以资遣，任其回归故乡。

法制改革

宇文邕处死宇文护以后，先是谨言慎行地喊些空洞的口号。稍后他也自知空洞口号无济于事，才再进入务实。命秋官司宪大夫拓跋迪制定“大律”二十五级，明定刑罚种类及等级：

一、杖刑——自十棍到五十棍。

二、鞭刑——自六十鞭到一百鞭。

三、徒刑——自一年到五年。

四、流刑——自二千五百里到四千五百里。

五、死刑——磬刑(吊死)。

绞刑(勒死)。

斩刑(砍头)。

枭刑(砍下人头、悬挂高竿示众)。

裂刑(五牛分尸)。

每类再分五级，是为二十五级。

公元577年，北周建德六年，北周初颁行《刑书要制》，条文规定：

一、持械结伙抢劫，赃物在一匹布以上者，处死刑。

二、结伙抢劫，赃物在五匹布以上者，处死刑。

三、征兵、征役：族长(京畿内一百家谓之族)、党长(京畿外一百家谓之党)隐瞒五丁或十个青年的，都处死刑。

四、征收赋税：隐瞒土地一顷以上的处死刑。

求兵于僧侣

佛教在中国影响到国家政治、经济，要以北魏时期为最严重。《魏书·释老志》有这样一段记载：

“正光(孝明皇帝元诩的年号，公元520年)已后，天下多虞(乱)，王役(政府差徭)尤甚，于是所在编民，相与入道(佛教)，假慕沙门，实避调役，猥滥之极！自中国之有佛法，未之有也。略而计之，僧、尼大众二百万矣，其寺三万有余。流弊不归，一至于此，识者所以叹息也。”

以上是说在公元557年之前的东、西魏与北齐的情形。

这时候(557)北周的寺庙约有一万多所，僧侣人数约在一百万以上；占政府编户人口十分之一左右。

自北魏以来，鲜卑族为了利用寺庙、豪门来统治广大人民，所以寺庙不纳税，僧侣不服役，就有很多人投靠寺庙来逃避差役，这就是所谓“僧祇户”“佛图户”。这些不纳税的寺庙、不服役的“僧祇户”“佛图户”越多，政府的租调收入就会越少，而编户齐民的赋役负担势必加重。这是正谋扩张霸权的北周皇帝宇文邕所亟须克服的难题。

北周有一个预言家卫元嵩，他对佛教的教义解释与众不同，他说佛教是主张平等的，所以他建议一般平民向政府纳税、服役，而在当时最为富裕的僧侣也应该缴租调、服力役。

在宇文邕亲政的第二年，关中发生大饥荒，人民饿死近半，朝廷下令“公私道俗，凡有积贮粟麦者，皆准口听留，以外尽粜(卖出)”(《周书·武帝纪》)。在那时候真正有积粮的只有大寺庙与大地主，可是大地主与大寺庙的僧侣们，不但不听朝廷命令拿出囤积粮食赈灾，反而乘机放青苗、高利贷等来博取暴利，以致国家经济几近崩盘。

那时候北周所处中国人西北地区，地狭民贫，远不及北齐地广国富。宇文邕深知要想统一中原，必先兼并北齐；要想消灭北齐，必先富国强兵。于是宇文邕下令“求兵于僧众之间，取地于寺庙之下”(《广弘明集·周释昙谏周高祖表》)，并于北周建德三年(574)的五月下令废佛，把关(陕西省)、陇(甘肃省)、梁(陕西省南部)、益(四川省)、荆(河南省西南部)、襄(湖北省西北部)等六州地区内的寺庙所有的土地一律收归国有，铜像、资产以及为当地豪门、地主、强族所寄存在寺庙中的金银、财宝等全部没收作为军费；把近百万僧侣和寄生在寺庙中的“僧祇户”“佛图户”统统编为均田户，成为北周生产的主力；又把适龄壮丁编成军队，充当国家府兵制中的生力军。于是北周在军事方面的人力、物力都有显著增强。在政治方面，减轻了人民的赋税，自然也会减少人民抗争，所以不到五年光景，北周竟能消灭比他强大的北齐，佛教的潜在力量由此可知。

北周宇文邕的灭佛政策成功之后，为了表现他的杰出才华，他对内极力宣示皇权独尊、统一中原的国家尊严，以提高在他统治下的人民向心力与士气；对外则展开务实策略，北与前突厥和亲，花费大批金银财宝和绸缎，娶来突厥可汗的女儿做皇后，并约定联合南下去进行他所梦想的统一中原战略。

北周灭北齐

兼并北齐是宇文邕的既定国策，他在两年革新内政之后，于公元576年，北周建德五年、北齐高纬的武平七年冬十月初，下令三伐北齐。

鉴于前两次的失败经验，他这次是先攻北齐高家的精神堡垒——太原。

三路大军分别由越王宇文盛、谯王宇文俭、齐王宇文宪等大将率领进驻山西南部北周的北疆。宇文邕也驻跸山西南部的汾曲，距离北齐南疆的临汾只有五十公里。

北齐攻击大军主力是沿汾河东岸逐城北进，经过极其惨烈的平阳(山西省临汾市)三度会战、神出鬼没的鸡栖原(山西省霍州市东北三十里)之战，于当年十二月十七日占领了太原。

太原是北齐高家政权的精神堡垒，太原失守了，北齐高家的精神崩溃了。

北齐皇帝高纬逃奔其都城邺城，不到四个月的时间演出两度禅位的闹剧后，举家再弃邺城东奔；在打算投奔南陈的路上被北周大将尉迟勤活捉，后来全家在长安被斩。

北齐的范阳王高绍义逃亡到北邻的突厥境内，做了两年的流亡皇帝，最后还是被北周抓回放逐到中国大西南的四川边僻地方，复国梦碎。北齐国亡，高家族灭。

南陈北进

南朝历宋、齐、梁、陈四朝，每个朝代的皇帝大都是以北伐中原、光复故国河山为国家政策的中心。可是有的只是喊喊口号、安抚民心，有的是有心无力，有的半途而废，也有知难而退的。

573年南陈北伐北齐，经过一年半的缠斗，总算把淮泗流域收复了。现在南陈的希望，也仅仅是收复黄河以南的故有疆土。

南陈第四任皇帝陈顼，曾与当时的五兵尚书(执掌中兵、外兵、别兵、都兵、骑兵)毛喜商议，毛喜就新收复的淮南地区的民情与平原作战的地理状况进行分析，他认为国势不如北周，不宜再战。可是陈顼的判断是：南陈与北周的幅员与国力比较，北周虽然占优势，但是他与北齐战争两年，财力、人力消耗很大，加之在大西北还有很多少数族群的不断滋扰，新占领区被压迫的汉人不断起义，也是北周最大的隐忧。陈顼研判，打算在华东地区用兵：一则水路交通便利，有利于他的水师胜过北周，二则容易引起汉人响应。于是就在公元577年，北周建德六年、南陈太建九年的冬十月，南陈一面下令驻镇江苏江都(广陵)的南兖州刺史、北伐名将吴明彻发兵北上，一面派外交人员与突厥联络，要求突厥出兵袭击北周北疆，以牵制北周的军事南调。

徐州之战

吴明彻大军进抵江苏铜山(徐州城)东南二十五里的吕梁镇，与北周的徐州总管、九曲镇将梁士彦所部决战。

十月中，南陈吴明彻突破北周防线，北周的梁士彦退守徐州城，吴明彻包围徐州城。

翌年(578)春，吴明彻的水师舰队绕徐州城停泊，猛烈攻城。北周命上大将军王轨率领轻装部队紧急行军南下占据淮口，木栅堵塞清水入淮处，以绝南陈水师的退路。

南陈的名将谯州刺史萧摩诃向吴明彻建议立即突破北周王轨的封锁计划，保持水上通道。而吴明彻不听，致使王轨在十天的时间完成封锁筑城。

北周的援军赶到，适逢吴明彻生病，先命萧摩诃率骑兵沿河开道，又下令掘开水坝，准备撤退。泗水势如万马奔腾，吴明彻命所有船舰顺水而下，全军撤退，可是全都被阻塞在河口，北周王轨的步骑大军重重围击，飞石、流箭如雨而下，加之火攻，南陈的水师只有挨打的份。于是全部崩溃，吴明彻被俘，所部三万步兵以及所有军事物资全被北周俘获，南陈在淮口所筑的前进据点也全陷于北周之手。

宇文邕之死

宇文邕为了庆祝这次战胜南陈，于是年(建德七年，公元578年)三月改年号为“宣政”。宇文邕还封吴明彻为怀德公、大将军，不过吴明彻还是忧愤而死，享年六十七岁，一代名将还是死在敌手。

是年(578)夏四月，突厥乘北周用兵南疆的机会，发兵进攻北周的幽州(北京市大兴区)，斩杀及俘虏北周官员、平民数千人。

五月中，宇文邕进驻陕西淳化西北的云阳行宫，发令讨伐突厥。他命柱国姬愿、东平公宇文神举等分五路大军，同时攻入突厥境内。

五月底，宇文邕因病又下令北伐突厥的各军停止前进。另加授宇文孝伯为“司卫上大夫”，负责太子宫警卫，坐镇京师，维护治安。六月一日宇文邕病重，返抵长安的当天夜晚病逝，时年三十六岁。宇文邕做了十九年的皇帝(560—578年六月)，是北周过去三任皇帝中唯一善终的。

宇文赟继立

当宇文邕在世的时候，他对太子宇文赟的品行之坏很是了解。虽然平常他对宇文赟的管教很严，但也曾给他综理国政、指挥作战的机会以培养他的治国能力，可惜都没有把他调教好。宇文邕的第二子宇文赞也同样不争气，其余几个儿子年纪都很小。在一般朝内重臣的舆论方面，大都倾向于“兄终弟及”的传统，宇文邕的哥哥宇文毓传位给宇文邕，而宇文邕也应该传位给他的弟弟齐王宇文宪(宇文泰的第五儿子)。对于宇文宪的文武才华，宇文邕也很清楚，可惜聪明一世、糊涂一时的宇文邕，不知道为什么竟然把国家的领导权糊里糊涂地交给了这个糊涂儿子宇文赟，是宇文邕的私心呢，还是天命注定北周的气数将尽?

公元578年，北周宇文邕宣政元年的六月二日，时年二十岁的宇文赟即皇帝位，579年改年号为“大成”。

宇文赟其人、其事

宇文赟登上皇帝宝座，他父亲的灵柩还没有出殡，他不仅没有哀戚之容，还时常抚摩他被打过的杖痕，狠狠地怨他父亲“死得太晚了!”而且淫性大发，在后宫把宇文邕的宫娥采女任意奸淫，任意调戏以泄恨。

宇文赟还超等越级擢升专门帮他做坏事的幸臣郑译等掌握大权，主持国政。

是年(578)六月二十三日，把宇文邕安葬后，宇文赟就下令全国官员以及皇宫上下，全都脱下丧服，改穿常服。他的臣下劝阻，宇文赟不予理会。

宇文赟下令尊嫡母(宇文邕于天和三年——公元568年所娶突厥族的阿史那皇后)为“皇太后”，尊他的生母李娥姿为“帝太后”。

是年七月中，擢升“小宗伯”为“大宗伯”，执掌皇家教育。驻镇安徽亳州总管杨坚升为“大司马”，执掌全国军事。

八月初，宇文赟在陕西大荔的冯翊(同州)任命大司徒杞公宇文亮为安州总管，驻镇湖北安陆；调上柱国长孙览为大司徒，主持内政。调永昌公宇文椿为大司寇，执掌法务；杨公王谊为大司空，掌农工事；封皇弟宇文元为荆王。十月间，宇文赟返长安，调大司空王谊为襄州总管，驻镇湖北襄阳。

变更礼仪与法制

北周大成元年，公元579年元旦，宇文赟在宫城大殿接受文武百官朝贺，与群臣开始穿汉魏时代的官服，并依古制设置四辅以佐天子之官：

一、“大前疑”：主应对。由大冢宰、越王宇文盛(宇文泰的第十个儿子)任之。

二、“大左辅”：主监察。由申公原州刺史李穆任之。

三、“大右弼”：主文牍。由相州总管尉迟迥任之。尉迟迥是宇文泰的姐姐昌乐大长公主所生，所以说他是宇文家的外甥。又娶西魏文帝元宝炬的女儿金明公主为妻，因而称他是西魏的驸马。

四、“大后承”：主记事。由大司马随公杨坚任之。

附注：《礼记·文王世子》篇疏："天子有问，无以对，责之疑。可正而不正，责之辅。可扬而不扬，责之弼。可志而不志，责之丞。"这是以上四辅的传统职责。

宇文赟下令现行的跪拜礼太繁重，以后只要一跪三叩首(磕三个头)就可以算是完备大礼。

宇文赟刚刚坐上皇帝宝座，就嫌他父亲宇文邕生前所制定的《刑书要制》太严苛而下令废除。虽然经过京兆郡丞乐运据理谏阻，但宇文赟一概不理。可是不久，由于民间犯罪率一天比一天高升，宇文赟又制定出一套比《刑书要制》更严、更酷的《刑经圣制》。在正武殿设置道教祭坛依道家斋法，夜中于星辰之下焚香供果，奏报皇天、太一、五星、列宿，然后颁布施行。

新法规定，卫宿之官，一日不直(旷职)就撤职。逃亡者都处死，家口财产没收。鞭刑最少为一百二十鞭，名之曰"天杖"(《隋书·刑法志》)。他想用严刑峻法来治国。

宇文赟还密令左右伺察文武百官的日常行为，如有言论冒犯的，立即捕杀。

屠杀功臣、排除异己

宇文赟最恨齐王宇文宪，因为宇文宪对国家的贡献多，比他的辈分高，比他的能力强，还比他的声望好，同时朝中大臣都希望宇文宪能执掌大统。这些都是宇文赟最忌讳的，所以他处心积虑要除掉宇文宪。

公元 579 年春，宇文赟嗾使宇文孝伯告发宇文宪谋反，而被宇文孝伯拒绝。宇文赟又使仪同三司、大将军于智去宇文宪家中拜访，借此诬告宇文宪叛乱。由佞臣郑译等策划，用嫁祸宇文孝伯之计，命宇文孝伯去召唤宇文宪，说是皇帝打算任命宇文宪为太师，而为宇文宪婉拒。稍后再命宇文孝伯邀同宇文宪一起进宫，宇文宪平素与宇文孝伯相善，不疑于他，而宇文孝伯也不知道其中阴谋，迨宇文宪一进殿门，两厢伏兵齐出，宇文宪遂被逮捕，再由大将军于智当面证实宇文宪确曾叛乱，诬陷成真，时年三十五岁的宇文宪立即被绞死在殿中。

宇文赟又下令收斩宇文宪的好友上大将军王兴、上开府仪同大将军独孤熊、大将军豆卢绍等人。

宇文邕在世时，对于身为太子的宇文赟管教很严，动辄施以鞭刑、棍刑，以致父子之间毫无亲情。宇文赟做了皇帝，又常怀疑当年为他父亲重用的尉迟运、王轨、宇文孝伯、宇文神举等曾在他父亲面前说过他的坏话。于是先杀了徐州刺史的王轨，朝中内史中大夫元岩、中大夫颜之仪等也都因为王轨缓颊而被免职。尉迟运曾做过太子宫正，对宇文赟最了解，也规劝最多，他见王轨被杀，自知祸将临头，于是要求外放。宇文赟就派他为驻守甘肃天水(上邽)的秦州总管，到任不久就因忧惧过度而死。

宇文神举正在晋阳并州刺史任上，宇文赟派人送去一瓶毒酒，宇文神举遂饮毒酒而死。

一天，宇文赟指责宇文孝伯明知宇文宪叛乱而知情不报，宇文孝伯明知这是为要杀他找借口，于是据理力争，说得宇文赟自知惭愧而低头不语。宇文孝伯退出后，宇文赟又命他在家自杀。

公元579年正月，接受文武百官朝拜之后，宇文赟东巡洛阳，就在洛阳宣布封他七岁的儿子鲁王宇文阐为太子。他又下令把洛阳升格为“东京”，征发河南各郡民夫修建洛阳宫，每天保持四万人做工。之后，他还把前年下令朝廷六府原驻邺城的分部，也迁到洛阳，以繁荣洛阳城。

宇文赟的八失

北齐的亡国皇帝高纬也是玩乐能手。当年在北齐境内流行一种名为“百戏”的杂耍艺技，有杀马、剥驴、山车、巨象、拔井、种瓜、侏儒俳优、鱼龙烂漫等一百多种奇奇怪怪的游艺。郑译为讨好宇文赟而自北齐故地引进长安来供皇帝享乐。于是宇文赟疯狂放纵于酒色、歌乐中。各式各样的戏剧、杂耍、争奇斗艳的女人，在宇文赟的金銮殿上日夜不停地表演。这还不能使宇文赟满足，他还要搜尽天下美女以实后宫。又下令仪同以上官员的女儿，不能随意出嫁，必须由他选后才可嫁出去(《周书・乐运传》)。

宇文赟还规定天下妇人都不得施粉黛，只能黄眉墨妆，只准宫人加粉黛以与平民有别(《周书・宣帝纪》)。他沉迷在美女、醇酒、游戏中，时常十天半月也不临朝一次，又把忠于国家的大臣们斩杀殆尽，所有国家大事都操控在专门迎合他的为非作歹的郑译、刘昉这帮小人手里。

宫中有个名叫杨文祐的，看到皇帝如此不问政事，就作了一首歌，向宫伯长孙览说想以歌唱的方式进谏。他唱的歌是：“朝亦醉，暮亦醉，日日恒常醉，政事日无次。”宇文赟听了大怒，把杨文祐杖二百四十军棍，活活打死。(《隋书・刑法志》)

京兆郡丞乐运冒死抬棺进谏，明指宇文赟八失：

一、事多独断：裁决大事，大多独断独行，不向辅佐官员咨询。

二、霸占民女：搜括天下美女，充实后宫。下令仪同以上官员的女儿，必须经过皇帝拣选之后才可以出嫁。

三、宦官用事：陛下一入后宫，数日不来上朝，所有奏章表陈都由宦官处理，有失官箴。

四、更严前制：陛下嫌先朝《刑书要制》太严，可是诏定《刑经圣制》更严、更酷。

五、新宫奢侈：先帝要求皇家生活归于朴实，而摧毁豪华建筑。而今周年未过，陛下新建皇宫却更加富丽豪华。

六、浪掷民力：奴役平民，多为不急之工。征收苛捐杂税，却来供养俳优戏子。

七、杜绝言路：臣属上书陛下，常为一字之误而致杀身族诛，以至杜绝言路。

八、天象可畏：日月星辰之变异，正是对为人君者的儆戒，应该自行检点、反省。而陛下却常杀无辜以禳灾，民心自然难服。

乐运最后还警告宇文赟：如果还不切实改革，皇家祖庙将会不再有子孙祭祀了。

宇文赟勃然大怒，立即下令把乐运斩首，满朝文武惊惶万状，大家都很同情乐运，可是没有一个人敢站出来讲情。最后还是春官内史中大夫元岩运用最机智的说话艺术告诉宇文赟："乐运冒死进谏，只不过要求史册留名罢了。陛下杀了他，正好就是成全他；不如安慰一番，打发他走远些，显示陛下的宽宏大量。"宇文赟觉得元岩的话有道理，当天留下乐运进餐，然后放他免官回去。

公元579年的二月，时年二十一岁的北周皇帝宇文赟可能是因迷恋女色，精力透支导致心神不宁、情绪失常，他竟突发奇想，决定把皇帝位传给他年仅七岁的太子宇文阐，将他自己称为"天元皇帝"（太上皇），所住宫殿改称"天台"。重大赏罚、重大除授所发的公文传统叫"制"，他则称之为"天制"，任免一般官员的公文叫作"天敕"。

传统礼制规定天子的帽子上应有十二串旒，而他的帽子上则有冕旒二十四串。车辇、轿舆、服饰、旗帜、鼓乐等都比传统加一倍。

皇帝宇文阐所住的"正阳宫"，设纳言（侍从）、御正、左右宫伯（禁卫)，跟天元皇帝的“天台”一样。宇文阐改年号为“大象”，尊嫡母杨丽华(杨坚的女儿)为“天元皇太后”，尊宇文阐的生母朱满月为“天大皇太后”。

宇文赟在二十一岁那年禅位，朝中大臣们耳语传着：北齐皇帝高纬是二十一岁那年禅位，在他禅位的第二年北齐就亡国了。而今宇文赟也是二十一岁禅位，是不是天意安排北周只剩两年的命运了呢？

宇文赟的改革

宇文赟做了“天元皇帝”，自以为是人间的上帝，于是他骄奢淫逸的傲世心态更是肆无忌惮，对国家各种传统的典章礼仪任意兴废变革。面对臣属时，不再称“朕”而称“天”；使用各种祭器来作餐具；下令文武百官凡是前往“天台”(太上皇宫)朝见他的，都必须在三天前斋戒沐浴，使身心清洁才可以朝见他。

他自以为既跟上帝同等位格，就应该有异乎常人的衣着服饰，于是他“尝自带绶(玉带)及冠通天冠，加金附蝉”(《周书·宣帝纪》)(依《后汉书·舆服志下》的注释“金取坚刚，百炼不耗。蝉居高饮洁”之义)。不允许臣下或百姓有跟他同样的装饰，更不准任何人被称为“高”“天”“上”“大”字样，官名或人名有这四个字的一律改掉，姓“高”的一律改姓“姜”(《通鉴》注：“齐太公之后。食采于高，因以为氏，高本姜姓也，使改从本姓。”)九族称“高祖”的改为“长祖”，曾祖为“次长祖”。官名凡称为“长”或“大”的一律改掉，有带“天”字的也要改掉。

他又令全国打造车辆要用一块木材制造车轮，不准拼接；还有禁止天下妇女化妆，不准搽粉抹胭脂或画眉，但是宫女不在此限。

自三公以下的官员，包括宦官在内，经常受宇文赟的毒打，并且一打就是一百二十棍，后来又增加到二百四十棍，称之为“天杖”。男的是俯体在地用棍打两条大腿，女的则是用皮鞭打脊背，连皇后、嫔妃、御女、奴婢等都不可免，于是宫廷内外，人人自危。对人，面无笑容，不敢偶语；对事，只有推诿，没有人敢负责任。皇宫就像一座恐怖的人间地狱、杀戮战场一样。说来也真奇怪，在这种暴政之下的那些人臣们竟会没有人反抗，为了活着，就只有忍受。

是年春二月，任命尉迟迥为四辅之首的“大前疑”(顾问)，当年秋七月又命杨坚为“大前疑”，宇文达为四辅之二的“大右弼”(咨询)，宇文盛为太保。

东汉灵帝刘宏的熹平四年(175)由蔡邕所书隶体字的石经，一直保存在东汉的首都洛阳。公元546年东魏的宰相高澄把它搬运到东魏首都邺城。宇文赟为了提高洛阳的文化地位，于本年(579)二月又把这批石经迁回洛阳，并命令下列七个军事辖区的总管统归驻在东京洛阳朝廷六府的“东京六府”管辖、指挥，以提高洛阳的政治地位：

一、总部设在河南孟州的河阳军事辖区。

二、总部设今河南汝南的豫州军事辖区。

三、总部设在今北京的幽州军事辖区。

四、总部设在河北临漳的相州军事辖区。

五、总部设在山东青州的青州军事辖区。

六、总部设在江苏铜山的徐州军事辖区。

七、总部设在安徽亳州的亳州军事辖区。

太上皇宇文赟自洛阳回长安，为了炫耀军事武力之盛，他身穿铠甲，亲自率领武装部队自长安东门(青门)入城，儿皇帝宇文阐乘坐皇帝法驾金根车在后随行。

是年(579)夏四月初，宇文赟封宇文阐的生母朱满月为“天元帝后”。朱满月(江苏省吴中区汉人)出身寒微，还比宇文赟年长十多岁，但是现任皇帝宇文阐是她生的，所以才给她一个尊号。

宇文赟还在正武殿设置道教祭坛，祭祀道教神祇。

外放诸亲王

五月中，宇文赟为防皇族内斗夺权，乃下令分封采邑，命五亲王(都是宇文泰的儿子)就国，以防止他们集中在都城滋生事端。计指定：

一、河北邢台的襄国郡为赵王宇文招的采邑。

二、山东历城的济南郡(陈国)为陈王宇文纯的采邑。

三、湖北郧县地区武当郡、安富郡为越王宇文盛的采邑。

四、山西长治的上党郡为代王宇文达的采邑。

五、河南新野的新野郡为滕王宇文逌的采邑。以上五采邑，每个采邑约定为一万户人家。

突厥乘北周内斗、整肃的机会，攻击北周在山西太原的并州。而北周也早有防备，且早已征调河北、河南北部各州民夫修葺北防长城，这个长城是北齐开国皇帝高洋于公元556年(北齐天保七年)所建，西自陕西榆林(西河)总秦戍(大同)，东到大海，长达三千多里，每十里设一戍站，其要隘置州、镇二十五所。

翌年(580)春二月，突厥又与北周求和，向北周进贡，并答允去年所约定的千金公主的婚事，嗣由北周派汝南公宇文神庆率司卫上士长孙晟护送千金公主到突厥结婚。

公元579年秋七月七日，北周的七岁皇帝宇文阐，娶柱国司马消难的女儿司马令姬为皇后，封“正阳皇后”。司马消难也被任命为四辅中的“大后承”(辅佐)。

当年七月二十日，北周尊太上皇(天元皇帝)宇文赟的母亲李娥姿为

“天皇太后”，嫡母杨丽华为“天元帝太后”。

七月二十三日，宇文赟把原“天元皇后”朱满月改称“天皇后”，另封贵妃元尚乐为“天右皇后”、德妃陈月仪为“天左皇后”。元尚乐是开府仪同大将军元晟的女儿，陈月仪是大将军陈山提的女儿。八月初宇文赟又封元晟与陈山提同为“上柱国”。

北周南征

“北伐中原”是南朝传统的既定政策。本年秋八月，南陈分别在南京近郊大壮观山、玄武湖和长江北岸的瓜步江举行战备大校阅。北周得到这个消息，立即采取先下手为强的军事反击。

北周先派御正杜杲、礼部薛舒连袂前往南陈作友好聘问，以掩饰他正在动员中的军事部署。

八月，北周任命上柱国——毕王宇文贤为太师，郇公韩业为四辅之三的“大左辅”(咨询)。九月任命酆王宇文贞为大冢宰，任命郧公韦孝宽为行军元帅，率行军总管杞公宇文亮、郕公梁士彦进攻南陈淮河以南以前得自北齐的领土，因为北周认为所有北齐的领土都应该由他们继承。

韦孝宽下令兵分两路，分别派宇文亮自湖北安陆进攻黄陂东的黄城；命梁士彦攻下河南息县的广陵城，沿淮河顺流东下，务必于十一月初到达安徽的寿县，并包围寿县。

冬十月初，北周太上皇——天元皇帝宇文赟前往道教会所——道会苑，为南征军举行神祇祈福大典，并下令恢复五年前宇文邕所摧毁佛道两教的神像。宇文赟与两座神像面向南方并肩而坐。同时上演各种杂耍戏剧，让长安市民自由观赏。

南陈反攻

南陈皇帝陈顼命驻守江苏江都(广陵)的开府仪同三司、南兖州刺史淳于量为长江“上流水军都督”，命中领军樊毅为“都督北讨诸军事”，率水师两万，自安徽含山移防巢湖；命左卫将军任忠为“都督北讨前军事”(北伐前敌司令官)，率步骑兵七千人进驻江苏六合的秦郡；又命前丰州刺史皋文奏率步骑兵三千人进攻安徽灵璧的阳平郡；命仁威将军鲁广达率军进驻淮河布防；命武毅将军萧摩诃率军进驻安徽和县(历阳县)。

十一月底北周军先后攻下南陈安徽寿县和霍邱，湖北的黄城和河南息县的广陵也都陷入北周之手，北周大军继续向东战场扩大战果。于是南陈所属江苏江都的南兖州，江苏淮阴的北兖州，安徽潜山的晋州，以及江苏的盱眙郡，安徽的阳平郡(灵璧县)、马头郡(怀远县)、历阳(和县)、北谯郡(定远县)、南梁郡(全椒县)，江苏的山阳郡(淮安市)、秦郡(六合区)、沛郡(安徽省萧县)一带的居民不堪战乱之苦，很多自行逃亡到江南。于是北周大军乘势占领了安徽蒙城的谯州、山东临沂的北徐州。从此南陈在长江以北的领土，全部为北周所有。

南陈举国震惊。陈顼任命扬州刺史始兴王陈叔陵为大都督，总水陆各军，抵御北周。

是年(579)十二月中，南陈又派平北将军沈恪、电威将军裴子烈镇守江苏镇江的南徐州；派开远将军徐道奴镇守安徽无为东的栅口，防堵北周军沿栅江顺流而下长江；派前信州刺史杨宝安镇守江苏江宁西北的白下城；又任命中领军樊毅都督郢、巴、武、荆四州水陆诸军事。当时南陈的郢州在湖北武昌，巴州(巴陵)在湖南岳阳，武州(武陵)在湖南常德，荆州在湖北公安，樊毅以“北讨诸军事”(北伐总司令)败阵下来而做统辖南陈湖南、湖北大后方的统领。

南陈贞毅将军周法尚投降北周，天元皇帝宇文赟任命周法尚为开府仪同大将军、顺州刺史，驻镇湖北襄阳东南的杨郡。南陈派将军樊猛渡过汉水攻击周法尚，被周法尚以诱敌之计包围痛击，把樊猛打得全军覆没，士卒被俘八千多，樊猛单人逃出一命。

奇怪的税目

国家财力消耗最大的就是战争。北周为筹军费而只好铸钱与加税。公元 579 年，北周大象元年十一月，铸造“永通万国钱”，新钱——“永通”

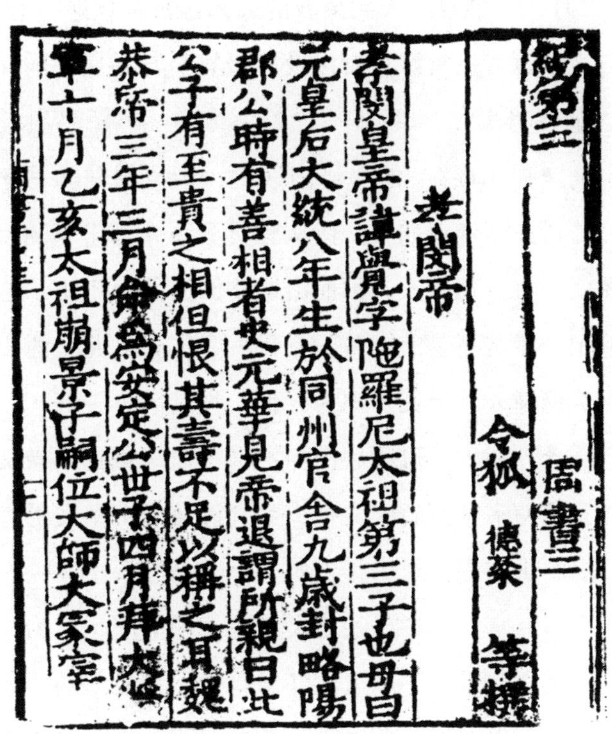
紀第三　周書三

令狐德棻　等撰

孝閔帝

孝閔皇帝諱覺字陁羅尼太祖第三子也母曰元皇后大統八年生於同州官舍九歲封略陽郡公時有善相者史元華見帝退謂所親曰此公子有至貴之相但恨其壽不足以稱之耳魏恭帝三年三月命為安定公世子四月拜大司馬十月乙亥太祖崩景子嗣位大師大冢宰

万国钱”，一钱当十八年前(公元561年，北周保定元年)所铸的“布泉一千，与公元574年(北周建德三年)所发行的“五行大布钱”，还有流通已久的“五铢残”同时比值使用。

光是发行货币还不敷支出，于是朝廷想尽法子搜刮老百姓的荷包袋，名目繁多的税目中，最能使人拍案叫绝的是“进城税”。乡下人进城必须纳税一钱，可能是“五铢钱”，这真算是一个稀奇古怪的税目了。

怪异的生活与娱乐

宇文赟认为天有异象、灾祸频生，都是“罪在一人”(桑林祷词)；于是年(579)十二月一日独自一人到道教的天兴宫祈神赎罪。七天之后回宫，在正武殿集合文武百官、宫娥采女以及高级官员与眷属，同在一起观赏自西域引进的“乞寒胡戏”。

宇文赟也是“飙车族”。他去洛阳途中，亲自驾驶驿马车，四位皇后并乘驲以从，并驾齐驱奔驰如飞。侍从官员数百人都坐车随行，如果车子落后，宇文赟就要鞭打驾驶人，因而沿途路倒的马尸随处可见。

行军总管杞公宇文亮是宇文赟的堂兄。宇文亮的儿子西阳公宇文温娶妻尉迟繁炽，美艳夺人，宇文赟惊为天仙，把她灌醉强奸。宇文亮听说此事，大为震怒，遂计划大军班师后，拥护皇家血缘最近的叔父辈称帝，事为宇文赟侦知，乃使韦孝宽斩宇文亮、宇文温父子，宇文赟立刻把宇文温的夫人尉迟繁炽召进宫来，封为长贵妃。

宇文赟有很多行宫，其中以陕西大荔冯翊郡的同州宫为最豪华，美女最多。以前宇文赟也常来，不过这次好像有什么预兆似的，他要显示他的特别威风：增加皇家出巡卫队的候正、前导官等，使警卫圈多达三百六十重，从长安城的皇宫直到大荔南的赤岸泽一百多里之间旌旗蔽日、乐声震天，路上行人、商旅小贩都被虎贲武士驱逐回避。

公元 580 年三月十日，宇文赟在同州宫玩得很愉快，于是下令把同州宫改名为“成天宫”。

宇文赟回到长安后，又下令所有太上皇宫(天台)的侍卫官员都得穿着五彩衣服：红色、紫色、绿色的，还得缝上不同颜色的镶边，以分职等。他还下令在皇宫、太子宫(内命妇)或在亲王府、公主府(外命妇)有官职的妇女们，都得跟男性官员一样，朝见宇文赟时手拿笏板，跪拜叩头。

以前封各种名称的皇后，都改称为“太皇后”，杨丽华为“天元太皇后”、朱满月为“天太皇后”、元尚乐为“天右太皇后”、陈月仪为“天中太皇后”、尉迟繁炽为“天左太皇后”。还制造五位太皇后专用床帐，命其分别进住。又把皇家祖庙的祭器陈列在面前，宇文赟亲自焚香祭拜，向冥冥中的祖先祈祷。把皇家专用的五辆御车交给五位皇后乘坐，宇文赟却率左右侍卫步行跟随。

宇文赟还有一种怪癖：把鸡倒挂在车上，听它们在痛苦中的哀鸣，或把碎瓦片悬在车子上，听它们在晃荡中互相撞击所发出的声音，他认为这是人生一大乐事。

四月中，宇文赟登上陕西泾阳西北的仲山祈雨，回宫时下令长安全体男女居民都要到街上奏乐唱歌、舞蹈腾欢来迎圣驾。

宇文赟之死

宇文赟十五岁还是太子时(公元 573 年，北周宇文邕的建德二年)娶得杨坚的女儿杨丽华为太子妃。他做了皇帝，凶暴残忍的个性越发肆无忌惮。尤其喜怒无常，一天他对杨丽华突然大发雷霆，声言要加之罪，可是杨丽华却举止安详，从容不迫，并没有惊恐屈服的表示，因而宇文赟更加怒不可遏，下令杨丽华自杀，还是杨丽华的母亲独孤氏亲自向宇文赟求情，跪地叩头以致额前流血。这份鲜血和眼泪的亲子情使得宇文赟勉强赦免了杨丽华。有名的恶毒妒妇独孤氏——杨坚的夫人能向宇文赟跪地叩头，然后得免。

杨丽华的父亲杨坚是现任“四辅”之首的“大前疑”，官高望重。宇文赟唯恐杨坚篡夺政权，所以对他时刻留心，总想找个借口杀了他。有一次宇文赟在盛怒中警告杨丽华“我一定屠灭你们杨家！……”遂召见杨坚并吩咐左右侍卫说：“如果发现杨坚的情绪跟平常不一样，立刻杀掉他。”可是老谋深算的杨坚来到皇宫后，神色自若，跟平常一样和颜悦色，侍卫们才没有动手杀他。

宇文赟命郑译征调各路人马南下进犯南陈，并任命杨坚为扬州总管。扬州是当时最大的行政区，又是北周的南疆重镇，管辖着江苏、安徽。当郑译、杨坚正要出发的时候，适逢杨坚发生脚病而没能成行。

北周大象二年，公元580年的五月十一日，宇文赟在天兴宫祈福之后忽然感到身体不适，立即召见他最信任的小御正刘昉、御正中大夫颜之仪等，可是等刘昉、颜之仪进宫，宇文赟已经进入弥留状态不能讲话了。

刘昉看到年仅八岁的太子宇文阐根本不懂时事，于是想到“四辅”之首的“大前疑”杨坚，既是皇帝至亲，道德声望又高，于是跟内史上大夫兼领内史的郑译、皇家御饰大夫柳裘、内史中大夫韦謩、御正下士皇甫绩等共同商议，把杨坚引进宫内为辅政大臣声称受命入居皇宫侍疾。

皇帝也好，太上皇也好，天元皇帝也好，宇文赟总共做了两年皇帝，活了二十二岁，于公元580年，北周大象二年的五月十一日晚上，宇文赟就走入另一个生命起点去了。

郑译、刘昉等秘不发丧，仍以宇文赟的名义任命杨坚为“总知中外兵马事”。

刚刚复职的御正中大夫、主管皇帝印玺的颜之仪主张由赵王宇文招为辅佐大臣，而刘昉等不予理会，就代颜之仪签名联署，完成诏书合法程序，于是京师各禁卫军与朝廷官员就完全为杨坚所控制。

公元580年五月二十三日，杨坚正式发布太上皇宇文赟的死讯。时年八岁的第五任皇帝宇文阐入住“天台”（太上皇宫）宣布登基。他任命杨坚为左大丞相、都督中外诸军事、假黄钺(代表皇帝的杀人权)。原宇文阐住的正阳宫改为丞相府，由杨坚进住。皇帝下令停止前太上皇时所兴建的洛阳宫的各项工程。

宇文阐尊祖父宇文邕的皇后阿史那太后为“太皇太后”，亲祖母(宇文赟的母亲)李娥姿为“太帝太后”，嫡母(宇文赟的皇后、杨坚的女儿)杨丽华为“皇太后”，自己的母亲朱满月为“帝太后”；令其他宇文赟所遗下三位皇后级的宫眷陈月仪、元乐尚、尉迟繁炽等一律出宫为尼。

宇文阐任命叔父汉王宇文赞为右大丞相，但无实际权力，仅是左大丞相杨坚的搭配而已，文武百官、全国军事全归左大丞相杨坚控制。

翦除五王

北周现有五个重量级的亲王，论辈分，他们都是宇文皇家鼻祖宇文泰的儿子。宇文赟做了皇帝，因为恐怕这些王爷们都住在都城，相互接触，容易滋生事端，于是就把他们分封到河南、河北、湖北、山东、山西各地为王，并限令他们分别就国。

可是杨坚当权之后又怕这五位亲王外藩在他掌握不到的地方发动兵变，于是在公元580年的五月间，借口千金公主出嫁突厥，以皇帝宇文阐名义召唤五位亲王回京。是年六月间，亲王们陆续返抵长安，只有驻镇山东济南的陈王宇文纯没有来。杨坚派门正上士崔彭带两名骑兵卫士到宇文纯的住所把他拘执回京。

赵王宇文招回到长安后就听到很多有关杨坚的报告，他把杨坚定位为名为北周的相，实为北周之贼，于是决心诛除杨坚。

一天宇文招邀请杨坚到他家中饮宴，杨坚也为了预防中毒而自己携带酒菜前往宇文招家赴宴。宇文招早已布置好，到处都是埋伏，到处都暗藏兵器，杨坚所带卫士都被挡驾门外，只准杨坚的心腹大将军杨弘、大将军元胄二人坐在门口。宇文招几次用佩刀插起瓜果来敬杨坚，打算乘势刺杀杨坚，都被元胄故意进来向杨坚报告事情打断而未遂。

五位亲王之一的滕王宇文逌也应宇文招之邀而来，杨坚乘势下台阶迎接，随行的元胄也乘势把杨坚架出大门而脱离险境。宇文招要追出去，被元胄以身挤着大门而堵住宇文招，等宇文招用力挤出大门时杨坚已经走远了。

负责京畿卫戍的雍州牧毕王宇文贤，曾和五位亲王密谋诛杀杨坚。事机不密，杨坚得知内情，先把宇文贤以及其三个儿子一并处死。但为备战，对五位亲王的上项阴谋却严密封锁消息，对外若无其事。一方面发布任命秦王宇文贽为大冢宰，执掌宫廷行政；杞公宇文椿为大司徒，掌理内政。六月初，任命柱国梁睿为益州总管，准备对付王谦。另一方面还派司卫上士长孙晟护送赵王宇文招的女儿千金公主去突厥结婚。

是年(580)七月二十九日，杨坚突然下令以叛乱罪名把赵僭王宇文招及其身边的五个儿子、越野王宇文盛(有五个儿子)连同他们的家人同时处死。宇文招的小儿子因留在封国河北邢台而逃了一命。十月，收斩陈惑王宇文纯及其家人。十二月再杀代奰王宇文达及其二子、滕王宇文逌及其四个儿子。至此，五王既除，宇文皇家的宗族压力完全舒解。

“半天之下，汹汹鼎沸”

杨坚当权之后，由于历代传承递嬗的轨迹和杨坚派的造势活动，人人都有“改朝换代”的预感，人人都认为宇文王朝的气数将尽。所以三个多月来除了郑译、刘昉这帮佞幸之徒积极推动杨坚的造势活动，以及少数愚忠大臣们明白表现出来忠于宇文王朝者外，大多数的小老百姓都是在“谁来，完谁的粮”的心态下静观其变。

当时在东战场上首倡反对杨坚的是驻镇河北临漳的相州总管尉迟迥，他是宇文泰的外甥，宇文邕灭北齐后，派尉迟迥驻镇旧齐之地，其兵力之雄厚、权力之大，不是一般总管级官员所能比拟的。

当时尉迟迥的侄儿尉迟勤是驻山东青州的青州总管，也起兵响应尉迟迥，驻守河南虎牢关的荥州总管北周宗室的宇文胄与驻守江苏徐州的徐州总管司录席毗罗等也纷纷起兵响应。尉迟迥的反抗军已发展了数十万人。除了山西太原的并州总管李穆、河北蓟县的幽州总管于翼外，潼关以东各州几乎全都响应尉迟迥了。诚如《隋书》所谓“赵、魏之士，从者如流；旬日之间，众至十余万”。

这时尉迟迥的声势所及，已经遍及山东的青州、齐州(历城)、胶州(高密市)、光州(莱州市)、莒州(沂水县)，河南的卫州(淇县)、黎州(浚县)、申州(信阳市)，河北的相州(临漳县)、 洺州(顺平县)、贝州(清河县)、赵州(隆尧县)、冀州、瀛州(河间市)、沧州(南皮县)。东楚州(江苏省宿迁市)总管费也利进、安徽泗县的潼州总管曹孝远、据守山东滋阳县的兖州总管毕义绪等各在本地宣布响应尉迟迥。河南武陟永桥镇将纥豆陵惠、山西晋城的建州总管宇文弁也都向尉迟迥献城投降。

尉迟迥派西道行台韩长业攻下山西长治的潞州，俘虏了亲杨派的总管赵威，派任当地缙绅郭子胜为潞州总管，派纥豆陵惠攻下河北鹿泉的钜鹿，进围邻近正定的恒州，派上大将军宇文威进攻河南开封的汴州，派莒州(山东省沂水县)刺史乌丸尼率领青州、齐州的地方团队南下进攻山东临沂的沂州。

派席毗罗率军八万自徐州北上进驻山东滕州的蕃城，开辟鲁西战场，再攻滕州东南六十里的昌虑、安徽砀山的下邑。大将军檀让进驻山东曹县的曹州、安徽亳州和河南商丘的梁郡。

河南方面命申州(信阳市)总管李惠(或作慧)取永州(义阳)。

驻守湖北安陆的郧州总管司马消难也率辖下起兵，响应尉迟迥。司马消难的女儿司马令姬是北周现任八岁皇帝宇文阐的皇后，她也因而被黜，贬为平民。

在西南方驻镇四川成都的益州总管王谦，是北周十二大将军之一忠公王雄的儿子，尉迟迥以前曾做过都督益、潼十八州诸军事及益州刺史，因与王谦有旧，所以王谦也宣布起兵独立，反抗杨坚。益州所辖益、潼等十八州和川南、川东十州，都在王谦的控制下。

尉迟迥曾约驻守山西太原的并州刺史李穆起兵反抗杨坚，为李穆拒绝，李穆还向杨坚告密。杨坚派李穆的次子天官左侍上士李浑回并州转达深愿结交的诚意，李穆呈送杨坚熨斗一只，寓意“熨平天下”；还以天子专用服饰十三镮金带呈给杨坚；又把尉迟迥在山西做朔州刺史的儿子尉迟谊扣押送朝廷处分，同时派军袭击山西长治的潞州，俘虏尉迟迥所委派的总管郭子胜，向杨坚邀功。

尉迟迥邀约驻守河南滑县的东郡守将于仲文投降，而于仲文拒绝。尉迟迥派邵国公宇文胄自滑县南延津北的石济镇出发，宇文威自滑县东的白马山出发夹击于仲文的东郡，于仲文弃城逃回长安，尉迟迥屠杀于仲文的妻子儿女，又派檀让前往黄河以南夺取城池。杨坚则任命于仲文为河南道行军总管，前往洛阳整军，攻击檀让，另派清河公杨素率河北部队攻击宇文胄部，在石济镇击斩了宇文胄。

和平与战争

杨坚之取代北周，纯粹是权力斗争，绝对没有胡、汉种族意识的因素。

杨坚出身胡宦世家，他的曾祖杨烈、祖父杨祯、父亲杨忠都是魏、周名将，杨坚就是世袭父亲杨忠的余荫而得“随公”“隋王”，所以我们可以说他是受过汉文化洗礼的胡人。杨坚对于军事政治的运用，有其独到之处。当他以“隋王”入主正阳宫之初，朝内朝外反对的声浪可以说是汹涌澎湃，而他却若无其事地布置自己身边的事：首先重用最忠于宇文皇家的内史上大夫郑译、御正大夫刘昉与御正下大夫李德林，又把皇宫司武上士、禁卫主官卢贲留在身边为贴身侍卫。

宫廷之外，他也摒除军事杂音，只是紧紧拉着具有军事实力的并州刺史李穆。

杨坚处在大敌环伺之下，他心平气和地先从内政入手，废除宇文赟所遗下为民诟病的苛捐杂税、严刑酷法——《刑经圣制》和一切浪掷民脂民膏的不急之务及各种豪华建筑。在法律方面，作《刑书要制》，并更宽大之。在宗教方面，撤销公元574年，北周建德三年对佛、道二教的禁令，发还从前所没收寺庙道观的部分财产，准许自由信仰，自由传教。对旧日的和尚、道士在禁制期间仍然坚定信仰的，分别由寺庙、道观收容安顿。减轻税赋，以安民心，宽刑简政，可以取得士大夫悦服。利用宗教可以缓和胡、汉族群之间的冲突，可以缓和官府与农民之间的矛盾，可以缓和“改朝换代”的紧张局势，也就是可以稳定他的统治大局。

在军事方面，东方有“聚徒百万，称兵邺邑”（《隋书》）的尉迟迥，西南方有统御益、潼十八州的王谦，南方有盘踞湖北九州八镇的司马消难。

尉迟迥首先发难

杨坚的用兵智慧是决不轻言动武。他先派在朝供职的尉迟迥儿子魏安公尉迟惇带着八岁皇帝宇文阐的诏书前往邺城，征召尉迟迥回京参加宇文赟的葬礼，同时任命老将上柱国韦孝宽为相州总管，又任命小司徒叱列长乂为相州刺史(主持地方行政)，命他先去邺城打前站。韦孝宽率军继进。

相州治邺城，是尉迟迥的总部所在。

韦孝宽军到达距邺城还有一百多里的淇县，发现尉迟迥正在备战中，乃退回长安。

杨坚再派候正破六韩裒去拜访尉迟迥，一则传达皇帝旨意，二则侦察邺城军情，并秘密写信给总管府长史晋昶，嘱其暗中准备内应。尉迟迥侦知上情，捕杀破六韩裒、收斩晋昶，遂即向杨坚公开宣战。

当时赵王宇文招进京遇害，他的小儿子(名字不详)还留在河北邢台他的封国而没有被杨坚杀害。尉迟迥就奉这个小儿子为皇帝，以他的名义发号施令。两个月后，尉迟迥失败，这个小儿子不知去向。“迥又北结高宝宁以通突厥，南连陈人，许割江、淮之地。”(《周书·尉迟迥传》)

公元580年六月十日，杨坚下令动员宇文家的老将领，以常胜老将韦孝宽为行军大元帅，郧公梁士彦、乐安公元谐、化政公宇文忻、濮阳公宇文述、武乡公崔弘度、清河公杨素和并州李穆的侄儿陇西公李询等为行军总管，加派心腹高颎为监军，专事策划政治作战，大军东进讨伐尉迟迥。

韦孝宽虽然年已七十二岁而且多病，可是他有丰富的实战经验，再加上足智多谋的高颎，把这次作战部署得非常完善。

韦孝宽军推进到河南武陟西南大虹桥镇(永桥城)，和尉迟迥的儿子尉迟惇所率领的十万大军隔着沁河对峙。大虹桥是焦作地区的要冲，占据了它就可以控制武陟、博爱与修武。韦孝宽命士兵在沁河赶架浮桥，准备强渡沁河。尉迟惇先在上游放下火船来攻浮桥，结果被高颎的土狗战法击破。尉迟惇又在韦军的浮桥两翼布阵二十余里，下令士兵稍向后退，打算在韦军半渡中突袭之。这一来正给韦军制造一个破敌的好机会，尉迟惇的中军后退，致使两翼动摇，于是韦孝宽乘势猛冲，高颎在后督战，并下令焚烧浮桥，造成破釜沉舟态势。韦军战鼓声、喊杀声震天动地，士卒个个勇往直前。尉迟惇对部队失去控制，全军溃散，尉迟惇单骑逃回邺城。

邺城末日

是年(580)八月中，韦孝宽军进迫邺城。尉迟迥、尉迟惇、尉迟祐父子在邺城动员所有民兵武装部队十多万人，尉迟迥亲率其号称“黄龙兵”的一万多精锐勇士，这些兵都是他从关中带来的子弟兵。尉迟迥的大将军尉迟勤也率军五万人自山东青州来增援，并且尉迟勤先率三千轻骑紧急行军先行到达。两军交锋，起初韦孝宽军被尉迟军那鲜艳的盔甲与兵器所震慑，稍向后退。当时邺城民众有数万人在城上观战，韦孝宽的行军总管宇文忻下令乱箭射向观众，观众立刻大乱，哭嚎、喊叫东躲西奔、自相践踏，加上韦军全体大声呐喊，顿时把尉迟军弄得发愣，韦孝宽在马上大声吆喝乘机猛攻，尉迟迥军大败，退守邺城。韦孝宽大军包围邺城，行军总管贺娄子幹与李询身先士卒攀登城墙。邺城破，尉迟军退守内城继续抵抗，尉迟迥奔向硐楼。韦孝宽的随行参赞上柱国武乡郡公崔弘度赶忙劝尉迟迥放下武器，这时尉迟迥已经走投无路了，只能放下所佩弓箭，破口大骂："杨坚！汉狗！……"然后拔剑自杀。崔弘度的弟弟崔弘升斩下尉迟迥的头颅回长安请功。

韦孝宽攻破内城并下令"洗城"，把数万尉迟迥守军全部坑杀在相州大慈寺北游豫园内。尉迟勤、尉迟惇、尉迟祐等逃离战场，打算奔往青州，在半路被韦孝宽的大将军郭衍追上擒获，解往长安分别处死。

邺城之战结束，尉迟迥麾下大将檀让以及部众数万人，席毗罗也有部众十万人，都在河南东部、山东西南部地区活动。

杨坚命河南道行军总管于仲文进驻河南商丘西七里地的蓼隄(汴河之堤)，与檀让军会战，大破檀让军，斩杀七百多人，俘虏五千多人。檀让率残兵败将退守山东成武。于仲文乘胜进攻梁郡，守将刘子宽弃城逃走。于仲文再攻下山东的曹州(曹县)，俘虏守将李仲康，于仲文乘势进攻成武，并占领成武，俘虏了檀让。

驻扎在江苏沛县的尉迟迥的旧部席毗罗还有部众十万人，计划进攻徐州(江苏省铜山区)，把眷属安顿在他的后方——山东金乡，于仲文施以诈敌之计而轻易占领了金乡。席毗罗反攻，又中于仲文的埋伏，于仲文军的士气大振，四面八方喊杀、喊投降之声震天动地。于仲文军在精神上已经压倒席毗罗军，以致席毗罗军霎时崩溃。被杀的、自相践踏而死的、争相渡河而淹死的，尸横遍野。席毗罗被俘斩首，人头与檀让同装在一个囚车上押送长安。

尉迟迥自公元580年(北周大象二年)六月起兵，到同年八月失败自杀，英雄末路六十八天。

东战场的战事结束了，杨坚下令把邺城彻底铲平，所有居民南迁至四十五里外的安阳定居，改安阳为邺县，仍为相州治所。原相州辖下郡县，一部分成立毛州，治所设在馆陶，一部分成立魏州，治所设在武阳。相州已剩邺、魏二郡而已。

邺城，形胜天成、绾毂中原，自东汉末年曹操据为魏都，多少著名的豪华建筑、多少无价的国宝、多少自命文人雅士，都曾在此风光一时。石赵、前燕、后燕、南燕、东魏、北齐等都曾建都于此。邺城，也是中国北方的政治中心。杨坚一声令下之后的邺城，只剩残垣断壁、瓦砾堆积、漳水呜咽、三台饮泣而已。

西战场上的王谦

在四川起兵与东方的尉迟迥相呼应的北周益州总管王谦，是北周初十二名将之一的太保王雄的儿子，《周书》说他“性恭谨，无他才能。以父功，累迁骠骑大将军”。

杨坚消灭了尉迟迥之后，料定西战场的王谦、南战场的司马消难等附庸将会发生“树倒猢狲散”的效应。

王谦为声援尉迟迥，曾派大将达奚惎、高阿那肱、乙弗虔等率领十万大军攻四川广元的利州。北周利州总管豆卢勣仅有部众两千人，坚守四十天。杨坚任命梁睿为行军元帅，率领四川广元地方团队步骑兵二十万大军深入四川，达奚惎、高阿那肱与乙弗虔部仓皇撤退。梁睿大军自剑阁南下，进迫益州首府成都。王谦命达奚惎、乙弗虔守城，他自率精兵五万出城迎战。达奚惎、乙弗虔乘机开城迎降梁睿。王谦的背城一战失败，正要退回城时，梁睿的大旗已经插在城头。王谦仅率亲信三十骑向北逃奔新都，进城后立即被郡守王宝逮捕。十月中梁睿斩王谦，并查明高阿那肱原是前北齐右丞相，并且是北齐亡国皇帝最宠爱的幸臣，他出卖了他的国家，还出卖了他的主子，在北周享了五年多的尊荣又背叛了北周。梁睿想了想，还是给他一个明快的报应——斩首，结束他肮脏的一生。

司马消难之败

司马消难听说尉迟迥已死，就派他的儿子司马永到南陈做人质，献出他所管辖的郧州、随州、温州(湖北省京山市)、应州(湖北省广水市)、土州(湖北省随州市东北)、顺州(湖北省随州市北)、沔州(湖北省汉川市)、儇州(湖北省安陆市)、岳州(湖北省孝感市)以及鲁山、甑山、沌阳、应城、平靖、武阳、上明、 涢水等八镇，要求南陈出兵接应。

杨坚乃派襄州总管王谊为行军元帅，率荆襄兵进攻司马消难。公元580年八月六日，南陈皇帝陈顼任命司马消难为大都督，总督上述九州八镇诸军事、司空，封随公；翌日又命镇西将军樊毅都督沔汉诸军事，命驻在安徽宣城的南豫州刺史任忠出兵进攻安徽和县的北周历阳郡，命超武将军陈慧纪为前军都督，进攻北周江省江都的南兖州。

八月中，南陈通直散骑常侍淳于陵攻下北周安徽和县东北的临江郡。南陈皇帝陈顼又任命司马消难为大都督水陆诸军事，这是鼓励他快些采取反攻北周的行动。

北周王谊的大军逼近，司马消难派仪同大将军段珣率军包围在北周手中的顺州，北周的刺史周法尚弃城逃走。司马消难俘虏了周法尚的家人，一起投奔南陈。等南陈所派的援军樊毅的部队到达郧城时，司马消难已经弃城南下。

北周派来亳州总管元景山本来是自驻地前来配合王谊大军夹击司马消难的，正巧与南陈的樊毅军遭遇，樊毅无心恋战，乃裹挟当地居民而退。

元景山会同南徐州刺史宇文弼追击樊毅，在湖北安陆的漳口会战，一天中北周军三战三胜，樊毅退保湖北汉川的甑山镇。司马消难献给南陈的九州八镇，元景山就收复了九州六镇，南陈仅得到在湖北汉川、汉阳之间的鲁山、甑山两镇。

司马消难的小档案

司马消难是河南温县人，父名司马子如，从高欢官至尚书令，所以高欢把女儿嫁给司马消难为妻，司马消难得以做了北齐派驻虎牢关的北豫州刺史。

司马消难夫妻之间的感情并不好，适逢高洋的弟弟上党王高涣叛离出走，司马消难之妻就向皇帝高洋密报高渔之叛逃与司马消难有通。高洋派人到北豫州任所搜查，司马消难恐怕昏庸凶暴的高洋杀他，于是暗中与北周联络，约定献地投降北周。当时北周正是宇文护当权，公元 558 年春，宇文护派大将军杨忠率五千精骑前往虎牢关接应司马消难，杨忠孤军深入北齐境内五百里，仅把司马消难及其眷属护送到长安，对北周的杨忠来说是一次历尽危险而未竟全功的军事行动，但司马消难却以为是救命之恩，所以就和杨忠盟誓，结为弟兄，尔后杨坚也因而尊司马消难为叔。

司马消难做了北周的大将军、荥阳公，曾经随宇文邕两次东征北齐。公元 579 年七月又把女儿司马令姬嫁给末代皇帝宇文阐为皇后，司马消难因此裙带姻缘而晋升为“四辅”中第四位的“大后承”，不久又出任郧州总管。

司马令姬的年龄无从查考，不过她的新郎官宇文阐时年(579)七岁，这种婚配，只是制造历史趣谈的临时搭档而已。果然，翌年(580)的七月司马消难起兵反抗杨坚，末代皇帝宇文阐也下令废黜司马令姬的皇后之位，贬为平民。《周书·皇后列传》说她后来改嫁给司州刺史李月为妻。

公元580年秋七月，司马消难又在郧州总管任内带着九州八镇投降南陈，南陈皇帝任命司马消难为大都督，总督九州八镇诸军事。一个月后九州八镇被北周收回九州六镇，南陈又任命司马消难为大都督水陆诸军事，仍在前线作战。前方没战事，司马消难的部众也没有了，他的利用价值也降低了很多，南陈朝廷把他调到朝廷为“司空”。直到九年后(589)隋朝开国皇帝杨坚灭了南陈，司马消难又随南陈群臣被俘虏到长安。杨坚仍念父执辈情分，特命免他一死，发配给乐户为奴；不久，杨坚又下令赦免，使得他和之前留在长安的妻子高氏等团聚，作为一个平民，后来老死林泉。

自公元580年，北周大象二年六月尉迟迥起兵反抗杨坚的内战，到同年十月王谦、司马消难最后失败，前后不到四个月的时间，在杨坚完全胜利之下结束。杨坚打赢了这场战争，也加速了杨坚取代北周的进程。

北周大将军达奚儒平定四川昭化氐族沙州之乱，于是年(580)十一月二十二日押其部落首领杨永安回长安。

十一月底北周名将韦孝宽谢世，死年七十二岁。

拓跋氏归宗早期的鲜卑族，姓氏很乱，拓跋氏是自公元220年拓跋诘汾时才有文字记载。公元386年，拓拔珪建国之初曾整顿过。公元495年北魏第七任皇帝拓跋宏下令胡人姓氏都得改为汉人姓，他自己率先将“拓跋”二字改为“元”字。自此拓跋宏就成“元宏”了。公元554年西魏建立之初，宇文泰当政，下令汉人官员一律改胡姓。元宝炬做皇帝时又下令鲜卑人改汉姓的应恢复原来的胡姓，对魏有功的汉人官员也赐给胡姓，例如杨坚的父亲杨忠就赐姓“普六茹”氏。现在是汉人杨坚当政了，北周现任皇帝八岁的宇文阐下令“诸改姓者，宜悉复旧”(《通鉴》)。

杨坚的宁静革命

公元581年，是北周宇文阐的大定元年、南(西)梁世宗萧岿的天保二十年、南陈太建十三年，也是杨坚的新朝隋开皇元年。

开年先写北周亡，特录一段《周书》原文以记周之亡：

“二月庚申，大丞相、随王杨坚为相国，总百揆，更封十郡，通前二十郡。剑履上殿，入朝不趋，赞拜不名。备九锡之礼，加玺、钺、远游冠，相国印绿綟绶，位在诸王上。又加冕十有二旒，建天子旌旗，出警入跸，乘金根车，驾六马，备五时副车，置旄头云罕，乐舞八佾，设钟簴宫悬。王后、王子爵命之号，并依魏晋故事。”(《周书·静帝纪》)

公元581年正月，北周把大象年号改为“大定”。

二月，隋王杨坚接受上述各项官爵，设置属于隋王的文武百官。北周皇帝宇文阐“依魏晋故事”，封杨坚的夫人独孤氏为“王后”，世子杨勇为“太子”。

这年二月十四日恰巧是干支纪日的甲子日，甲、子居天干、地支之首，古舆图学家迷信为吉祥之日。于是最具权威的大臣们如皇家太傅(也是杨坚的大功臣)李穆，开府仪同大将军庾季才、卢贲等都向杨坚劝进。

北周末代皇帝宇文阐同意让位，移出皇宫。本年(581)二月十四日，宇文阐命太傅宇文椿携带文诰，大宗伯赵煚捧着皇帝玉玺，把北周王朝的皇帝位置正式让给杨坚。当时杨坚头戴宇文阐月前所颁赠的远游冠，接受皇帝禅位文诰和玉玺；然后改戴白纱帽、身穿黄纱袍到临光殿再换冕旒帽，身穿衮龙袍举行受禅大典。改国号为“隋”，改年号为“开皇”。取得了270多年来的最后胜利。

杨坚登基的次日，即“奉帝(宇文阐)为介国公，邑万户，车服礼乐一如周制，上书不为表，答表不称诏。有其文，事竟不行”(《周书·静帝纪》)。北周各亲王一律降封为公爵。

自公元535年秋宇文泰控制了西魏皇帝元脩开始，到公元557年宇文觉取代西魏而称北周皇帝，再到公元581年宇文阐禅让于隋，宇文家族实际统治总计四十六年。

北周临亡时，疆域约占中国的四分之三，包括二百一十一州，五百零八郡，一千一百二十四县，人口五千万。(《隋书·地理志》)

宇文氏族灭

公元581年的二月中，杨坚循历代遗风，下令把宇文皇族全部处死；其中包括宇文泰的孙子谯公宇文乾恽、冀公宇文绚，第一任皇帝宇文觉的儿子纪公宇文湜，第二任皇帝宇文毓的儿子酆公宇文贞、宋公宇文实，第三任皇帝宇文邕的五个儿子汉公宇文赞、曹公宇文允、道公宇文充、蔡公宇文兖、荆公宇文元，第四任皇帝宇文赟的两个儿子莱公宇文衎(此人待考)、郢公宇文术及其家人。鲜卑族宇文皇族之名从此也被这一股历史洪流所淹没了。

同年五月初，杨坚派人暗中毒死年仅九岁的北周逊帝宇文阐。然后隆重礼葬于恭陵，以血缘较远的族人宇文洛承继其爵位。一个还不知道什么是历史的历史悲剧人物，就这样莫名其妙地走入了历史。

杨坚取代北周，在当时完全是权力斗争，并没有种族意识在其中。因为那时候无论是在政治体制，还是生活文化(包括服制、礼制、语言)等各方面胡、汉之间已经完全同化了。

隋朝皇帝的小插曲

依当时律法：犯官尉迟迥父子应被处死，其家属充公发配到皇宫或到其他皇族、高官家中为奴。尉迟迥的一个孙女发配在杨坚的仁寿宫洒扫，为隋皇帝杨坚所幸，并且由怜悯而甚宠爱。事为善妒的独孤皇后侦知，乃乘杨坚临朝的机会，把这个可怜的尉迟女杀死并分尸。杨坚视朝之后先回皇后宫，听说独孤皇后去了尉迟女住所，杨坚就知道事态严重，立即飞马直奔尉迟女处，一进门只见血肉模糊、碎尸一堆，而且独孤皇后还在指挥宫女们砸东西，见皇帝到来，不唯不行官礼，而且大吵大闹。

独孤皇后的善妒、泼辣和杨坚惧内，都是举世闻名的，但在这种境况之下，他所爱的而不能爱，他所厌恶的也不敢厌恶。戎马倥偬一辈子从没有享受过总是想着的温馨柔情，他本能地回身上马，扬鞭飞奔出城，没有目标地奔向荒郊，面对莽莽原野，四顾茫茫。他顿时忘掉自己，脑际一片空白，政敌？情敌？人性？兽性？怜、爱、悔、恨！萦绕在他的脑际，挥之不去。这是债吗？而这笔债应该她来还吗？这是账吗？而这笔账应该算在一个不知所以的她的头上吗？他爱的而不能得到，他恨的又推不开！他想抱着亲人放声恸哭！可是他的身边没有亲人，他所有的只是冷酷无情的生、杀、予、夺！只有“陛下”“万岁”“神圣”之类的山呼！想来只是令人肉麻而没有亲情！

直到他的臣下高颎、杨素追来，跪在脚前叩头，他才恍然若悟。这是公元599年，隋开皇十九年，尉迟迥死后十九年，杨坚年已六十二岁那年的事。

几个女人的小故事

杨丽华

公元573年，北周建德二年的九月十九日，宇文赟十五岁，还是太子时就娶了杨坚的女儿杨丽华为太子妃。宇文赟继承皇帝位，杨丽华循例封为皇后。她父亲——杨坚受命为相，接管国政，但是她坚决反对她父亲篡夺宇文家的政权。杨坚登基后，杨丽华悲痛万分，杨坚改封杨丽华为“乐平公主”，并命她改嫁，杨丽华誓死不再嫁人以示抗议，杨坚也只好作罢。隋炀帝大业五年死于河西。

太穆顺圣皇后

北周的上柱国神武公窦毅，早年娶得宇文泰的女儿、宇文邕的妹妹襄阳公主为妻，生一女儿，虽然年纪不大，但聪慧过人。公元572年，北周宇文邕的建德元年，她曾劝说她的皇帝舅舅宇文邕应正视突厥汗国与政治格局形势的重要性，做好突厥的务实联络并善待阿史那皇后。阿史那皇后是突厥已故可汗阿史那俟斤的妹妹，于公元568年，北周天和三年，宇文邕娶来封为皇后，由于生活文化、风俗习惯不同，所以宇文邕与她之间的感情并不好。经过窦毅这个小女儿的一番劝告，宇文邕欣然接受，并盛赞这个外甥女为神童。公元581年春，这个女儿得知杨坚篡夺了宇文阐的政权时，曾抚胸叹息：“自恨不是男儿身！不能拯救舅家难！”当时被她的父母严厉阻止，没有招来灭门之祸。可是说也奇怪，这个女孩子后来竟会嫁给隋朝的唐公李渊为妻，对于李渊推翻隋朝，她还出力不少。李渊的唐朝成立，就封她为“太穆顺圣皇后”。她给李渊生下四个男孩子：李建成、李世民、李玄霸、李元吉。

誓志匡复的千金公主

北周的“千金公主”与突厥联姻的事，酝酿了两年多而没有成，最后还是杨坚做了宰相，于公元580年秋派汝南公宇文神庆、司卫上士长孙晟等率领大批武装仪队把“千金公主”送往突厥汗国与佗钵可汗结婚。

佗钵可汗死，其子阿史那摄图(前突厥汗)继立，是为沙钵略可汗，依胡俗，千金公主又做了沙钵略可汗皇后。

千金公主痛心自己祖国的覆亡，日夜请求沙钵略可汗出兵为宇文王朝复国。沙钵略可汗遂与前北齐残余的营州(辽宁省朝阳市)刺史高宝宁联合出兵犯隋，沙钵略动员控弦战士四十万于开皇二年(582)自宁夏固原境的木峡、石门两道攻入隋境，把甘肃天水一带的牛马六畜抢掠一空。

后来隋与突厥议和，隋帝杨坚改封宇文王朝的“千金公主”为“大义公主”，赐姓杨，让她以杨坚为义父，编入杨氏族谱。

突厥沙钵略死，由其弟处罗侯继立。处罗侯西征阵亡，由沙钵略之子雍虞闾继立，是为颉伽施多那都蓝可汗，大义公主依胡俗归都蓝可汗为妻。

隋灭南陈之后(589)，隋帝杨坚把一件战利品——南陈皇帝陈叔宝的屏风送给“大义公主”(千金公主)以收其心。可是这位“大义公主”深明大义，仍然不断坚持她的复国活动。她在屏风上写了一篇实际是哀伤祖国的《明君曲》以自寄：

“盛衰等朝暮，世道若浮萍，荣华实难守，池台终自平。富贵今何在？空事写丹青。杯酒恒无乐，弦歌讵有声！余本皇家子，飘流入虏庭。一朝睹成败，怀抱忽纵横。古来共如此，非我独申名；唯有明君曲，偏伤远嫁情。”

这个“大义公主”仍是大义凛然，不忘恢复她的王朝——宇文王朝。她为了推广她的匡复运动曾与西突厥泥利可汗密切联络。杨坚恐怕她再发动胡汉之战，于是贿通都蓝可汗的侄儿阿史那染干，诬告大义公主与近侍匈奴人安遂迦有染，都蓝可汗阿史那雍虞闾遂杀大义公主。（《隋书·突厥传》）

齐永明元年造坐佛像

东　魏

公元 534 年的冬十月十七日，高欢拥立元善见登基为东魏的孝静皇帝。

东魏的疆域：东自渤海湾、山东半岛
南到豫州——河南的汝南
西至怀朔——内蒙古五原、汾州——山西隰县
北达阴山以北（长城以北三百多公里）

首　　都：高欢主持自洛阳迁到邺城（河北省临漳县）

独门皇帝：孝静皇帝元善见自公元 534 年，东魏天平元年的冬十月登基，到公元 550 年，东魏武定八年五月初十禅位。元善见做了东魏独一无二的皇帝十六年，最后换来一坛毒酒。

高欢的梦魇

北魏第十四任皇帝，也可以说是北魏的最后一任皇帝——孝武皇帝元脩，是大军阀高欢于公元 532 年，一手扶植登上皇帝宝座的。两年后（534）就与高欢决裂，为另一个新兴起的大军阀宇文泰保护逃离都城——洛阳到

东魏全盛时疆域

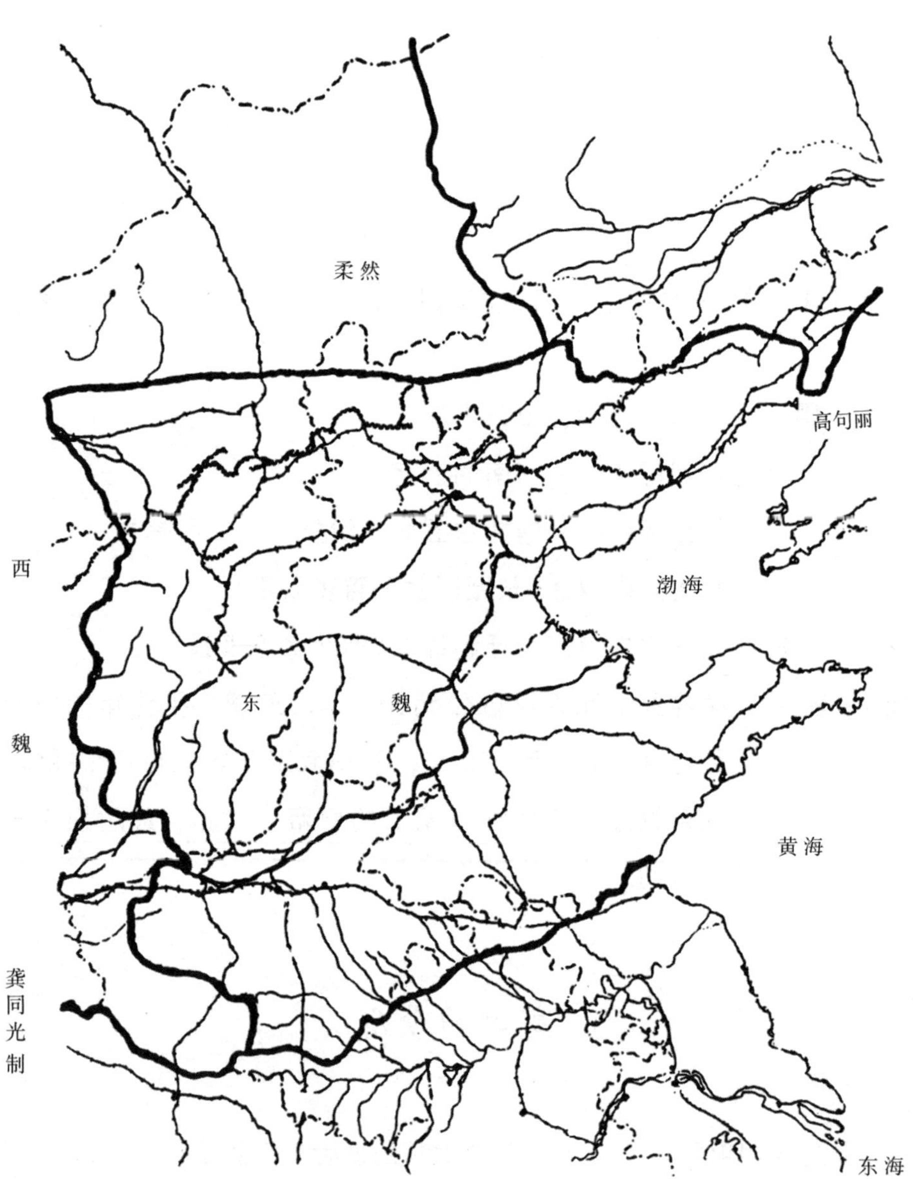

长安，就是历史所称的“西魏”。

当年(532)是高欢刚刚崛起于政坛的第二年，而元脩(北魏孝文帝元宏的孙子)在当时是一个落魄的皇裔世胄，而且由于不满朝政而隐居乡间，高欢想着利用他皇族世裔的身份以号召世人，利用他不满朝政的心态而好驾驭，所以选来选去，最后选他——元脩来做皇帝。

可是元脩不甘心做傀儡，在高欢的真面目还没有完全露出来之前就下定决心要摆脱高欢的魔掌。而元脩也没有想到他脱离了泥坑，又掉进了火坑，不到半年的时间就被他锐意提拔的宇文泰给毒死了。

高欢是从底层爬起来的，他了解自己的政治根基和军事实力都还需要皇室的权力来配合，所以当元脩自都城洛阳出走后，他曾亲自率军自洛阳出发追赶元脩，追到洛阳西的灵宝(弘农)又派行台仆射元子思带领宫廷侍卫部队前往长安，希望能够相机抢回皇帝元脩。

元子思九月间攻下潼关，挺进到华阴城，宇文泰派的潼关守将毛鸿宾迎战而战败被俘。在山西方面，驻守龙门(山西省河津市)的都督薛崇礼又向高欢献城投降。

高欢回师河东(山西省永济市)，命行台长史薛瑜镇守潼关，大都督厍狄温镇守永济的风陵渡，并在蒲津(山西省永济市西)的黄河西岸筑城堡防守工事。命薛绍宗为华州刺史，驻守陕西大荔这个最前线的军事重地。

在南疆的边防上，高欢派高敖曹为豫州刺史，率军进驻悬瓠(河南省汝南县)。元脩派的原荆州刺史贺拔胜已命长史元颖代理刺史，驻守河南南阳，他自率大军开向关中支援元修，当他前进到河南内乡时，听到高欢已经占领华阴，于是迟疑不敢前进。高欢就下令行台侯景等率军，乘此机会突袭宇文泰占领下的穰城(河南省邓州市)，荆州民邓诞等活捉贺拔胜所派的代理荆州刺史元颖，向侯景投降。贺拔胜又立即回师营救元颖，结果大败，贺拔胜既不敢西向元脩，也无法回归高欢，只好率数百骑兵投奔

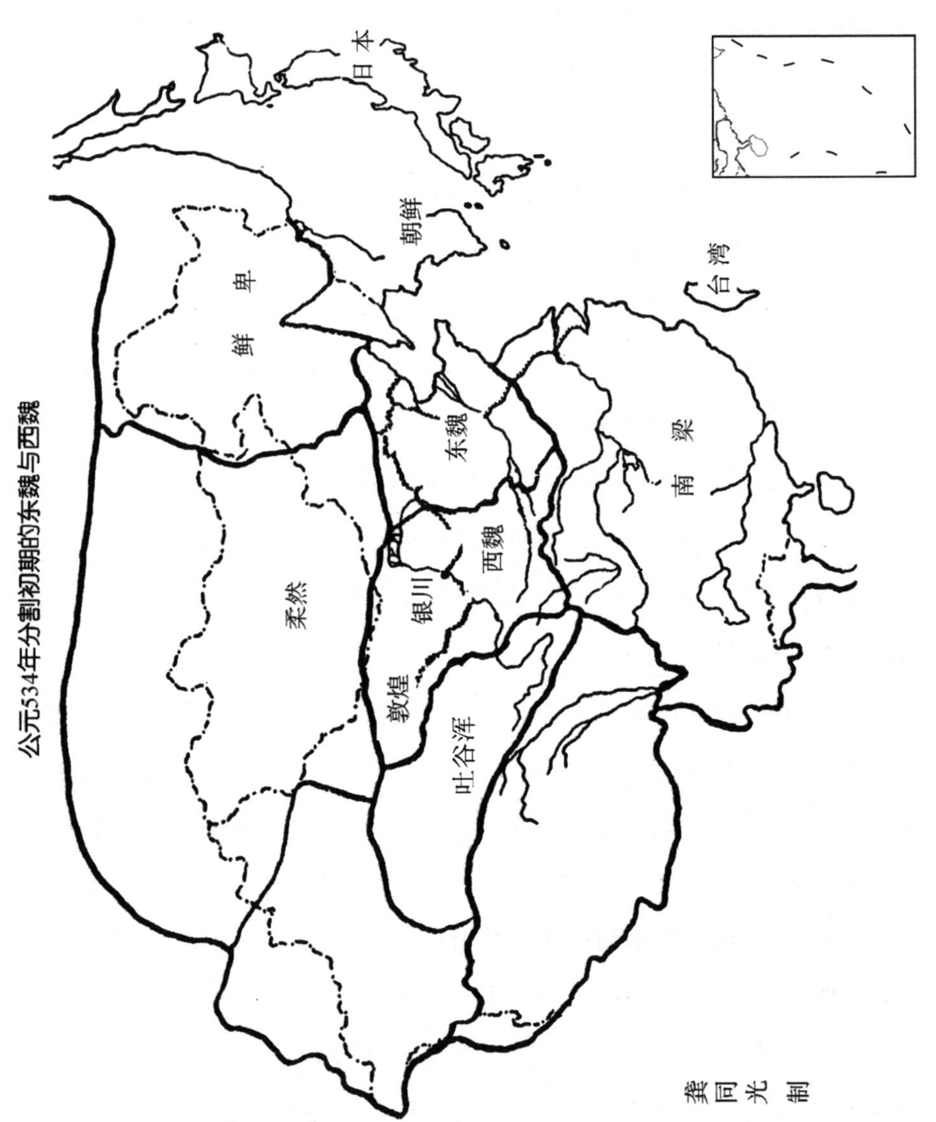

公元534年分割初期的东魏与西魏

龚同光 制

南梁。

高欢回到洛阳，又派过去和元脩有交情的和尚道荣代表他专程到长安呈上奏章，请求元脩回驾洛阳，恢复魏廷秩序，可是元脩仍然不理，这时候高欢可有理由另立新帝了。

高欢通过文武百官的议定，拥戴清河王元亶的儿子元善见为帝(元善见是孝文帝元宏的重孙，比元脩还晚一辈)。

公元534年的十月十七日，元善见登基，改元天平，史称东魏孝静皇帝。不过传统史家仍以长安的西魏(元脩)为正统。

高欢把二女儿嫁给元善见为皇后，强化自己对皇室的控制。

史书夸奖元善见仪表俊秀、勇力过人、喜爱文学，为人处世稳重安详。

高欢嫌洛阳距离宇文泰占据的长安太近，容易受敌，他即下令迁都至河北临漳的邺城。当年(534)的十月二十七日，全洛阳城中的四十万官民就在这一声命令之下狼狈上路。高欢还命令文武百官交出私人马匹车辆，官府还征收民间车辆，中、下级官员或富有居民只可以骑驴，平民百姓只有推车、肩挑，扶老携幼徒步而行。一时间，洛、邺道上充满了大呼小叫，有哭、有嚎，好像黄河的滚滚洪流在翻腾、在怒嚎！后浪推前浪的滚滚人流，流向二百七十公里外的邺城。

迁都之后，高欢又派尚书右仆射高隆之征发十万民夫，把洛阳城内的皇宫全部拆下，将全部建材运到邺城，再征邺城民夫七万六千人在邺城兴建新的皇宫，并增建邺城南城长达二十五里。

高欢在洛阳监督迁都完成后，自行返回太原。

荆　州

荆州在地理位置上绾毂湖北、陕西、河南、安徽诸省，在形势上自古就是四战之地，也是兵家必争之地。自古以来，荆州遭受兵灾最多，所以它的区域向来没有明确稳定过，治所也时常变动。

五胡十六国时期，前赵刘聪以洛阳为荆州，后赵以南阳、江夏(湖北省襄阳市一带)为荆州，前燕的荆州治所在鲁阳(可能是河南省的南阳一带)，前秦苻健时荆州治丰阳(陕西省镇安县)，到苻坚时又把荆州移治湖北的襄阳，后秦的荆州治所在河南南阳。

据《魏书·地形志》记载，北魏时期的荆州辖有河南南阳、新野、东恒农(内乡)、汉广(叶县)、襄城(方城)、北淯(南台北)、恒农以及湖北顺阳等八个郡，大概是在湖北北部和河南西南部，是北魏与南朝争来夺去的老战场。

北魏元宏时期，为了利于统御，曾把荆州划分成荆州、穰城(河南省邓州市东南)、东荆州(治所设在河南省泌阳县)。东魏元善见武定二年(544)，又划出伊阳、新城、汝北等三郡为北荆州，治伊阳(今河南省嵩县北的伏流城)。

东魏天平元年，公元534年冬，荆州原在东魏高欢手中，西魏的元脩死前曾任命独孤信为都督三荆(荆州、东荆州、北荆州)诸军事、东南道行台、荆州刺史。独孤信策动淅阳(河南省内乡县)少数民族酋长樊五能率族众攻陷淅阳城(内乡县)，宣布荆州归属西魏，这是西、东两魏军事冲突的第一仗。

东魏西荆州刺史辛纂武力镇压，在淅阳(河南省内乡县)战败，樊五能又邀独孤信来攻辛纂，独孤信进兵荆州。东魏派恒农郡守田八能，率伏牛山区弱势族群的群蛮在淅阳(河南省内乡县)抵抗独孤信，东魏又派都督张齐民率三千多步骑兵攻击独孤信的后路。独孤信身入必死之地，具必死之心，乃督军勇往直前，击破田八能，又乘胜进攻东魏荆州官府所在地的穰城。张齐民只有随着敌人后边跑，根本没有战斗机会，辛纂战败被斩，西魏占领了三荆(荆州、东荆州和北荆州)。

半年后，东魏派大将高敖曹、侯景闪击独孤信，又收复了三荆之地。独孤信无力抵抗，又恐宇文泰责罚而不敢再回西魏，不得已率残众投奔南梁。

可朱浑道元与曹泥

原属东魏高欢的渭州(甘肃省陇西县)刺史可朱浑道元被宇文泰攻击，可朱浑道元率部众三千多户逃往宁夏灵武，投靠灵州刺史曹泥。西魏宇文泰派骁骑大将军李虎来攻灵州，曹泥就给可朱浑道元部优厚补给，送他东去高欢势力之下的云州(内蒙古自治区和林格尔县)。西魏的李虎又联合游牧在陕北神木的敕勒部落酋长费也头之众截击可朱浑道元，可是这时候可朱浑道元所部已经南下太原了，李虎围攻灵州四十天，曹泥被迫投降。翌年(536)春，曹泥和他的女婿刘丰杀了监视他们的西魏官员，宣布反正，又回归东魏的高欢。

西魏再派大军包围灵州，并决黄河水淹灵州城，情势非常危急，高欢立即动员能征惯战的高车族系阿至罗部落三万骑兵急行军，南下援救灵州。高欢则率骑兵接出曹泥、刘丰及其五千多户部众，并命刘丰为驻守黄河壶口的南汾州刺史。

消灭刘蠡升

十多年前，放牧在大同以西的匈奴族部落酋长刘蠡升，在云阳谷(山西省左云县)起义称帝，年号为神嘉。当时北魏的政治中心在洛阳，云阳谷地处偏僻，并且当时高欢急于厘清内部，整军经武来对付西魏的宇文泰，所以没有重视这件事。公元535年的一月中，高欢派人先与刘蠡升和解，发给刘蠡升很多粮秣、绸缎，高欢又答允把女儿许配给刘蠡升的儿子为妻，刘蠡升相信高欢的诚意，不疑其他。三个月后，高欢见刘蠡升已经不加戒备了，于是发动了一次毁灭性的突袭，刘蠡升一时手足无措，被部下刺死并割下人头向高欢投降。高欢继续扫荡其残余，俘虏了刘蠡升的家属、文武官员四百多人，以及汉人、胡族五万多户人家。

华州之战

华州是宇文泰的基地，高欢下令反攻潼关，命司马子如为大行台尚书，率大都督窦泰所部，配合驻守山西永济的秦州刺史韩轨所部，在夜色掩护中渡过黄河，直取华州(陕西省大荔县)。由于华州当时正在修葺城墙，以致东魏军轻易攻入城中。西魏的华州刺史王罴在梦中惊起，全身赤裸上阵，使东魏军惊为天人，紧急后退，西魏守军集结应战，王罴终于击退东魏军。

东魏再命行台薛修义自禹门口渡河攻占陕西韩城的杨氏壁，亲西魏的永济人薛端，纠聚村民乡亲击退薛修义，收复杨氏壁。宇文泰派苏景恕为南汾州刺史，镇守杨氏壁。

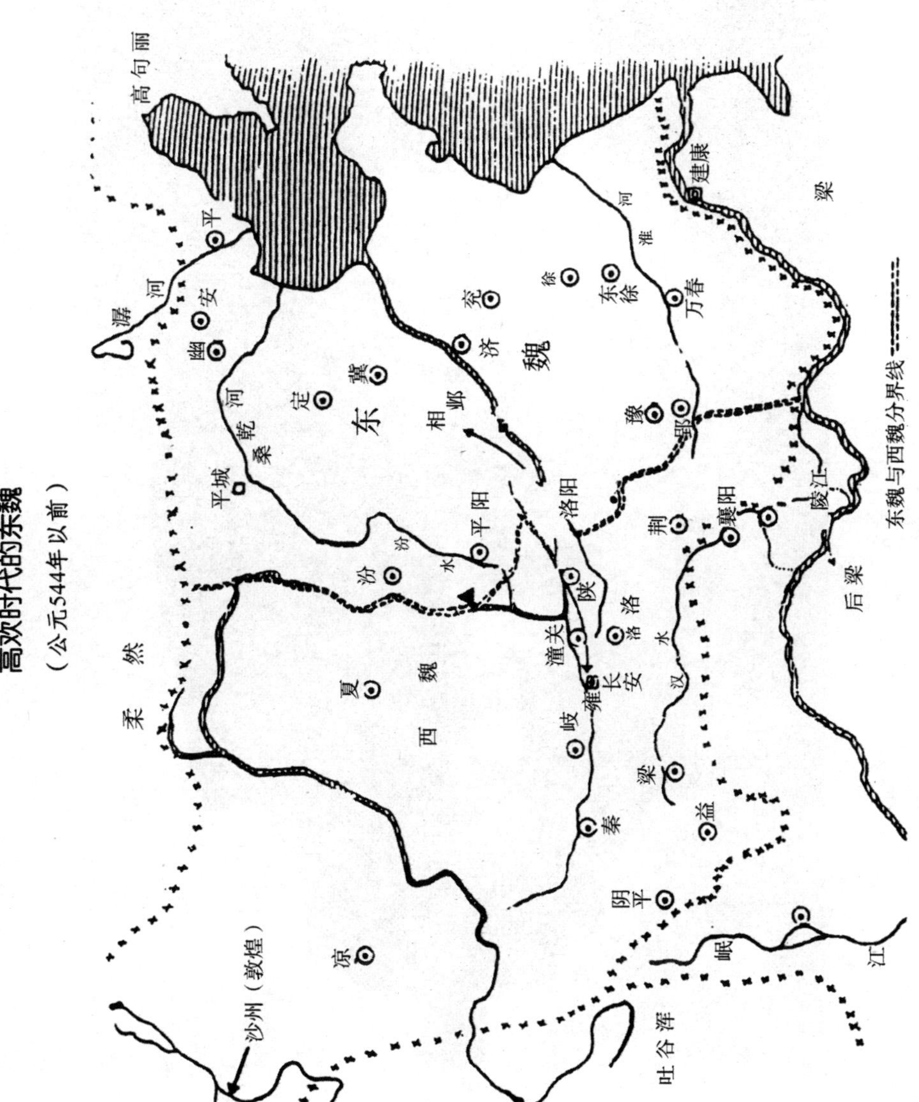
高欢时代的东魏
（公元544年以前）
柔 然
高句丽
平城
平
安
幽
河
乾
桑
定
冀
东
魏
相
邺
济
兖
徐
东徐
淮
河
万春
建康
梁
豫
郢
洛阳
荆
襄阳
江陵
后梁
平阳
汾
汾
水
陕
洛
洛
水
潼关
长安
雍
岐
夏
西
魏
汉
水
梁
益
秦
阴平
凉
沙州（敦煌）
吐谷浑
岷
江
东魏与西魏分界线

佛头像

东魏天平至武定年间(534—550)造
(台北历史博物馆提供)

菩萨立像

东魏(534—550)年间造
(静雅堂收藏，吴文成先生提供)

娄昭、侯渊、樊子鹄

去年(534)，当元脩与高欢决裂时，驻在山东的兖州刺史樊子鹄、齐州刺史侯渊、青州刺史元贵平等三人结盟，表示保持中立。后来侯渊向高欢输诚，元贵平被侯渊斩首，只有樊子鹄据守兖州不降。翌年(535)春，高欢命仪同三司娄昭率军进攻兖州，大军围城数日，不能攻下，娄昭引泗水灌城，樊子鹄被同僚大野拔所杀，大野拔投降娄昭。

杀了青州刺史元贵平而投降高欢的齐州前任刺史侯渊，接任了青州刺史。翌年(535)春，东魏又派封延之为青州刺史，侯渊被突然解职，不知道自己是报应还是犯了什么罪，心中恐惧，行经河北枣强时，率同跟随他的部众宣布叛变，大肆抢掠附近郡县。夏四月，高欢命济州刺史蔡俊讨伐侯渊，侯渊所部纷纷逃散，侯渊打算南下投奔南梁，在半路上被一个酒贩杀死，把人头送到邺城。

柔然与东、西魏

柔然的敕连头兵豆伐可汗，姓郁久闾，名阿那瓌，曾受过北魏的怀柔恩遇。现在看见北魏解体，他先向东魏的皇家求婚，高欢明知这是乘机勒索，但又想利用他来打击西魏，于是把皇室的兰陵公主嫁给郁久闾阿那瓌，自此之后柔然族就被东魏利用来不断攻击西魏。宇文泰派中书舍人库狄峙出使柔然，约定和亲，除了也献上一位公主给郁久闾阿那瓌之外，还赠送绸缎数万匹，才与柔然取得暂时性的裙带和平。

公元537年秋，柔然又为了讨好西魏而发兵攻击东魏属地三堆（山西省静乐县），高欢亲自迎战，杀得柔然大败而退。

高欢与高澄

东魏天平三年、西魏大统二年，公元536年，东魏之陕西横山的夏州被西魏占领。太原距离夏州近五百里路，高欢亲率一万多骑兵加强行军，以四天的时间赶到夏州，把战士所持的铁矛绑成云梯，乘夜爬墙入城。西魏任命的刺史斛拔俄弥突向高欢输诚，高欢仍然派他做夏州刺史，只是把他的部众五千多家全部迁去，留下都督张琼率军协防而后班师。

东魏孝静皇帝元善见，对于高欢是每打一次胜仗或者稍有表现就予以加官或赐爵。这次打败柔然也就是打败西魏，所以元善见特依汉制加九锡，这是国家最高荣誉，可是高欢却为了掩饰他“志不在此”的野心而辞。

荣誉与权力好像是有密码似的，解读这个密码的方法就是加官。高欢的长子高澄，当时年仅十五岁，高欢把三年前元脩恩赐给他“大行台”的官衔授予高澄，这是一个代表皇帝的地方大臣。

高澄自太原到都城——邺城上任，元善见再任命高澄为尚书令，加授领军将军、京畿大都督，尚书令等于是主持中枢的文官首脑，领军将军是武将的头目。元善见能够维持其皇帝位子，就是由于他会讨好高欢。

高欢和西魏的秦州（甘肃省天水市）刺史万俟普勾结，然后命高车族阿至罗部落的武装部队进攻秦州，高欢在太原动员军队遥相声援。秦州刺史万俟普于是年（536）夏，率领他的儿子太宰万俟洛、豳州刺史叱干宝乐、右卫将军破六韩常等及将领三百多人投奔东魏，西魏丞相宇文泰派轻骑兵追击，追到一千多里外的榆林河北没有追到才回师。

前年(534)在荆州战败、投降南梁的贺拔胜虽然很受南梁的礼遇，但终究寄人篱下，思乡情结日重。他曾要求南梁朝廷准他带兵进攻东魏高欢，不过南梁在这时候还不敢激怒高欢，所以没准。

贺拔胜精于骑射，走马射飞鸟，十中其五六，临阵如平常，稳重如山。他曾要求南梁准他出兵攻东魏，事实上他也是找个回归故国的机会而已，南梁既然不准他出兵东魏，他就直截了当地向梁廷要求准他回归故乡，于是率领前年随同他一起投奔南梁的史宁、卢柔等一行数十人北返，行经河南的襄城时，高欢派侯景率轻骑兵截击，贺拔胜翻山越岭落荒而逃回西魏，随从人员在路上饿死一大半。公元544年，贺拔胜死于关中。

东魏的定州(河北省定州市)刺史侯景率军进攻南梁的楚州(河南省信阳市东北)，俘虏南梁刺史桓和，大军继续向淮河推进。南梁下令全国总动员，由南司州(湖北省孝感市北)兼北司州(河南省信阳市)刺史陈庆之迎头痛击，侯景大败，抛弃辎重逃回东魏。南梁也没有真正实力追击，十一月中，撤回北伐大军；十二月初，东魏派使节向南梁求和。

两魏之间的六次大战

中国史上的北朝，被军阀们主导着分裂成为西魏与东魏后，双方都以“正统”自居，也都在企图消灭对方而再统一，所以两魏之间的战争不断。

禁谷之战，是两魏分裂两年后的第二次战争。公元536年，西魏第二任皇帝元宝炬的大统二年、东魏元善见的天平三年，西魏的关中地区大饥荒，据《北史·西魏文帝纪》说：人民饿死了十之七八。高欢利用这时西魏已经没有战斗力的机会，于公元537年春，发兵进攻西魏。北路由大都督窦泰率领一万多步骑兵自洛阳直取潼关，命高敖曹自商洛进攻长安南防的重要据点蓝田，高欢自己率领主力大军，在蒲州(山西省永济市)建造三道浮桥，准备等东路的窦泰、南路的高敖曹进到目的地时，他的主力军大举渡过黄河，会同南路、东路大军总攻长安。

宇文泰在潼关南的小关(禁谷)布下强弩奇兵，出其不意地奇袭窦泰军，以致东魏军大败，窦泰自杀。高欢的攻击计划受到惨重打击，他立即下令南路的高敖曹撤退，自己也拆了浮桥，退回太原。

沙苑、恒农与洛阳之战

东魏自恃地大物博，时刻想着消灭西魏，所以他在前进据点的恒农(河南省三门峡市)贮存大量军糈。

公元537年秋八月，宇文泰率一万多步兵秘密出潼关，一举而攻下恒农，抢运东魏达五十多天的存粮。

高欢派高敖曹率步骑军三万反攻恒农，宇文泰已把粮食运完而自动撤兵回潼关。高欢亲率十万大军自山西永济的蒲津渡过黄河而占领陕西朝邑，再渡过洛河，扎营在陕西大荔渭河北岸的沙苑，距离西魏军只有数十里。

沙苑，又名沙阜，东西八十里，南北三十里。东跨朝邑(古城在大荔县朝邑南十七里)，西至渭南，南接陕西华县，在洛河与渭河之间。

宇文泰把西魏军右拒、左拒，分别部署在渭曲(陕西省大荔县东南)两翼的芦苇深处待命出击。

高欢见渭河对岸芦苇一片，有意施行火攻，但被侯景以活捉宇文泰为由而劝阻。高欢也自恃人多，故立即下令猛攻，当他的主力部队渡过渭河进入芦苇丛中时，宇文泰一声号令，伏军六路杀出，在芦苇中短兵相接，由于西魏军已经主宰着战场优势，士气旺盛，加之开府仪同三司李弼率所属精骑，自渭河北岸迂回东魏军之后，以致东魏军大败。高欢落荒而逃到黄河渡口，抢得民船渡河回到太原。

《通鉴》说他“丧甲士八万人，弃铠仗十有八万”，宇文泰把八万俘虏拣选两万人留下，其余的释放回去。知战、知兵莫如宇文泰，高欢应该知敌才不致于再败。

沙苑之战惨败，高欢曾向皇帝自请处分，元善见虽然批准免宰相职，但并没有实行。

西魏大都督独孤信和都督杨忠曾向宇文泰建议取恒农。

公元537年秋八月中，宇文泰率李弼、独孤信、梁御、赵贵、于谨等攻占河南灵宝西的军事要点——盘豆。十天后又攻下恒农，俘虏东魏的陕州刺史李徽伯及其以下八千人。

西魏行台左丞杨檦，原籍在东魏境内的山西垣曲，杨檦勾结故乡豪族王覆怜等聚众起事，击斩东魏的白水郡守程保。于是在半个月之内原属东魏的山西临汾等十多个郡县都望风归附西魏。

同年(537)冬十月中，西魏行台宫景寿率军向洛阳挺进，东魏的洛州(洛阳)大都督韩贤迎战，激烈战斗一日夜，西魏军虽然退去，但唆使地方首领韩木兰聚众反抗东魏军，也被东魏的韩贤击破。韩贤正在监督清理战场时，被一个诈死的反抗军战士挺起突袭，韩贤受伤而死。

西魏再命冯翊王元季海会同骠骑大将军独孤信率步骑二万人再攻洛阳，同时又命洛州(商洛)刺史李显开辟南战场，攻陷河南邓州的荆州，任命郭鸾为荆州刺史。北路由太师贺拔胜、李弼围攻蒲阪(山西省永济市)，开辟北战场以牵掣东魏。

独孤信的大军到达距离洛阳五十里的新安郡，东魏驻镇洛阳的大都督高敖曹认为洛阳没有防守价值，把守军撤退到黄河北岸待命。接着东魏洛州刺史元湛弃城逃回邺城，独孤信遂入洛阳，驻镇金墉城。

受洛阳失守的影响，东魏驻荥阳(洛阳东一百二十里)前大司马从事中郎将崔彦穆，联合驻守河南鲁山(洛阳南二百里)的广州长史刘志、驻在河南许昌的颍州长史贺若统等一起献出城池投降西魏，驻在河南陈留(开封以南)的通直散骑侍郎郑伟与梁州(河南省开封市)刺史鹿永吉，也向西魏投降。这一连串的投降事件，给东魏的打击相当大。

于是东魏下令行台任祥率督将尧雄、赵育、是云宝等各军四万人反攻颍川(河南省许昌市)，西魏命大都督宇文贵率骑兵二千人紧急行军，进入颍川(河南省许昌市)保护贺若统。宇文贵在颍川城布阵，尧雄军一到，就被西魏军击败。尧雄逃走，赵育敌前投降，东魏军被俘一万多人。

任祥见前锋大败，自己也退守宛陵(河南省尉氏县)，宇文贵乘胜攻宛陵，任祥败走。东魏将军是云宝杀了东魏的阳州(河南省宜阳县)刺史那椿，遂向西魏献城投降，旋被东魏段粲收复，东魏乃以段粲为阳州刺史。

在河南的南部也发生战事，西魏的都督韦孝宽攻下东魏的豫州(悬瓠——河南省汝南县)，东魏的驻守行台冯邕被俘。

西魏命驻在穰城的荆州刺史郭鸾进攻东魏的东荆州(河南省泌阳县)，东魏的东荆州刺史慕容俨坚守对抗，日夜缠斗八个月之久，终于大破西魏的郭鸾军。当时东魏在黄河以南各州，纷纷沦陷，只有慕容俨驻守的东荆州安然无恙。

西魏派行台杨白驹进攻东魏的阳州(河南省洛阳市西南的宜阳县)，东魏的刺史段粲击退杨白驹，并追杀二百里。

东魏决心收复失地，于公元538年春，命大都督贺拔仁进攻西魏设在山西吉县的南汾州，占领南汾州就可以控制壶口的黄河渡。西魏的南汾州刺史韦子粲不战而降，宇文泰下令屠杀韦子粲全族。东魏命侯景限期收复黄河以南各州。

侯景自河南巩义以东的虎牢发兵，西魏据守颍川(河南省许昌市)的梁迥与守悬瓠的韦孝宽都望风而弃城西逃。

侯景再南指广州(河南省鲁山县)，命行洛州事的卢勇率轻骑一百为斥候，侦察西魏来援部队。卢勇遍布疑阵，把一百骑兵分为十队，乘夜冲入西魏大营，立时号角齐鸣、杀声震天，把西魏援军杀退，西魏的广州守将骆超也献城投降。于是黄河以南汾州、颍州、豫州、广州复归东魏版图。但是战争并没有终止。

限制建庙，扩充建宫

消耗国力最大的是战争。两魏之间的战争以致其国库空虚，而对民间的破坏更大，国家需要农业经济的支援，可是战争弄得农村凋敝，百里不见人烟，十年来两魏都再无力进行战争。人民为逃避兵役税捐，有的做贼为盗，有的出家做和尚，据《通鉴》说，出家僧尼多达二百万人，寺庙有三万多座。东魏的高欢见这种情形是危害国家的主要因素，东魏始诏："牧守、令长，擅立寺者，计其功庸，以枉法论。"

是年(公元 539 年，东魏元象二年)五月，高欢的女儿嫁给东魏孝静帝元善见为皇后。政治婚姻，当然要扩张其影响力，是年秋，元善见下令征调京畿(司州)内十万民夫，为高皇后建造一座超级豪华的新宫，限四十天竣工。

公元 541 年冬，征调五万民夫修筑漳河的超高堤防，并限三十五天完成。

公元 541 年，元善见在麟趾阁召集文武大臣举行法制会议，制定所谓《麟趾格》，限于当年冬十月实行。

两魏分裂以来，由于"连年战争，河南州郡鞠为茂草，公私困竭，民多饿死”（《通鉴》），高欢下令在河北、山东沿海地带煮海水制盐，以应军需之急，才使国家经济渐渐富足，人民生活逐渐改善。

西魏大统六年、东魏兴和二年，公元540年，东魏命大行台侯景通过河南南召的三鵶，收复三年前被西魏占领的荆州（河南省邓州市东南的穰城）。西魏派出很有作战经验的李弼、独孤信等，各率骑兵五千，东出武关（陕西省丹凤县）迎战，侯景知难而退。

东魏兴和四年，公元542年，东魏皇帝元善见晋升侯景为开府仪同三司、吏部尚书兼河南道大行台，代表皇帝全权处理对南梁与西魏的战争。

公元540年夏五月，西魏行台宫延和、陕州（河南省陕州区）刺史宫延庆两兄弟相偕投降东魏。高欢将元宏时代在原河南汲县所置的河阳牧场这块地上设立的义州，由宫延和与宫延庆两兄弟负责管理，凡是西魏来降的人员一律安置在这里。

东魏孝静皇帝元善见仿制永安五铢钱

高欢与玉壁

东魏和西魏比较，东魏幅员广、人口多、经济也比西魏发达，可是高欢屡次进攻西魏，最多只能打成平手。在山西境内西魏与东魏的分界线，西魏仅占汾河以南的很小一部分。在汾河下游北岸有一个稷山县，是东魏南疆的重要据点，稷山县南十二里的玉壁(又名勋州)是西魏的前哨据点，也是两魏常争之地。

八年前西魏的东道行台，并州刺史，都督汾、晋、并州诸军事的王思政认为玉壁地势险要，且为边防重镇，其设计、结构都极精密而坚实，请准筑城。西魏据有玉壁，可以随时进攻高欢的精神堡垒——太原，所以高欢视西魏所据的玉壁如芒刺在背。玉壁在太原西南二百五十公里，是西魏北疆的军事重镇。

公元 542 年，西魏大统八年、东魏兴和四年的秋八月中，高欢从汾州(山西省汾阳市)、绛州(山西省新绛县)发兵，大营连结四十里，对玉壁发动总攻击。

西魏命东道行台王思政坚守玉壁，阻住东魏军的前进要道。高欢写信给王思政："若降，当授以并州刺史。"王思政回信反诘七年前"可朱浑道元降，何以不得"(《通鉴》)。这一刺激，使高欢立即任命可朱浑道元为并州刺史，任命大将如儿戏，岂能成大事？高欢包围玉壁屡攻不下，冬天到了，天降大雪，士卒冻死、饿死的很多，高欢被迫撤军。

西魏先派皇太子元钦镇守玉壁西南二百多里的蒲阪，宇文泰自蒲阪发兵北上支援玉壁，行经皂荚，得到高欢已经撤军汾河东岸的消息，急命轻骑追击，但无功而返。

西魏大统十二年、东魏元善见的武定四年冬，公元 546 年，高欢再动员全国所有可以作战的胡汉武装部队，包括各地的私人军队、地方团队，限定八月中旬在晋阳集结。九月，大军出发，到达汾河下游稷山的玉壁，团团围着玉壁但不下攻击令，高欢的想法是打算引诱黄河西岸的西魏军来救玉壁时，再作消灭性的总决战，可是出乎他意料之外的是西魏根本没有反应，而且也没有派军队来解玉壁之围。

高欢见一计不成，就开始真的攻击玉壁城了。另派侯景率军自河南济源出发，越过王屋山进攻山西的垣曲、绛县，以牵制西魏军。

这时候玉壁的守将是西魏名将韦孝宽，据《中国人名大辞典》上说其为人“沉敏和正，用兵如神，屡抗强敌。经略部署，人莫能解；及其成事，众莫不惊服”。

高欢知道玉壁城内须靠汾河的水来维持生活，也知道玉壁城池的构筑精密，于是在玉壁上游筑坝，使汾河水改道，城中汲水不到，自必投降。

这一水战之计不成，高欢又在城南筑一高过玉壁城墙的土山，可以居高临下，鸟瞰玉壁城内。

532 年，高欢攻邺城时曾“为地道，施柱而焚之，城陷入地”(《通鉴》)。这次高欢又重施故技，在玉壁北城外挖掘二十条地道，先用木柱支撑，然后放火烧柱，期使柱折地陷、城墙崩塌。可是韦孝宽却于崩处竖木栅以扞之。

地道战：北城是玉壁的险要，高欢又掘地道集中力量攻击北城。韦孝宽则在城外挖掘横的深沟，选派铁甲战士巡守，发现高欢军挖地道时，立即将他们捕杀，并在该地道内塞进木柴，引火燃烧，再用风箱煽动，使浓烟吹入地道，把后续的高欢军士熏死。

车战：高欢军见水战、火攻、地道战都无效应，于是使用攻车撞城，期使城墙塌陷。韦孝宽用布匹缝成帐幔，在攻车来攻时垂下帐幔，使攻车撞击城墙的威力不能发挥。高欢军再用长杆束松枝、麻秆等易燃物，举火烧掉帐幔，并且烧到碉楼。韦孝宽则用长杆铁钩来击破高欢的火攻。

高欢的战法都被西魏守将韦孝宽攻破，并且又夺取了东魏的土城。

高欢施展攻心战法，乃派“能说善辩、权谲多智”(《古今人名大辞典》)的仓曹参军祖珽游说韦孝宽未成，又用宣传战、悬赏索命等攻心战法，都没取得效果。

高欢竭尽心智，攻坚苦战五十多天，将士战死的、病死的有七万多人，被高欢下令集体埋在一个大坟中。高欢的智力、体力已经不能再支持了，于是年(公元546年，东魏武定四年)十一月一日下令撤退。东路的侯景也已主动自邵郡(山西省垣曲县)撤回到河阳(河南省的孟州市)。

这是高欢最后一仗。

高慎与邙山之战

高慎，字仲密，是高乾的弟弟。高欢初起事的时候，高乾曾拥众响应，高乾归附高欢后，曾破尔朱兆有功。后来高乾为西魏的元脩赐死，高慎就归属于高欢，做到尚书、豫州刺史。

高慎的元配夫人是东魏吏部尚书崔暹的妹妹，后因夫妇离异而与崔暹结怨。高慎续娶艳而且慧的李昌仪，高澄见李氏貌美而意欲染指，李氏不从，高澄恃势强行非礼，衣服皆裂(《通鉴》)。事为高慎知道，高慎更加痛恨高家以及其宠臣们，乃于公元543年(东魏武定元年、西魏大统九年)春二月，在河南巩义东虎牢关的北豫州刺史任所，向西魏投降，并邀西魏派军接应。

西魏宇文泰率大军东下接应高慎，派驻镇洛阳的于谨进占巩义西南、偃师以东的柏谷，为右翼掩护，命太子少傅李远为前锋，包围黄河大桥南城，阻拦东魏援军。

南城——黄河南岸的桥头堡，为防护黄河浮桥而设的“河阳三城”之一。另二城为北城——黄河北岸桥头堡；中潬城，又名“夹滩”，就是现在黄河中的“郭家滩”(《孟县志》)。

东魏高欢自太原率十万大军南下，扎营黄河北岸。宇文泰退据瀍水(源出河南省孟津区西北任家岭，南流经洛阳东入洛水)，从黄河上游放下火船打算焚毁黄河浮桥，阻止高欢军渡河。

高欢派匈奴族高车部落酋长斛律金，动员一百多只小快艇，每艇置长钩，把火船钩住拉到岸边让它自焚，黄河浮桥得以保全。

高欢全军渡过黄河，只在邙山构筑工事，并没有再向前推进。高欢得到情报，宇文泰军相距只有四十余里，并且准备干粮，明日登山来攻，高欢只下令严阵以待，待其疲惫而后再与之战。

不数天，西魏宇文泰乘夜攀登邙山。高欢命大将彭乐率数千骑兵，由右翼冲进西魏军的登山部队，西魏军大败，士卒崩溃，四散逃命。彭乐率精骑冲进西魏军大营，俘虏西魏的临洮王元柬、蜀郡王元荣宗、江夏王元昇、钜鹿王元阐、谯郡王元亮以及侍中、大都督等高级文武大员四十八人，追杀士卒三万多人。

彭乐向高欢回报战果，高欢又命彭乐追捕宇文泰。宇文泰在万分危急之际，施以金蝉脱壳之计，抛下玉带诱使彭乐稍缓追击，才得逃离战场。

高欢怀疑彭乐故纵宇文泰，立即军法重责。彭乐前曾数战宇文泰，且身负重创，致肠肚流出，仍然负创苦战，这次竟被误会而重责，委实心有不甘。（公元551年，北齐高洋的天保二年，彭乐以太尉的身份又被人诬告“谋反”而被杀）

次日，东、西魏两军再战，宇文泰兵分三路反攻，以中山公赵贵担任左翼、领军将军若于惠为右翼、宇文泰率中军，三路同时猛烈攻击。大战两天两夜，东魏的三万多步兵全被俘虏，高欢也在混战中跌下马来，幸经随行战士赫连阳顺乘势把自己的战马让给高欢，才得以上马逃离战场，随行战士只剩七人。

宇文泰组成三千敢死队，交由大都督贺拔胜率领，继续追击高欢，眼看长矛就要刺到高欢，东魏的武卫将军段韶一连数箭射中贺拔胜的坐骑，马死，等待从把副马牵到时，高欢已经逃走很远了。

高欢回到邺城，下令把贺拔胜留在东魏的家属全部斩杀，贺拔胜也因此发病而死。

西魏的左翼军赵贵所部的攻势受到部队不听指挥的挫折，使东魏军得有机会重整。黄昏时分的西魏军人倦马疲，宇文泰乘夜色掩护下令撤退。东魏军在稍事整合之后，立即乘势反攻，西魏大将于谨、独孤信收集残兵败将，在东魏军的背后发动反击，东魏军停止追击，宇文泰才得以安然退入函谷关。

高欢派刘丰生率数千轻骑继续追击，到达恒农(河南省灵宝市)，见守将为前守玉壁的名将王思政，于是没敢攻城而撤退。

邙山之役，宇文泰虽然战败，但他又积极扩张军备，于是广募关、陇豪右以增军旅，准备再战东魏。

李昌仪无语问苍天

东魏的侯景围攻西魏占据的虎牢关，西魏的守将魏光遂中了侯景的反间之计而连夜逃走。侯景进城把高慎的妻子李昌仪送到邺城，从此虎牢(北豫州)、洛阳(洛州)重回东魏版图，李昌仪也成为高澄的笼中鸟了。

高澄对李昌仪以前曾施强暴而没有得手，这时候盛装召见李昌仪意在凌之以威，就这样被高澄霸占为妾侍，李昌仪也只有无语问苍天的份儿了。

是年(543)，高欢在山西忻州的肆州北山，东自山西原平惇阳镇西北的土墱，西到山西静乐北的马陵，兴筑了一道长城以御柔然。

重整地政与户政

东魏经过连年战乱，地政、户政都跟着大乱，赋税、差徭也因之锐减且极不公平。

东魏武定四年，公元546年冬，高欢命司徒高隆之、太保孙腾等为钦差大臣，分别到各州、郡督导清查户口，查出六十多万流民没有户籍。于是没有理由迁出者或流民，一律强制其返回故乡；没有乡籍可归的，则纳入兵户。高欢巡视冀州、定州(中山)，亲自核对户口增减情形。

游牧在山西西部汾州的稽胡部落不服东魏朝廷的指挥，高欢进军大破之，把一万多户俘虏分别发配到各州官员家做奴役。

尔朱文畅

尔朱荣的死虽然与高欢没有直接关系，可是两年后，尔朱氏势力却被高欢消灭。高欢是尔朱荣培养出来的，高欢为了补偿这份情义，所以在尔朱氏势力完全消灭后，尽量栽培尔朱荣的第四子尔朱文畅。这时候(545)，尔朱文畅虽然只有十八岁，仗着他的姐姐尔朱英娥原来做过元子攸的皇后，现在又是高欢最宠爱的侍妾，他自己又是东魏朝廷仪同三司，于是他联络都督郑仲礼(郑仲礼的姐姐郑大车也是高欢的宠姬)和丞相的司马任胄等，打算乘正月十五日皇室官员观赏“打簇戏”(《通鉴》)的机会起事，袭杀高欢。不幸事泄，尔朱文畅、郑仲礼和任胄都被处死。

是年正月，元善见接受高欢建议，下令在山西太原设立晋阳宫，以便收容因犯罪而被没收发配的女犯人，从事配合生产军用物资所需的纺织、缝纫、刺绣等工作。

高欢之死

高欢自玉壁之战失败、回到太原后病重，自知不起，乃派人把在他身边的次子高洋（时年十八岁）护送到都城邺城（河北省临漳县）坐镇朝廷，再把原来坐镇朝廷的长子高澄调回晋阳，以便交代后事。公元547年，东魏武定五年的正月八日，高欢死，时年五十二岁。

高欢死，世子高澄封锁消息，除行台左丞陈元康外，所有大员都不知道。

是年秋，高澄到邺城晋见元善见，伪装恭顺，等元善见把高澄的官职封到勃海王、都督中外诸军事、尚书时，高澄行使职权命他的弟弟高洋为京畿大都督，国家大权都已掌握在手之后，高澄再回到晋阳宣布高欢的死讯，于八月二十日，把高欢的假灵柩公开安葬在漳河之西。另在河北成安的鼓山石窟佛寺旁秘密开凿洞穴，把高欢的真灵柩塞进里面，严密封闭，然后把从事这项工程的工匠与监工官员们全部屠杀灭口以保密。高欢死后三十年（577），一个被杀工匠的儿子挖开这个洞穴，盗走了全部陪葬的金银珍宝。

高欢的十五个儿子

高澄：高欢长子。娄夫人生，继承高欢为王，被一个奴工刺死。高洋称帝，追封为文襄皇帝。

高洋：高欢次子。娄夫人所生，继承高澄为王，旋即篡东魏，自创齐朝，史称北齐，自称文宣皇帝。

高浚：高欢三子。王氏生，性豪爽，有气力，善骑射，高澄甚爱之，封永安简平王。嗣为高澄在东山裸裎为戏，浚极谏，高澄怒，收押至死。

高淹：高欢四子。穆氏生，封平阳王，官至太宰，死在晋阳。

高湝：高欢五子。大尔朱氏生，曾为定州刺史，群盗谋反邀其为主，因拒绝而遇害。

高演：高欢六子。娄夫人生，高洋之同母弟，在高洋的儿子高殷继高洋为帝的当年，高演乃废高殷而自称帝。是为北齐第三任皇帝肃宗孝昭皇帝。

高涣：高欢七子。王氏生，天姿英杰。高洋为帝，术士告以亡齐者黑衣，左右暗中告高洋说漆最黑，高涣为行七，“漆”与“七”音谐，高洋遂把高涣与其同母的高浚一同烧死在地牢。

高淯：高欢八子。娄夫人生，高洋同母弟，封襄城王。美容貌，弱冠有器望。

高湛：高欢九子。娄夫人生，高洋同母弟，累官镇军将军。继高演为北齐第四任皇帝——世祖武成皇帝。

高湝：高欢第十子。小尔朱氏生，封任城王，官至瀛州刺史。北周灭北齐，被俘。寻与他的侄儿皇帝后主高纬同被北周毒死。

高湜：高欢第十一子。游氏生，曾封高阳王，迁尚书令。个性滑稽便辟，见宠于高洋，迨高洋死，太后打他一百军棍而死。

高济：高欢第十二子。娄夫人生，封博陵王，为北齐后主高纬所杀。

高凝：高欢第十三子。大尔朱氏生，封华山王，体质差，死在齐州刺史任上。

高润：高欢第十四子。郑氏生，封冯翊王，官定州刺史，廉慎方雅，卒于任所。

高洽：高欢第十五子。冯氏生，封汉阳王。死年十三岁。

高欢的民族观

高欢常对鲜卑人说："汉人是你的家奴，男人为你种田，女人为你们纺织制衣。完粮、纳税、奉献粮食与绸缎，使你们吃饱穿暖，不应该欺压他们。"

对汉人就说："鲜卑人是你们的雇工，吃你的粮，穿你的布，常为你们能过太平日子而牺牲，所以你们也不应该仇恨鲜卑人。"

荒谬的贪污观

东魏的行台郎中杜弼向高欢报告说，很多官员贪赃枉法，民怨沸腾，危害国家，要求从严惩办。

高欢回答杜弼："天下做官的贪污，由来已久，不是现在才开始的。现在将士们如万俟普、可朱浑道元、刘丰生等部队的家属都在西魏境内，敌人正在千方百计地引诱他们，还有一向以正统号召的南朝的诱惑。我们如果强制肃清政风，毫不宽容，恐怕武官都会投奔西魏，文官都去南朝了。"

不久，杜弼又向高欢请求严惩贪官污吏，高欢没有作声，下令宫中卫队全副武装，弓上弦、刀出鞘，长矛、短剑齐举夹道排列，令杜弼在这种刀阵中间走过。杜弼吓得浑身发抖、汗流浃背、两腿发软，爬行通过这个刀阵。

高欢心平气和地对杜弼说："只叫你看一看，你就怕成这个样子，那些高官贵爵要用他们的肉身在这些兵器阵中去出生入死，身犯锋镝，虽然贪赃枉法，人格卑鄙，可是他们另有重大贡献，不可跟普通人相比。"杜弼叩头连连，承认自己见识不够。

侯景其人

侯景，是唯一作乱到南朝心脏地带的胡人。

在战乱中游走一生的侯景，在战乱中发迹，在战乱中成功，在战乱中失败，在战乱中横死。

侯景长不满七尺，而眉目疏秀，性猜忍、好杀戮，少时无行，乡里见而畏之。及长虽然有些跛脚，但其膂力过人，骑马射箭更是高人一筹，遂被保送为北镇戍兵(《梁书·侯景传》)。公元524年秋，六镇起义时，他是葛荣的部将，不久，他叛离葛荣而投效尔朱荣。公元528年，北魏元诩的孝昌四年秋七月，尔朱荣在河北大平原进剿葛荣时，命侯景为前锋，侯景乃得崭露头角。

侯景从北朝的东魏、西魏乱到南梁的都城——建康(南京)，逼死梁武帝萧衍，又弑梁简文帝萧纲，自立为"汉帝"。在战乱中打滚二十三年，最后在战乱中失败，又在战乱中被他的大舅子杀死在逃亡的船上。

侯景是高欢的知己，他认为高欢所用的大将彭乐、高昂等都是一些有勇无谋者，侯景自己虽然也是不识之无，但他却自以为智勇兼备，所以他看不起那些人。高欢也明白这一点，也知道侯景有仗义轻财的性格，善于带兵，又因为自己驻镇山西太原，去河北邺城近两千里，他不能不委重任于侯景，所以侯景的军权仅次于高欢，且魏廷(东魏兴和四年)早已任侯景为司徒、南道行台，拥兵十万专制河南了。

侯景的隐身战法

高欢死后，侯景知道自己难以见容于高澄，内心至感不安，乃于公元547年(南梁太清元年、东魏武定五年)，派行台郎中丁和秘密向南梁进表请降。

侯景设计生擒东魏驻守悬瓠(河南省汝南县)的豫州刺史高元成(《魏晋南北朝史》无“元”字)、驻守河南襄城的襄州刺史李密、驻守河南鲁山的广州刺史暴显等，同时又派士卒二百人，组成满载兵器而外盖谷草的车队，利用黄昏时分掩护进入西兖州城(河南省滑县)，打算当天夜晚夺取滑县再攻邺城(河北省临漳县——东魏的首都)。东魏西兖州刺史邢子才及时发觉侯景这项阴谋，立即宣布戒严，逮捕这二百士卒，并急速通报邺城以及东方各州加强戒备，侯景打算夺取邺城的梦想破碎。同时东魏立即命秦州刺史韩轨发兵进攻侯景，这时候侯景自知不敌韩轨，而南梁派出的接应部队又不能及时赶到，他又立即向西魏投降，冀求西魏就近支援，对抗东魏的韩轨军。

二月初，西魏很快任命侯景为太傅、河南道行台，封上谷公，这都是相当有权威的镇将官衔。

侯景于二月中正式宣布归降西魏，并接受西魏所颁官职与爵位，可是归降南朝、称霸中原才是侯景的真正目的。他接受了西魏支援的同时，却又秘密派遣行台郎中丁和，前往南梁进一步向南梁皇帝萧衍保证：他除了带着在他管辖之下的山东青州和江苏徐州之外，还有能力把东魏的领土西扩至河南新安县的函谷关，东到山东济宁的瑕丘，其中包括兖州、豫州、广州、颍州(治长社——河南省许昌市)、荆州、襄州、南兖州(治涡阳——安徽省蒙城县)、济州(治碻磝——山东省茌平区)、东豫州(治广陵——河南省息县)、洛州(河南省洛阳市)、阳州(河南省宜阳县)、北荆州(治伊阳——河南省嵩县)、北扬州(河南省项城市)等十三州，带动它们回归南梁。

南梁武帝萧衍看到这个奏表喜出望外，立即召开御前会议，讨论侯景来降的事。尚书仆射谢举等一致认为，多年来南梁与东魏的关系还很好，边疆和平，而今忽然收容其叛臣，必然招惹事端。可是萧衍却妄想利用胡人来制胡，况且收复淮北之地是他梦寐以求的，所以这位不知兵事，又不了解侯景的皇帝乃于是年(547，梁武帝太清元年)二月十五日下令委任侯景为大将军、都督大河南北诸军事、大行台，并封河南王、承制(代表皇帝)。

三月初，南梁皇帝萧衍又命驻镇河南信阳(义阳)的司州刺史羊鸦仁，率领驻湖北随县的兖州刺史桓和、驻安徽灵璧县(己吾)的仁州刺史湛海珍等，将三万步骑兵进发悬瓠(河南省汝南县)，还运送大批粮秣接应侯景。

东、西两魏与侯景

是年(547)五月初，东魏宰相高澄任命襄城王元旭为太尉，派武卫将军元柱率数万大军兼程南下突袭侯景，在河南许昌的颍川与侯景军遭遇，侯景布下四面埋伏之计，使元柱中伏大败，侯景也因南梁的接应没到而退守颍川。

东魏的高澄调韩轨为司徒，率军追剿侯景。韩轨的部队把颍川城团团围着，侯景大为恐惧，他又向西魏求援，并表示愿意割让东荆州(治广昌

——湖北省襄阳市)、北兖州、鲁阳、长社等四个大城为换取救兵的条件。西魏的尚书左仆射于谨认为侯景诡异奸诈，难以预测，主张给他一个虚名以观其变，而荆州刺史王思政却以为机会难得。丞相宇文泰乃下令封侯景为大将军、尚书令，命王思政率所部步骑兵一万多人，自鲁阳关(河南省鲁山县)进驻阳翟(河南省禹州市)声援许昌的侯景。又派太尉李弼、仪同三司赵贵率领大军进发颍川(河南省许昌市)配合侯景对抗东魏军。

东魏的韩轨听说西魏出兵，乃引兵还邺城。

西魏、南梁之所以积极争取侯景，是因为侯景在东魏境内占据一大片土地，又拥有相当大的军事力量，如果这块肥肉南梁能够吃到，南朝传统的北伐国策可以完成一大半；西魏如果能够得手，他消灭东魏、窥伺中国南方的野心，可以说是跨出一大步。只是可惜宇文泰和萧衍都没有弄清楚侯景的阴谋诡计，他们不了解侯景是在寻找可以扩大叛乱的政治环境，可以利用叛乱而达到他称霸、称王、称帝的机会。所以他一面和西魏试行接触，试试看能不能斗倒宇文泰；另一面，他真正的目标是渗入南梁，因为他已看透南梁是个外强中干的大脓包。

西魏的太尉李弼、开府仪同三司赵贵的部队开到，东魏军也闻风解围而去，侯景的如意算盘又来了，他在营中设下庆功宴席，邀请李弼、赵贵前来赴宴，打算在宴会上逮捕李弼和赵贵，并收编他们的部队再投南梁。有了更多的军队、更高的官位，自然就会提高他在南梁的政治身份。

可是李弼与赵贵对侯景也都起了疑心，不仅没有应邀赴宴，反而打算引诱侯景来营议事，乘机把他逮捕，但是后来，李弼认为时机不到而没有执行。

西魏接受侯景来降，李弼一向反对，只有王思政说是机会难得，于是李弼要求与王思政换防，把这个狡猾善变的侯景交给王思政去处理。王思政遂自阳翟进驻颍川，李弼班师回长安。

侯景再向西魏要求增援，一则是掩饰他想吃掉李弼部队的阴谋诡计，再则是表示他投降西魏的真诚，西魏就派河南洛宁的防主韦法保与都督贺兰愿德等，率领所属民兵部队东进增援侯景。

侯景对于韦法保特别厚待，表面上非常亲密，尤其是侯景经常借词接触韦法保所属军中名将。同轨防长史裴宽提醒韦法保："侯景狡黠善变、居心叵测，最好建议丞相(宇文泰)征召侯景进京朝拜皇帝，他(侯景)如做贼心虚，必不敢进京(长安)，届时我们再设圈套斩侯景。"

宇文泰的幕僚也把侯景的性格与成长小史，一一分析给宇文泰听，宇文泰在半信半疑中召见侯景，果然侯景不敢进京，而且积极策划南奔之计。

这时候王思政已在许昌秘密召回贺兰愿德，分别派遣所部接收侯景所应许交出的七个州和十二个镇的行政与防务。

侯景面对劲敌——王思政，又不得不写信给宇文泰，佯称为谋夺取南梁土地而乘机南下悬瓠，以掩护他投降南梁的阴谋。

宇文泰见王思政已经把侯景原有的地盘掌握在手了，而且侯景的阴谋诡计也已完全暴露，乃派行台郎中赵士宪到前方传达命令，把以前加授给侯景的"使持节""太傅""大将军""尚书令""河南大行台""都督河南诸军事"等官爵全部撤销。

同时宇文泰也下令，把自侯景名下收回的使持节(代表皇帝)、太傅、大将军、尚书令、河南大行台、都督河南诸军事等六个象征着文、武全权的封爵授予王思政。

最忠于宇文泰的王思政，一则对侯景案有愧疚，再则在宇文泰面前不敢自满，于是只接受了都督河南诸军事一职，并把之前派出协防侯景的各部援军全部撤回。

这时候的侯景已经感觉到危机四伏了，他要化危机为转机，乃策反西魏将领任约率部众一千多人来降自己。任约后来还扮演了侯景乱南朝的重要角色。

侯景南下

侯景自绝于西魏后，只剩下加速投降南梁这一条路了。是年(547)七月，南梁武帝萧衍下令全国总动员接应侯景，派接应侯景的援军将军羊鸦仁进驻悬瓠，期与侯景会师于此。七月底，萧衍指定“悬瓠仍称豫州，改安徽寿春为南豫州、安徽合肥为合州，任命羊鸦仁为司州、豫州的刺史，镇守悬瓠”。另派驻镇江苏邳县的武州刺史萧弄璋，攻下江苏铜山附近东魏的军事基地吕梁镇，以策应侯景的西战场。

侯景在许昌(颍川)扬言南下盘瓠，但是他为躲避东魏的追击而走拓拔焘的老路，转向东南直趋寿州(安徽省寿县)。

八月底，南梁任命侯景为录行台尚书事，这是主管政府机要的职务。

本年(547)年初，慕容绍宗、萧渊明、侯景还在河南许昌(颍川)的时候，南梁派贞阳侯萧渊明，为准备接应侯景而进驻江省铜山东南十八里的寒山，命侍中羊侃督工在泗水下游筑拦水堰，迫水倒灌铜山的彭城。计划取得彭城，再向西推进与侯景部构成犄角之势，左右夹击东魏。

东魏驻镇彭城的徐州刺史王则婴城坚守，高澄又派大都督高岳增援彭城，潘乐副之。又命尚书左仆射慕容绍宗为东南道行台，督同高岳、潘乐等率十万大军增援徐州。

慕容绍宗的主力大军在寒山(江苏省铜山县东南十八里)附近扎营，南梁侍中羊侃要求萧渊明下令突击东魏军，而萧渊明不听，羊侃一气之下自引所部离开战地，移防堰上。

侯景之乱路线图

（取自《中国历史图说》）

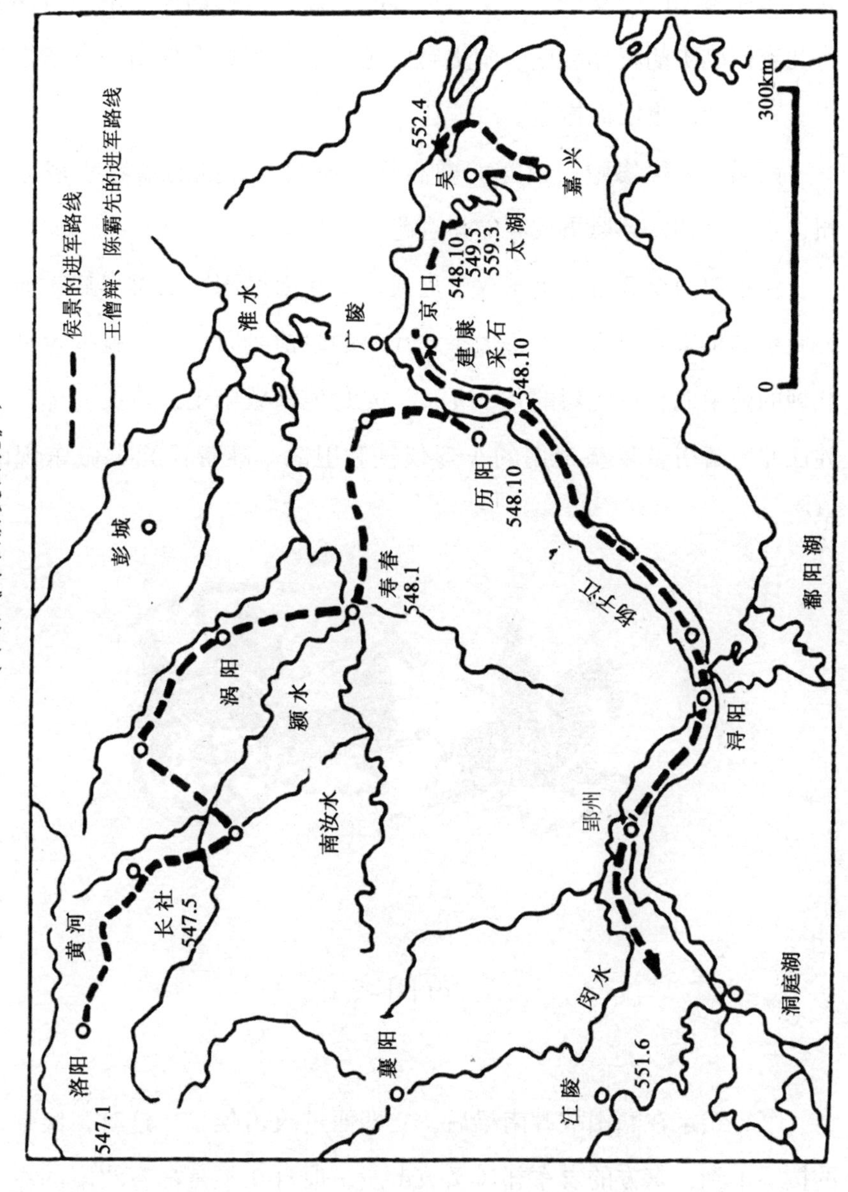

慕容绍宗见南梁的主力羊侃部撤离防御阵地，乃派步骑精锐万人，以迅雷不及掩耳之势猛烈袭击南梁潼州刺史郭凤的大营。南梁军由于将帅不和，不能互相配合支应，于是一经接战，顿时大败崩溃。主帅萧渊明与大将北兖州刺史胡贵孙、谯州刺史赵伯超等全被东魏军俘虏，士卒损失数万人，羊侃所部也因而撤退。

南梁的郭凤惨败，退守安徽泗州的潼州。东魏的慕容绍宗追击到潼州，十二月初，郭凤再放弃潼州逃跑。

侯景向南梁武帝萧衍谏议，先找一个在南梁国中的鲜卑族、血缘近于皇族系的出来做皇帝，以备大举北伐时的政治号召。萧衍就指定已经死在北魏的前镇北将军元树的儿子元贞，先封他为咸阳王，再拨一部分军队进驻江北，萧衍备妥皇帝用的车驾仪仗和卫队，准备让元贞做东魏的备胎皇帝。

涡阳之战

慕容绍宗在寒山战胜南梁后，立即西进攻击侯景。这时，侯景见南方的援军不到，东方的友军郭凤又被击溃，他自知不是慕容绍宗的对手，于是携带辎重物资牛车数千辆、战马数千匹、士卒四万多人向南撤退到安徽涡阳。慕容绍宗得到战报，又南下截击。侯景改采白刃战法，士兵着轻装，持短刀，屈身冲入敌阵，专砍敌人的马腿。慕容绍宗因坐骑被砍伤了腿而跌下马来，幸经侍卫救去，显州刺史张遵业也是马被砍伤而跌下被俘。

东魏裨将斛律光上阵，在涡河北岸构筑阵地，而不过河攻击。侯景知道这是深明战法的慕容绍宗所授意的，所以只派控弦战士(神射手)隔河狙击，曾两次射死斛律光的坐骑，斛律光只好溯涡河退守涡阳西北的谯城。

东魏再派开府仪同三司段韶来接防斛律光，段韶在涡水北岸筑营，与侯景对峙数月。段韶用火攻侯景，天干物燥，风吹火势猛烈，侯景营中大乱，加上侯景的知己战将司马世云已向慕容绍宗投降，侯景在粮尽援绝、众叛亲离的困境下退守安徽涡阳城。

东魏武定六年、南梁太清二年，公元548年春，史书称是侯景克星的东魏慕容绍宗，亲自率领控弩铁骑五千多人，夹攻驻守安徽涡阳的侯景。慕容绍宗夜深人静时施以阵前喊话，呼吁家在东魏的侯景部众们只要放下武器，保证他们平安回家，当时侯景部下大部分是东魏人，本来他们都不愿意南来，慕容绍宗这一回喊话，使侯景的军心为之动摇，于是部将暴显等各率所属向慕容绍宗投降，还有阵前逃亡的，争相赴涡水过河，天寒水冷，淹死的尸体以致涡河水为之塞，侯景部众霎时溃散。正月初，侯景仅带几个亲信盲目向南逃去，他自己也不知道哪里是他的目的地。行经一个小城池，城墙上守卫的人笑骂侯景“跛子”，侯景恼羞成怒，攻陷该小城，杀了很多他以为是笑骂他的人。

东魏军追击侯景，南梁驻镇河南汝南(悬瓠)声援侯景的豫州刺史羊鸦仁，正月中自动放弃城池，转进到悬瓠以西一百多里的信阳(义阳)，驻守河南项城的殷州刺史羊思达也弃城南逃。东魏兵不血刃而收复信阳、项城两座城。

鹊巢鸠占

侯景逃到安徽寿阳城，南梁守将韦黯先曾拒绝侯景入城，狡猾善变的侯景派人说服韦黯，是年正月二十一日，韦黯开城让侯景入城。侯景的残兵败将在东魏军穷追猛打之下，得到寿阳这座历史名城的庇护，侯景自以为这是天命。

韦黯本来是代理监州事，现在鹊巢鸠占，在侯景喧宾夺主的态势下，也只好黯然而去了。

侯景稳定下来，先向南梁皇帝萧衍假惺惺一番，愿意负起战败责任，请求贬官削职。萧衍下令慰留，并且还命侯景为驻在寿阳的南豫州州牧，于是侯景再进一步要求补给。

梁武帝的白日梦

南梁群臣大都反对侯景，当然也都反对萧衍再优容侯景。侍中、太子詹事何敬容向太子报告“(侯)景翻覆叛臣，终当乱国”(《通鉴》)。皇族元老光禄大夫萧介也向萧衍上表，详细分析侯景的性格与历史，力劝萧衍认清侯景，排除侯景。

萧衍昧于利用胡人侯景以制胡的主观意识，对于群臣谏言只说上天给他托梦：“中原牧守，所有州、郡都已献地投降，这明明是神灵指点他恢复河南江山。”因而他拒绝群臣谏诤。但众意难违，仅仅另派鄱阳王萧范为合州刺史，驻守寿阳南方的合肥来监视寿阳的侯景。

侯景贪得无厌，除了一再要求充实军备之外，又起了攀富附贵之想，他向皇帝要求准他娶南朝豪族名门王(导)家与谢(安)家的女儿为妻。萧衍示意他门户不相当，侯景的身份在当时社会伦理中较低，要他在当时的右卫将军朱异、御史中丞张绾之族中寻求对象。因而激怒了侯景发狠话“会将吴儿女配奴”(《通鉴》)。就是说：将来我要把王家、谢家的女儿配给我的奴隶。

侯景又向萧衍要求锦缎一万匹，给部属做战袍，而中领军朱异仅拨给青布；侯景又嫌台所给他的兵器不利，要求自设东冶锻工而萧衍没准。以上种种不中意都是侯景叛梁的借口。

公元 548 年的二月，东魏把侯景留在东魏南兖州(安徽省蒙城县)做刺史的石长宣处死，并宣布“胁从不问”。

高澄利用年前俘虏来的南梁贞阳侯萧渊明传话给南梁皇帝萧衍，表示愿意交换俘虏，萧渊明就派身边的侍者夏侯僧辩携萧渊明的书启回南梁。经过南梁朝廷的辩论，终于人心厌战，皇帝萧衍同意休战请和，夏侯僧辩带着这个信息回东魏，经过寿阳县时被侯景逮捕审问，得知上述情实。

侯景在战乱中游走一生，他最怕南北和平，因为没有战乱，他就没有做皇帝的机会了。于是他假造了一封萧衍的信交给夏侯僧辩带给萧渊明，然后又向萧衍上了一封奏折，特别强调只有消灭敌人才会有和平，高家灭亡就在眼前，不必与之议和。

派驻合肥监视侯景的南梁鄱阳王萧范，屡次向朝廷密报侯景准备造反，并曾要求以合肥之众讨伐侯景，可是都被主管边务、皇帝最信任的朱异扣留着没有报给皇帝萧衍知道。据说因为朱异受过侯景的三百两黄金。这种下情不能上达而且误国的事例，在我国历史上有很多。

这时候南梁与东魏开始进行和平谈判，而侯景知道，如果没有了战乱，他自己不仅没有前途，而且还有被南梁出卖甚至牺牲生命的可能，所以他再三向南梁皇帝萧衍提出，要求北伐东魏。可是萧衍并没有接受，只是表面上虚应一番而已。

侯景决定叛南梁

侯景试探萧衍的意向，于是冒名东魏要员写了一封假信给萧衍，要求休战，交换俘虏，首要是东魏以萧渊明换侯景。南梁的皇帝萧衍不知道这是侯景诈取情报之计，立即回信说“贞阳(萧渊明)旦至，侯景夕返”(《通鉴》)。这封回信当然让侯景收到，侯景诈出来萧衍有出卖他的意图之后，他想坐在现位置上一定是等死，要想置之死地而后生，只有反南梁，于是侯景决定反南梁。

侯景暗中遣使，邀屯驻淮上的南梁司州刺史羊鸦仁同时反梁，羊鸦仁把这个使者解送建康报告皇帝萧衍，又被朱异扣留没有给萧衍知道。

侯景又上书南梁皇帝强辩他没有叛意，要求先把羊鸦仁处死，又要求把长江以西的安徽中部及湖北东部地区划交给他管辖，如其不许，即帅甲骑，临江上，向闽、越。

南梁武帝萧衍也许是年纪大了，只要有人给他说一句北伐中原，他就心花怒放，立刻陶醉在反攻的美梦中。为了安抚侯景，赏给侯景很多绸缎、布匹和金钱，并且还派信使不断地来往，可是并没有感动侯景的良心。

公元548年秋七月中，侯景在寿阳宣布举兵“肃清君侧”，讨伐中领军朱异、少府卿徐驎、太子右卫率陆验、制局监周石珍等。侯景下令所属各郡县地方居民，全部征召从军，停止征收田赋、税捐，民间男童全部发配给中上级官员做奴仆，女子则发配将士们做妻妾。

九月中，侯景扬言出城狩猎，大军悄悄移出寿阳城，先占领寿阳以西的马头戍，再攻下寿阳以东怀远、荆山以西的木栅，俘虏南梁的守军戍主曹璆。十月初，又扬言南下合肥，实际上他早已和长江北岸全椒的谯州助防军头董绍先勾通，侯景军一到，董绍先开城投降，刺史萧泰做了侯景的俘虏。

这时候南梁武帝萧衍白日梦醒，睁开了老花眼，才知道侯景是真的造反了。于是，一面下令悬赏捉拿侯景，凡提侯景的人头来见者，封爵三千户，再任命为州刺史；另一面，下令驻镇合肥监视侯景的合州刺史萧范为南道都督，驻守安徽临淮关的北徐州刺史萧正表为北道都督，驻镇河南信阳的司州刺史柳仲礼为西道都督，通直散骑常侍裴之高为东道都督，侍中、开府仪同三司邵陵王萧纶代表皇帝(持节)董督众军以讨景，把侯景的寿阳形成四面包围态势。事实上侯景早已冲出这个包围圈了，一支大军已经进抵长江北岸，其前锋部队业已自安徽和县渡过长江，在采石矶登陆了，并且早已和南梁的平北将军、都督京师诸军事的临贺王萧正德勾结，侯军攻城，萧正德为内应。

建康安危

公元548年十月底，侯景的大军在安徽和县东南的横江浦过江，在采石矶登陆，采石矶是建康城的制高点。

侯军扩大战果而攻占了建康西南的安徽当涂姑孰镇的淮南郡，俘虏了南梁的郡守萧宁。

南梁朝廷命令南津校尉江子一率江防舰队，在长江下游截击侯军，可是他的士卒大多数是江北人，大都乘机逃亡，部队也就顿时溃散了，江子一仅率余众弃船回到建康。

这时候，沿长江自江西界以下至建康几乎全为侯景占领。南梁朝廷大惊，萧衍下令解散所有官府的苦工，释放监狱囚犯以应变。

萧衍在惊惶万状中任命扬州刺史宣城王萧大器为都督京城诸军事，并派羊侃为军师将军，协助萧大器保卫京都。

十月末，侯景进驻建康西南的板桥。为谋探访建康城内的虚实，他仍伪装忠贞，写了一封给南梁皇帝萧衍的奏章“异等弄权，乞带甲入朝，除君侧之恶”(《通鉴》)，交由司马徐思玉代呈。萧衍派中书舍人贺季、主书郭宝亮随同徐思玉回板桥慰劳侯景，婉拒侯景入觐之请。

侯景兵临城下，建康更加混乱，侯景的前锋军都戴着狰狞可怕的铁面头盔，使南梁军士们一见大惊。这批铁面特遣战士已经进抵朱雀桥，约好做内应的临贺王萧正德故意阻挠守军的防御部署，以致侯军很快渡过秦淮河，包围南梁的台(宫)城，发动猛烈的攻击，喊杀声震天动地。侯军纵火烧了东华门、西华门、大司马门，占领了公车府，将领宋子仙占领了太子宫(东宫)，范桃棒占领了皇帝御用的同泰寺，正待侯景保他做皇帝的萧正德占领左卫府(卫戍总部)。侯景把太子宫的宫娥采女数百人分别发配给战士们，任由兵士奸污。

侯景亲自率领禁卫军绕行宫(台)城一周示威，高举黑色大旗，把写给南梁皇帝萧衍的书启用箭射进皇宫，要求皇帝杀朱异以谢国人。

太子宫距离台城的皇宫很近，侯军的控弩部队就在太子宫墙向皇宫发动飞石火箭攻击，台殿及所聚图书、皇家马厩、皇家库藏的太府寺、士林馆等处数天之内都成灰烬。

皇宫警卫军也凭宫墙固守，并以抛石、滚木、密箭战法反击侯军。侯景先以古法制作攻城工具——“木驴”数百只猛烈攻城，守军投下巨石，把“木驴”砸得粉碎，侯景再制尖项“木驴”。据《通鉴》说，这种木驴中间以一丈多高的木柱为脊，下用六只短柱四方支撑，上尖下阔，高七尺，上覆盖以生牛皮，自城墙上砸下来的石头顺坡滑落，矢石不致伤人。有六人在幕下推动，可迫近城墙。

南梁守将羊侃又以苇草束成燕尾状，实以铁镞，灌上油脂，燃着后自城墙上大量投下，尖项木驴又为之焚毁。

侯景又制作高过城墙的“登城楼”(《梁书·侯景传》说是“百尺楼车”)，高十多丈，每楼容十数个神箭射手，把楼推近城墙使控弩战士居高临下，射击城上守军。及车动，楼倒。

侯景攻击宫城，几天来毫无进展，士卒又大量伤亡。侯景一面在宫城外筑起长墙，准备长期围困，另一面又施老计，他写书启给南梁皇帝萧衍，要求只要皇帝杀了朱异等，一切就没事了。可是南梁宫城内的答复是用箭射出一封信，定的是赏格：“有能送(侯)景首者，授以(侯)景位，并钱一亿万，布绢各万匹。”(《通鉴》)侯景挨了一记软耳光，自知这种隔墙喊话的心战，也无益于说动南梁禁卫军，于是再准备玩一场傀儡战。

萧正德称帝

548 年，南梁的临贺王萧正德在侯景的羽翼下登基，改元为正平，拜侯景为相，还把女儿嫁给侯景为妻，同时把所有的金银财宝全部捐赠给侯景作军费。

侯景另派两千人攻击宰相府，南梁南浦侯萧推固守宰相府。侯景攻打三天，流箭飞石，势如雨下，萧衍的皇太孙萧大器的侍卫官许伯众秘密引导侯军攀墙入城。十一月初，侯军入东城，将守将萧推以及其守城战士三千多人全部屠杀，并且把尸首都堆到宫城东侧门(杜姥宅)威胁守城将士赶快投降。

南梁的校尉江子一，经太子萧纲的批准，带着他两个弟弟尚书左丞江子四、东宫主帅江子五，率领部属一百多人自承明门骈肩出战，结果全都战死，可是无补于城防，也无损于侯军。

侯景的真面目

侯景初到建康时，满以为很快可以解决南梁的萧衍王朝，所以他的军令、军纪极严，因而很得民心。可是一个月来的战事并没有达到他所想要的战果，而且兵疲马倦、粮秣已尽，侯景的狰狞面目于焉暴露。他先是命令士卒去强征民粮，继之放纵士卒去抢掠民间财物，甚至奸淫烧杀，以致造成建康城内可怕的大混乱，加上粮荒，粮价腾贵，人民饿死大半，民间人吃人的惨事，到处都有。

侯景驱使人民在宫城东西两面各筑土山，人民累死的、病死的或是疲羸致死的，尸首统统被填到土山之中。

侯景利用俘虏在阵前喊话，城内的苦工、奴隶因而偷偷出城来投降的有数万人，侯景再利用他们反复喊话诱降。

勤王之师

南梁驻镇湖北江陵的荆州刺史萧绎、驻湖南长沙的湘州刺史萧誉、驻守湖北襄阳的雍州刺史萧詧、驻武昌的郢州刺史萧恪、驻浔阳(江西省九江市)的江州刺史萧大心，还有邵陵王萧纶的水师，全部动员所属军队增援建康的皇宫，但是都因指挥不能统一，有的原地未动、有的自相攻击，都没有发挥勤王作用。

侯景把秦淮河南岸的居民全部强制迁到北岸，然后把南岸所有的官、私建筑物纵火烧毁，街道成为一片焦土。

十二月初，南梁的侍中、都官尚书羊侃战死，城中更加为之恐惧。侯景制造大量攻城武器：飞楼、撞车、钩堞车、阶道车、火车等。“登城车”高达数丈，每辆车有二十个车轮，推到靠近城墙，士卒可在车上发箭，“并作大虾蟆车载土，牛皮蒙之，三百人推以塞堑”（《南史·殷孝祖传》）。侯景以火攻毁宫城东南楼，同时又在城墙下凿洞，但都没有达到破城目的。

南梁太子萧纲派洗马元孟恭率一千禁卫军出城攻击侯景，而元孟恭却乘势向侯景投降。

侯景所筑的土山将要逼近宫城碉楼，南梁宫城守军挖掘地道，盗取城外侯筑土山底下的泥土，来筑城内新城墙，于是侯景的土山塌陷，山上的侯军几乎全部被活埋。城内守军又用燕尾火炬反攻，城内城外都成火海，烧毁侯景所施各种攻城工具。侯景见此战法不灵，乃放弃土山战法，改用水战，引玄武湖的水倒灌宫城。

这时候，南梁的司州刺史柳仲礼、江州刺史萧大心、衡州刺史韦粲、西豫州刺史裴之高、宣猛将军李孝钦，还有宣城内史杨白华的儿子杨雄等，相继勤王，以柳仲礼为大都督(总指挥)。

南梁太清三年(549)，勤王军大都督柳仲礼进驻秦淮河浮桥南的大桁，韦粲在青塘(玄武湖水注入秦淮河处)扎营。侯景以精锐士卒对韦粲大营发动拂晓攻击，韦粲命军主郑逸迎战，并命直阁将军率水师切断侯景军之后，可惜水陆不能配合，郑逸大败。侯景直扑韦粲大营，韦粲及儿子韦尼、弟弟韦助等数百人全部战死，柳仲礼率部抢救也受重伤而败退，勤王之战又尝败绩。

嗣后邵陵王萧纶、东扬州刺史萧大连以及湘东王的世子萧方、都督王僧辩等再次反攻，结果由于军纪废弛又败。

正月杪，萧范的世子萧嗣、永安侯萧确以及羊鸦仁、樊文皎等再率军围攻东府的侯景阵地，结果以樊文皎战死、士卒战死五千多人而失败。侯景把这五千多尸体堆在宫城前门，向城内守军示威。

在建康城内，侯景的军队围困着皇宫，各地的勤王军又在侯景军外层，建康城内遍地是兵、遍地是战争，以致把当地粮食吃光，民间可吃的东西也都吃光。侯景军的外层都是梁军，侯军抢不到粮，军心大乱。听说东城有米，而梁军断其路，又听说梁荆州兵将至，侯景开始恐慌起来。南梁派驻在合肥监视寿阳的鄱阳王萧范也派军进攻侯景的根据地寿阳城，侯景所派的守将王显贵固守，萧范增军再攻，王显贵则以城向东魏投降。

侯景所培养的傀儡皇帝萧正德的记室(秘书)顾野王，在江苏吴县聚众起兵声讨侯景。

战争与和平

战争的目的是和平，可是在侯景的理念中，和平却是扩大战争的手段之一。

交战双方都已经无力再战了，于是侯景的参谋王伟向侯景建议“吾军乏食，若伪求和以缓其势，东城之米，足支一年，因求和之际，运米入石头，援军必不得动，然后休士息马，缮修器械，伺其懈怠击之，一举可取也”(《通鉴》)。于是侯景派任约、于子悦向萧衍呈上表章请求和解息战。

这时候南梁的宫城之内，虽有米、有钱，但没柴烧火，于是拆房子的梁柱、门窗当柴烧；马没草可吃，只有拆散卧铺用的草席喂马；士兵没盐、没肉可吃，就罗雀掘鼠或煮铠甲上的皮革，还有宰杀战马，掺杂人的尸肉来充饥，因而食者多病。

在建康以外，南梁驻守临淮关的北徐州刺史封山侯萧正表以城投降东魏。

萧衍在太子萧纲恳求之下允予议和。侯景答应先撤到江右四州之地，但要求把江右四州之地交给他来治理。所谓江右四州之地是概指长江以西之地(按长江自江西省九江市以下向北流，至安徽省全椒县、江苏省南京市才转向东流)，东自距建康仅一江之隔的安徽全椒，西到河南汝南(南豫州)、潢川县(光州)，南至安徽潜山(西豫州)，北含安徽合肥，当然也包含他的基地寿阳城。侯景要求萧衍派宣城王萧大器护送他们西渡长江、侍中萧大款来侯景军中做人质，各路勤王部队就原地停战。南梁武帝萧衍全都应允，而且还任命侯景为“大丞相”，都督江西四州诸军事，兼豫州牧，河南王仍旧。

可是侯景只是利用休战机会大事整补军事装备，托词“无船，不得即发”(《通鉴》)，并没有撤围之意。

公元549年二月中，南梁的南康王萧会理、湘潭侯萧退、西昌侯世子萧彧等集合三万武装部队，进驻江苏仪征长江中的马印洲岛。侯景又向南梁朝廷抗议，太子萧纲就下令萧会理移师秦淮河南岸的江潭苑。

二月中，侯景得知留守寿阳的王显贵投降东魏，他失去了根据地寿阳，又向南梁朝廷要求准他在广陵(江苏省江都区)的南兖州、山桑(安徽省全椒县西北)的谯州驻扎他的军队，广陵在建康之东，山桑在建康以西，都是包围建康的军事重要据点。侯景又托词在建康西渡长江受勤王军的威胁，必须从京口北渡长江。以上各要求，负责督导和议的太子萧纲都已经答应了。侯景又提出，驻扎在秦淮河南岸的萧确、赵威方等造谣生事，要求梁廷把这两个正在前线的军事将领调开。南梁太子萧纲明知侯景根本无意撤围，再三再四地设词要求，不过是制造拖延时间的理由而已，但是他自己也是在运用时间、换取空间，等待勤王军的再整合、再部署，所以只好全都答应了。

侯景入宫、勤王军复员

侯景把东府城宰相府的存粮完全搬运到他的军营中，军糈充足了。这时候他知道南梁各地调集的勤王军远的已经不来了，如驻在湖北武昌地方的湘东王萧绎、驻在湖南长沙的湘州刺史河东王萧誉、驻在西峡口的信州刺史桂阳王萧慥等都是光说空话而不发兵。现已进驻建康的勤王部队，既没有积极反攻的打算，又没有统一号令的中枢，而且军队风纪废弛，根本不堪一击。

宫城以内的情况更糟。去年(548)十月围城之初，城内居民有十多万人，禁卫军有两万多人，围困五个多月以来居民士卒战死的、病故的已有十之八九了，现在能够应战的羸弱士卒已经不到四千人了。

侯景的狰狞面目又露出来了，他竟又指责梁武帝萧衍有十大罪状。

侯景派王伟进城到文德殿觐见萧衍，呈上侯景的书启，要求召见。萧衍及太子萧纲都很从容地召见侯景。

侯景在五百个铁甲卫士护卫之下到太极东堂见萧衍，又到永福省晋见太子萧纲。

是年(公元549年，南梁太清三年)三月初侯景进入宫城，在他的意识里他已经占领了宫城，于是就以皇帝萧衍所任命的“大丞相”身份行使“大丞相”职权。他先把皇宫和太子宫所有禁卫军、侍从等全撤除，编成普通战士归属在侯军部队中。有爵位的皇族及皇宫官员们软禁在太子所住的永福省，由王伟和于子悦负责看守。宫城以内的所有财物、宫女等被侯军士兵抢掠一空。最后又假萧衍之名封侯景为“大都督中外诸军”“录尚书事”。这是军政大权集于一人的职位。

三月中，侯景派石城公萧大款前往秦淮河南岸宣布皇帝诏命，解散勤王军。于是大都督柳仲礼率所属将军柳敬礼、羊鸦仁、王僧辩、赵伯超等向侯景投降。其他来自南兖州、北兖州、青冀二州、吴郡、晋陵等地的萧嗣、萧方等所属的士卒，萧衍下令一律拔营回各自的原驻地。

侯景下令焚烧宫城内外所堆积的尸体，不管重病的重伤的，虽然还没有死，也统统堆在一起烧了，臭气可闻十多里。南梁尚书外兵郎鲍正重病，侯景下令把他拖出来投入火堆，鲍正在火堆里滚来滚去，在哀哭呼号声中烧死。

萧正德幻想如梦

傀儡皇帝萧正德，本来是南梁武帝萧衍的侄儿，二十年前曾经投降北魏，没有达到政客目的，又潜逃回南梁。他做官贪污，放纵所属抢劫，无恶不作。萧衍曾一再赦免其罪，一再封赠其官，可是他的政客欲求永无止境。在临贺王、南兖州刺史任内与侯景勾结造反，曾与侯景约定“平城之日，不得全二宫”（《通鉴》），就是说攻下宫城后一定得杀掉萧衍与萧纲。侯景占据宫城，萧正德率领部众挥刀进城，意欲杀掉萧衍父子，为侯景派军拦阻。当天（公元549年三月十五日）侯景以皇帝之名矫诏：“日者，奸臣擅命，几危社稷。赖丞相英发，入辅朕躬。征镇牧守可各复本任。”（《梁书·侯景传》）乃发布萧正德为“侍中”“大司马”。萧正德已于去年（548）十一月一日登基称帝了，到公元549年三月十五日，从皇帝宝座上跌了下来。当再以新官“侍中”“大司马”身份拜见萧衍时，他一面叩头，一面哭泣不已。不知道是向他的皇帝叔叔忏悔而伤心，还是因为挂不住面子而伤心。

萧正德痛恨侯景不让他继续做皇帝，于是暗中写信给强烈反对侯景的鄱阳王萧范，要他发兵宫城讨伐侯景，事为侯景侦知，乃于当年（549）的六月二十九日绞死萧正德。萧正德做了四个半月的皇帝梦，醒来时只是虚幻而已。

萧衍的死前死后

公元549年三月，秦郡（江苏省六合区）、阳平郡（安徽省固镇县）、盱眙（江苏省盱眙县）三郡联合宣布向侯景投降，侯景把秦郡改称“西兖州”，阳平郡改称“北沧州”。

在此后的两三年中，南梁的萧家由侯景之乱引起皇族、贵族军阀内斗，侯景则乘机夺取土地扩大地盘。

三月底侯景派于子悦东征吴郡（江苏省苏州市）、新城（浙江省杭州市），逮捕郡守袁君正，大肆奸淫烧杀。从此东方各郡人民纷纷兴建城堡，全面抵抗侯景。

距离建康最近的安徽宣城郡守杨白华，浙江杭州、原新登、吴兴、绍兴等地都不接受侯景统治。侯景的势力范围东自浙江吴郡以西，南方仅到南陵以北而已。

南梁武帝萧衍虽外为侯景所制，而内甚不平，一直不肯屈服于侯景，而侯景却又故意让部下在皇宫内院驱驴赶马，佩弓带箭来来往往任意出入，使本来情绪不好的萧衍更加气急败坏，萧衍遂一病不起。史家誉为“孝慈恭俭，博学能文，阴阳、卜筮、骑射、声律、草隶、围棋无不精妙”的南梁建国皇帝，于是年（549）五月二日，渴死在净居殿（《梁书·侯景传》说是“文德殿”），享年八十六岁。侯景秘不发丧，暂殡于昭阳殿，二十多天后才把灵柩移到太极前殿，使王伟、陈庆等守在太子萧纲的身边，名为侍卫，实乃监视。

同年（公元549年，南梁太清三年）的五月二十七日，侯景公布了萧衍的死讯，当天，太子萧纲登基，是为南梁第二任皇帝，550 年改元为“大宝”。

壮志未酬的萧确

永安侯萧确，是南梁皇族系邵陵王萧纶的儿子。侯景围宫城，萧确曾代表皇帝萧衍和侯景接触，侯景爱其膂力过人，留他常伴身边。可是萧确一则痛其亡国之恨，二则不齿侯景人格，常想借机杀侯景。一天他陪侯景出猎，萧确张弓要射侯景，由于心情紧张而用力过猛，致弓弦断，箭未射出，侯景立即斩了萧确。

此后西江督护陈霸先、成州刺史王怀明以及吴郡地方领袖陆缉等先后起兵反侯景，但都失败。

是年(549)冬十月，侯景命宋子仙进攻钱塘，一时不能攻下，后来守军戍主戴僧逖被迫投降，宋子仙下令洗城。侯景将钱塘改名为“临江郡”，富阳改名为“富春郡”。任命元思虔为东道行台，驻镇钱塘。

十二月，宋子仙、赵伯超、刘神茂会同进攻反侯景阵营的东扬州(会稽)刺史萧大连，其弃城逃走，大连被擒获。

广陵大屠杀

一年来的南朝，萧家内斗，侯景扩张势力，战争连绵不断。南梁萧家皇族系、贵族系、军阀与军阀、地方恶势力的火并，加上侯景不断扩张势力范围，因而战事连连，各地得之失之不计其数。无论谁败谁胜，总归最可怜的是老百姓。加之江南三年旱灾，树叶草根都吃光了，饿死的尸体到处都是，骷髅遍地，活着的人都是骨瘦如柴、鸠形鹄面，风吹即倒。富有之家但无粮食可吃，都穿金戴玉，躺在床上等着活活饿死。

公元550年，南梁萧纲的大宝元年春，侯景派领军将军于庆、任约等率领步骑两万人，分别攻击拒绝效忠侯景的各军事重镇；同时又派中军都督侯子鉴率水师八千，侯景自率步兵一万，进攻建康东北一百多里的军事重镇广陵(江苏省扬州市)。广陵太守是南梁最负盛名“有文武才，志节慷慨”(《中国人名大辞典》)的祖皓，他坚守不屈，侯景军苦战三日夜，损失相当惨重。城陷，祖皓被俘，侯景军把他绑在木柱上，乱箭射死，再施以“五马分尸”之刑。“城中数百人”(《南史考异·太清纪》)被杀，也有说“死者八千人”(《典略》)。侯景下令把广陵全城居民与士兵不分男女老幼，皆埋半身于地下，由骑兵在这些被埋半身的人身上乱马狂奔、狂踏，乱箭狂射乱杀，无一幸免。侯景派侯子鉴为南兖州刺史，驻镇这个死尸遍地的广陵城。

驻在安徽宣城亲南梁萧家的内史杨白华，进占宣城西南泾县的安吴渡。侯景派于子悦反攻，杨白华坚守，侯景则亲率骑兵进攻宣城杨白华的基地，杨白华被迫投降。杨白华是北魏氐族名将杨大眼的儿子，所以侯景没有杀他。

皇亲与酷刑

侯景为了加强他与皇家的关系，乃要求娶皇帝萧纲的女儿溧阳公主为妻，萧纲也不敢不答应。

侯景在建康建筑了一个大石碓做刑具，对于在街上如发现传播耳语的，当事人以及其亲族们就把他们投在石碓之下，像舂米一样把这些人捣成肉酱。

南梁鄱阳王萧范的弟弟文成侯萧宁，在江苏吴县境内聚众一万多人起兵进攻郡城，侯景派来的郡守侯子荣迎头痛击，萧宁战死，侯子荣放纵士卒大肆抢劫、奸淫烧杀以泄愤。

侯景继续为扩大统治范围，不断利用南梁旧有各地方官员、军阀们自相攻伐的机会而予以各个击破。

南梁鄱阳王萧范与寻阳王萧大心不睦，萧范所派江西南昌(豫章)的郡守侯瑱到任不久，侯景令于庆冒充寻阳王的命令进攻豫章，侯瑱于三个月前只带五千兵马来豫章接任，抵不过于庆大军，只有向侯景投降。侯景把侯瑱的妻子儿女和弟弟留在建康当人质，派侯瑱为遥领湘州刺史，带领部众跟随于庆继续扩大战果。侯瑱脱离了侯景的控制，立即放弃眷属人质而向南梁军阵前起义，后来他还是最后击垮侯景的南梁主将。

南梁湘东王萧绎所任命的秦州(江苏省六合区)刺史徐文盛，募兵数万讨伐侯景。在湖北黄冈北的西阳地方与侯景的领军将军任约、部将叱罗子通部会战，徐文盛大败，退守长江南岸的贝矶。

是年(550)秋，南梁皇帝萧纲封侯景为“汉王”，采邑二十郡，晋升为相国。十月初侯景又自称“宇宙大将军”“都督六合(天地四方)诸军事”。

是年冬十一月，南梁南康王萧会理与东乡侯萧勔、西乡侯萧劝、太子左卫将军柳敬礼等密谋发动政变。事发，侯景下令逮捕萧会理、萧勔、萧劝、柳敬礼以及萧会理的弟弟萧通理等，全部斩首，并都灭其三族。

同时侯景派领军将军任约率水师逆江西上，进攻湖北黄冈西长江南岸的贝矶。亲萧家的当地守将徐文盛大破任约军，任约的两个得力战将叱罗子通、赵威方战死，任约向侯景紧急求援。

公元551年春闰三月，侯景亲率大军自建康西上，并带太子萧大器同行，萧大器实际上是做人质。闰三月底，侯景大军到达湖北黄冈的西阳，与徐文盛隔江扎营。徐文盛乘侯景扎营未稳而施以突袭，侯景的随行右丞库狄式和中箭落水而死，侯景退回大营。

反侯景派的南梁湘东王萧绎派他十五岁儿子萧方诸为驻镇湖北武昌的郢州刺史，派鲍泉为"州行事"，协助萧方诸。十五岁小孩不懂事，加上一个每天以饮酒、赌博为事的州行事鲍泉，毫无战备观念。侯景见有机可乘，乃于四月初，命司空任约、太保宋子仙各率精锐骑兵四百，越过徐文盛的水师据点奇袭武昌郢州。

郢州的州行事鲍泉，自恃徐文盛的水师主力正当侯景前线，没有想到侯景这招出其不意的袭击。警报传来，鲍泉吓得魂飞魄散，乃俯首就擒。鲍泉及其司马虞豫被大石磕捣死。侯景的主力水师也乘东风之便，很快超越徐文盛的大营而占领武昌。徐文盛得报，大吃一惊，顿时军心大乱，四散溃逃，徐文盛保着长沙王萧韶逃回江陵。部将王珣、杜幼安投降侯景。

侯景派部将丁和率五千人留守汉口(夏首)，命宋子仙率一万人进攻湖南岳阳的巴陵，任约直取湖北的江防要塞——江陵，侯景则率水陆主力部队随后督战，萧绎所辖长江两岸的各军事据点和舰队都向侯景投降。

侯景的尖兵舰只径直驶向湖南临湘东北的隐矶。

南梁湘东王萧绎派王僧辩为大都督，整合所有地方兵马，固守巴陵。王僧辩只是偃旗息鼓，城中一片宁静形同无人空城。待侯景下令水陆联合部队攻城时，城上守兵齐声呐喊，矢石如风如雨反击下来。侯军肉搏苦战，士卒阵亡累累，加之军粮不继，伤病日增，侯景不得已而撤退。

侯景另一大将司空任约，也在湖南华容遭反侯派大将胡僧祐击败而被俘。侯景勉强维持到六月初，烧了自己的营寨，乘夜撤退。

在武昌，侯景任命丁和为驻镇武昌的郢州刺史，派太保宋子仙率号称两万人的部众镇守武昌，另派别将支化仁镇守湖北汉阳的鲁山。

侯景之乱时建康城（南京）与其沿革

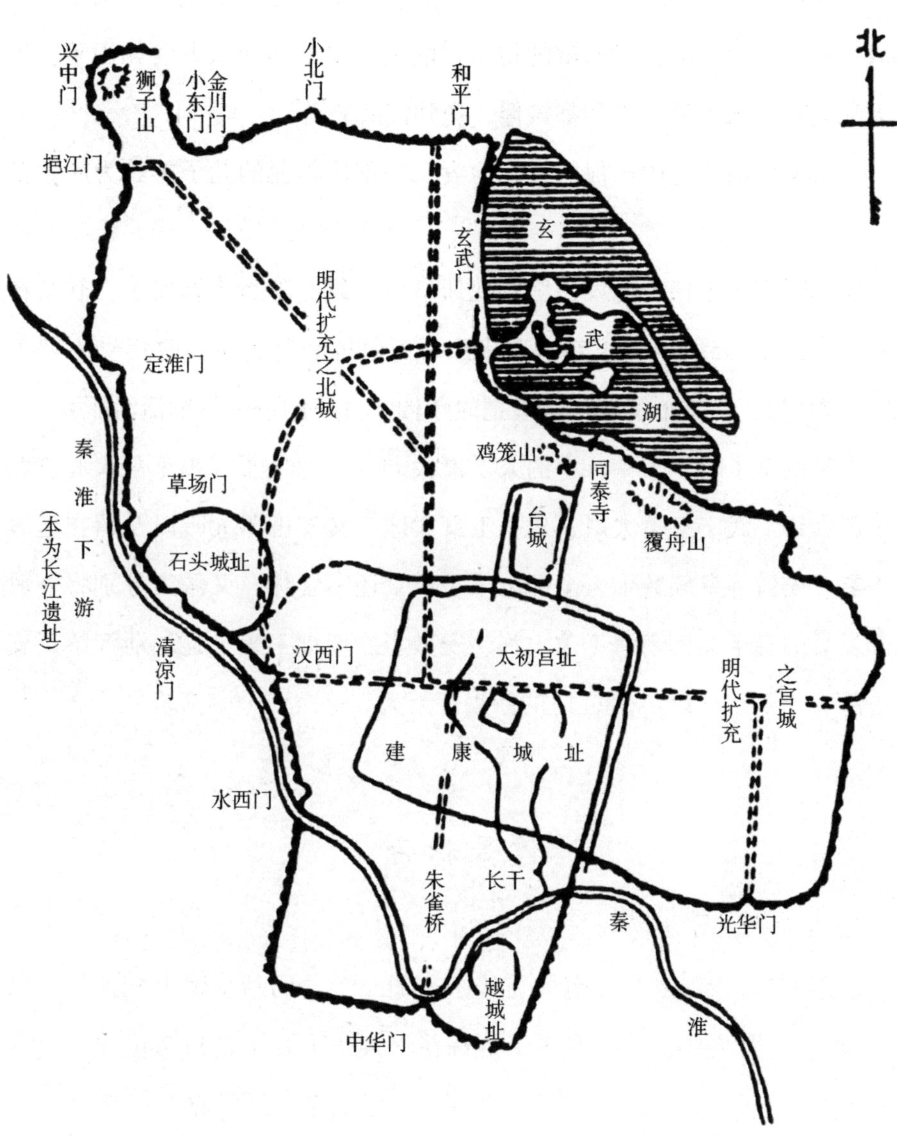

侯景率部属数千人顺江而下，同年(551)六月中反侯景军的大将王僧辩反攻鲁山(湖北省汉阳区)，侯景派的支化仁被俘，解送江陵斩首。

王僧辩再攻武昌(郢州)，侯景所派的守将宋子仙被困旬日，内无粮草，外无援兵，乃向王僧辩请求和平撤走。王僧辩佯予应允，等宋子仙的部队正要上船的时候，王僧辩的精勇在陆上、水上四面八方箭如雨下，侯军大乱溃散。宋子仙、丁和都被俘，送到江陵斩首。

侯景又娶南梁侍中羊侃的女儿为妻，并重用羊侃的儿子羊鹍为库直都督，管理国家财政。

侯景听谋士王伟的建议，罢黜现任皇帝萧纲，降封为晋安王，软禁在永福省。是年(551)八月下旬，迎接豫章王萧栋登基为帝，改年号为“天正”。十月初，侯景派王伟用沙袋把时年四十九岁的逊帝萧纲活活压死。

侯景绞杀了时年二十八岁的太子萧大器，又把皇子寻阳王萧大心、西阳王萧大钧、武宁王萧大威、建平王萧大球、义安王萧大昕以及留在建康的王爵、侯爵等皇族数十人全部屠杀。侯景还不罢休，又派人分别将外放江苏吴县的皇子吴郡南海王萧大临、安徽当涂南郡王萧大连、浙江绍兴安陆王萧大春、江苏镇江(京口)的新兴王萧大壮等，一个个都斩尽杀绝。

侯景称帝

同年(551)十一月初，南梁登基还不到三个月的新皇帝萧栋加封侯景为“汉王”，加九锡。十一月中，萧栋在强大压力之下把皇帝位禅让给侯景了。侯景自称“大汉皇帝”，改年号为“太始”，封萧栋为“淮阴王”。这一出比戏剧还要快的闹剧已经灭了南梁，同时也敲响了侯景的丧钟。

侯景所委任的东道行台刘神茂，仪同三司尹思合、王晔、刘归义，云麾将军元頵、李占等见侯景巴丘之败，再起无望，又最厌恶侯景残酷不仁，于是阵前起义，投降萧绎的讨贼军。萧绎派元頵及李占攻占侯景所属浙江建德的建德江口。

同年(551)十二月初，侯景派右厢都督谢答仁、中军都督李庆绪率军反攻建德江口。元頵、李占战败被俘，侯景痛恨他们叛逆，下令砍断他们的手脚，捆绑在大街的木桩上，直到鲜血流尽、哭嚎泪干而死。

侯景虽然称帝，但是反对他的声浪风起云涌，尤其是南梁萧家各地的皇族、贵族和军阀们，他们在国破家亡之后才知道国家与自己血脉相连，于是更加联合、团结，其中以湘东王萧绎为首的势力最大，他手下还有名将陈霸先、王僧辩等。

公元552年(侯景的太始二年)二月初，各路讨伐侯景的大军在江西九江东北白茅湾会师，商定战略，共读盟文。王僧辩等进驻安徽望江的大雷，命反正归来的豫章郡守侯瑱，先攻下安徽铜陵长江南岸的鹊头，再进攻繁昌的南陵，距离建康只有百十里，水师顺流东下，势如破竹。

侯景的南兖州刺史侯子鉴驻守繁昌对面战鸟(长江中小岛)，见势不敌，乃弃守逃回当涂的淮南镇。

侯景的右厢都督谢答仁进攻驻在浙江金华的刘神茂。去年随同刘神茂投降南梁湘东王萧绎的王晔、郦通、刘归义、尹思合等先后向谢答仁投降，最后刘神茂也只好投降。谢答仁把他们押解至建康，侯景特制一种大剉碓把他们自脚部斩起，一寸一寸地往上铡，一直铡到人头，这算是碎尸万段。四年前(548)，侯景在安徽涡阳败得无所栖身的时候，刘神茂当时是地方兵马的戍主，曾帮他策划取得寿阳，侯景才得有今天。刘神茂虽然去年背叛了侯景，而侯景也不应该对他如此残忍，这就是自古以来军阀们的真面目。

二月初，南梁的征东将军王僧辩等进攻芜湖，侯景所派的守将张黑弃城而逃。侯景的南兖州刺史侯子鉴，据守建康西南的重要据点姑孰(安徽省当涂县)。三月初，讨伐军王僧辩的水师到达姑孰。侯子鉴了解讨伐军善于水战，而且主力也在水师，所以他计划诱使讨伐军上岸陆战，结果侯子鉴还是败在讨伐军的水师之手，只身逃离战场，然后整合残兵败将奔回建康。

三月中，王僧辩的舰队乘涨潮进入秦淮河，占据禅灵寺。侯景把秦淮河上的大小民船沉在河底以阻挡讨伐军的舰只前进，并筑各种要塞堡垒及栅栏，以抵御南梁的讨伐军。王僧辩军弃船登陆，进入石头城北的招提寺。侯景亲率铁甲骑兵八百人、陆战部队一万多人，在建康城的西南布成阵势，准备和讨伐军决战。结果被陈霸先以分化目标、以强击弱的战法打败。这时候侯景派镇守石头城(南京市西南)的卢晖略，打开北门向讨伐军投降，讨伐军遂得顺利进入石头城，居高临下，控制了建康城。

侯景又率精锐骑兵持佩刀向陈霸先阵地发动殊死突击，结果又败，侯军霎时崩溃。

侯景逃到宫城，没敢进城，仅用皮制口袋把他的两个小儿子装进口袋挂在马鞍后，率领亲信房世贵等一百多骑兵卫士向东逃走，打算投奔镇守吴郡(江苏省吴中区)的谢答仁。可是谢答仁正在回师建康的途中。

这时候，侯景还有船舰二百多艘，军队数千人，可是讨伐军侯瑱部追到，没经战斗就土崩瓦解了。侯景带着心腹数十人乘小船逃走，把所携带的两个小儿子丢到水中淹死，准备顺松江——吴淞江而入东海，航向北方，打算另觅基地再图恢复。这是四月中的事。

松江，就是现在的吴淞江，这时候正是春泛季节，江水湍急。侯景的小船在怒流骇浪中，时而上下起伏，时而左右摇摆，好像在告诉侯景“恶有恶报，时间已到”。

新海农场
崇
北
支
水
道
明
庙镇
崇明
新民
合兴
岛
长兴岛
潘石
圆沙
吴淞口
唐行
嘉定镇
杨行镇
高桥镇
上海市
望新
江
苏
省
吴淞江
凤溪
北蔡镇
城厢镇
川沙
六团
周浦镇
青浦
华庄镇
天马山
松江
练塘镇
大团镇
奉贤
南桥镇
奉城镇
金山
朱泾镇
张堰镇

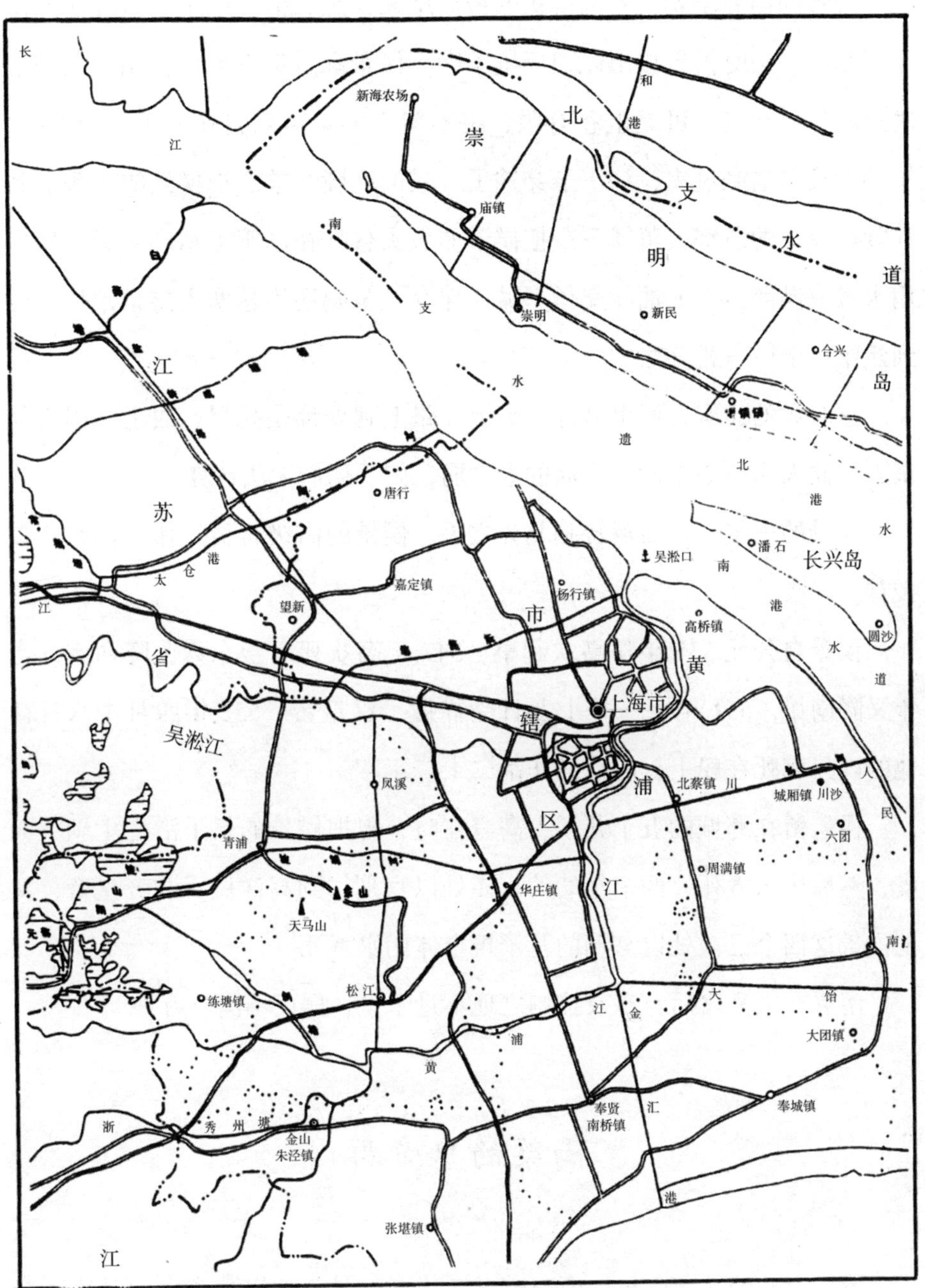

侯景命丧吴淞江

侯景的内兄羊鹍，看准侯景的最后结果，想着借此杀了侯景提头向南梁军邀功。当时侯景拔出佩刀反抗羊鹍，侯景翻身滚下船底，用刀砍破船底意图凿船自沉。可是上苍有眼，决不容许侯景再去自作孽了。突然间，羊鹍的长枪猛刺过来，一下子穿透了侯景的胸膛。羊鹍把侯景的人头送到江陵讨伐军的总部，萧绎下令把侯景的人头悬挂在高竿上示众三天，然后用水煮成骷髅，涂上油漆交付军械库保存。羊鹍还用盐塞入侯景尸体，送到建康，士民争相食之。

这时候的建康，城里城外，街上、路上到处都是死尸，战士是因为他杀人、砍人而被杀被砍，被砍的老、弱、妇、孺们无法计算。

侯景的玉玺，之后辗转到北齐之手。侯景的高级官员王伟等都在江陵授首。

侯景自公元 531 年随高欢起事，547 年高欢死后叛东魏，降西魏，当年又降南梁。551 年十一月十九日受禅做了汉皇帝。552 年四月十八日被他的内兄刺死在船上，总计其作乱二十二年。

侯景留在邺城的五个儿子，高澄在时，曾把侯景的长子活生生剥下面皮，然后用水煮死。四个年幼的一律处以宫刑。到高洋做了北齐皇帝，又把侯景这四个已被处以宫刑的儿子再全体用水煮死。

南梁在大乱之后，有效控制之地不过千里，居民不满三万户。

南梁的皇帝群

萧　衍：公元 502 年，南齐中兴二年春三月末，以南齐大司马梁王身份，夺得南齐皇帝萧宝融的政权，建国号为梁。549 年五月初被侯景监控，渴死在净居殿。享年八十六岁，过了四十多年的太平日子。

萧正德：公元 548 年十一月在侯景羽翼之下称帝，549 年六月又以“侍中”身份被侯景处死。

萧　纲：公元 550 年五月在侯景扶持下登基，551 年八月被侯景废。十月被侯景杀死。

萧　栋：(在建康)公元 551 年八月为侯景扶植登基，当年十一月禅位给侯景，萧栋及其弟萧桥、萧樛同被囚禁。翌年春三月侯景败后，南梁的朱买臣把他们弟兄三人投入江中淹死。

萧　绎：(在江陵)552 年十一月登基，554 年冬十二月中，被西魏扶植的梁王萧詧命尚书傅准压杀。

萧　纪：(在益州)552 年四月在益州称帝。553 年秋被萧绎斩首。

萧　詧：公元 554 年萧绎死于西魏之手，西魏乃扶植梁王萧詧在江陵称帝。公元 562 年春因疽疮而死。享年四十四岁，做了八年的皇帝。

萧方智：(十三岁)公元 555 年春二月在建康称梁王，旋受王僧辩之压力禅位给萧渊明，自称皇太子。同年九月再度登基称帝。公元 557 年冬禅位给陈霸先。

萧渊明：在北齐的羽翼下，于公元 555 年五月末，在建康接萧方智的梁王(承制)政权而称帝，同年九月末宣布退位，又把政权让予萧方智。翌年五月病死。

萧　岿：萧詧第三子，公元 562 年继萧詧而立(时年二十一岁)，改元“天保”。

萧　琮：萧岿之子。岿死，萧琮嗣立，年号“广运”。隋文帝立，废梁国，征入朝拜为柱国，赐爵莒国公。炀帝立，废归。

萧　庄：萧渊明之子。公元 558 年春为北齐扶植，王琳拥立于郢州。

560年春王琳兵败而去北齐。终老于齐。

自侯景把战乱扩展到中国南方后，他原来在东魏“河南王”任上所领洛阳以南的颍州、豫州、襄州、广州等地，西魏乘侯景南撤的机会占有了这一大块原属于东魏的土地，而东魏的高澄时刻想着收复这块地。

西魏大统十四年、东魏武定六年，公元548年的春三月初，东魏的名将彭乐与西魏同轨郡(河南省洛宁县)长史裴宽会战。高澄自太原移师洛阳声援彭乐，于是裴宽战败被俘。当时高澄想着利用裴宽而没有杀他，可是裴宽又乘机逃回西魏。这一仗仅仅是两魏争夺这块土地的斥候战而已。

四月中，东魏派太尉高岳、行台慕容绍宗、大都督刘丰生等率步骑十万人进攻西魏都督河南诸军事的王思政所据守的颍川(河南省许昌市)。

王思政运用空城之计诱敌接近城池，以精锐骁勇突袭东魏主帅大营，东魏败退。

东魏高澄不断增兵、不断攻击、不断换防，这一仗就这样打了一年多。步兵的车轮战、拦洧河水淹城等各式各样的战法和各式各样的兵器，东魏都使出来了，可是还是没有战胜王思政。

西魏宇文泰又派大将军赵贵率各州地方兵马前来增援，可是东魏已决洧河的水来淹许昌。十数里路一片汪洋，步兵不能接近许昌城，当然增援无济于事。

东魏又以船舰紧靠城墙，由控弩神射部队向城上的西魏守军射击。慕容绍宗、刘丰生乘船前线督战，结果绍宗溺死，丰生被杀。

五月二十日，高澄亲率步骑十万人，南下进攻西魏据守许昌外围的长社(颍阴——河南省许昌市北)。

东魏包围许昌多时(公元548年四月到549年六月)，城内没粮、没盐，士兵和居民饿死、病死的有十之六七。王思政知道这场战争是难以制胜的。这时候高澄下令“生擒王思政的封侯爵，如果王思政身有损伤，其亲近左右都问斩”。这一道命令很快传到西魏军中。当王思政就要自杀时，他的侍从们把他捆绑起来向东魏军投降。

王思政接防颍川时带来精兵八千人，及城陷，士兵只剩三千，但没有一个投降东魏的，最后被俘完全是由于王思政的部下爱护王思政心切，加之高澄的恐吓利诱所以致之。

王思政投降东魏，高澄褒其忠贞，待他甚优厚。以至高洋受禅，仍委王思政为都官尚书。

东魏武定七年(549)，高澄把颍州改名为郑州。

在长社战役中，东魏同时派出南下远征军，顺利收复了悬瓠和项城等地。在南疆已经恢复了侯景叛国之前的领土。

这场战役后，正值南朝大乱，东西两魏不约而同地分别向南梁乘间抵隙地去略地攻城了。

高澄的最后风光

是年(548)，南梁皇帝萧衍派建康令谢挺、散骑常侍徐陵报聘东魏，重新恢复两国关系。可是不到两个月的时间，高澄就下令尚书辛术率军南下夺取长江以北、淮河以南的二十三个州，东魏又全部并吞淮河以南、长江以北土地。

是年，西魏下令在洛阳以南各州郡的驻军全部撤回。东魏又兵不血刃地收复了原为侯景“河南王”的领地。

西魏大统十五年、东魏武定七年，公元549年的正月中，南梁驻守安徽凤阳临淮关的北徐州刺史封山侯萧正表向东魏投降，东魏派驻江苏铜山的徐州刺史高归彦出兵接应。南梁派驻江苏邳州的东徐州刺史湛海珍、江苏赣榆的北青州刺史王奉伯也向东魏献城投降。以上三个事件的影响所及，南梁驻在郁洲(江苏省连云港市外一小岛)的青州刺史明少遐以及山阳(江苏省淮安市)郡守萧邻也都弃城南逃。东魏遂又兵不血刃而占领了郁洲与山阳。

南梁驻江苏淮阴的北兖州刺史定襄侯萧祗，向东魏投降并弃城而去。侯景立即派萧弄璋去淮阴接替萧祗，但为当地居民反对，并拒绝萧弄璋进城。侯景又派直阁将军羊海率军增援，而羊海却领着他的军队向东魏投降了。

高澄与萧范

萧范是南梁的鄱阳王，是驻镇安徽合肥的合州刺史。一年前侯景占据寿阳时，萧范曾向他的南梁皇帝萧衍建议应及早剪灭侯景以免有后患。当时萧衍正在妄想着利用侯景诱使更多的胡将来降，加之中领军朱异从中作梗，所以对于萧范的建议并没有采信，仅将就要去寿阳莅任南豫州刺史的萧范改为合州刺史，驻镇寿阳东南八十公里的合肥以监视寿阳的侯景。

公元549年年初，侯景派驻寿阳的中军大都督王显贵向东魏献城投降。东魏派西兖州刺史李伯穆率军进驻寿阳，高澄另写信给南梁驻镇合肥的萧范，希望前线和平。这时候的萧范一心想着能尽快消灭已经乱到南朝腹地的侯景，所以就饥不择食地把两个儿子送到东魏做人质，又把合肥让给李伯穆，要求东魏出兵围剿侯景。

东魏的李伯穆白白进占合肥，但却不再发兵。萧范的得力部将裴之悌对于萧范这种违背常理的做法极其不满，竟愤而率部投降侯景，以致萧范进退失据，既失了自己的根据地，又失去了战将裴之悌。萧范在悔恨交加的情绪下，只好向南转进到长江北岸的安徽枞阳以待长江上游的勤王部队。

高澄与元善见

在五胡十六国时期，小军头打拼的目标是做大军阀，大军阀打拼的目的是要做皇帝。

高澄自他父亲高欢去世之后，他自信是鲜卑元家的接班人，所以他对皇帝元善见的态度使元善见难以忍受。于是元善见密令侍读荀济联络祠部郎中元瑾、华山王元大器、淮南王元宣洪、济北王元徽等秘密计划谋杀高澄。事泄，高澄乃于公元 547 年，东魏元善见的武定五年秋八月，下令逮捕孝静皇帝元善见，把他软禁在含章堂。又把荀济、元瑾、元大器、元宣洪、元徽这一伙统统抓起来绑在大街上用开水把他们活活煮死。又把“知情不报”的将军府咨议温子昇囚禁晋阳监狱，不给饮食，使温子昇活活饿死，把尸体抛弃路边暴尸三天，并没收其财产，把他全家男女老幼发配到晋阳宫去做工奴。

高澄与高洋

高澄性情残忍，时常随手杀他看不惯的人，对他自己的弟弟高洋也是“意常忌之”（《通鉴》）。高洋为了自己性命的安全，也只有把这种危机意识压抑在自己的心底而伪装忠顺且谦恭有礼，对于哥哥高澄言听计从，每当他回家之后也时常闭门静坐，即使对妻子也会竟日不语。为了缓解压抑太久的情绪，有时他竟会“袒跣奔跃”起来(《通鉴》)。高洋就是运用这种“深自晦匿”“常自贬退”，对哥哥“无不顺从”(《通鉴》)的伪装才保全了他的生命。

高澄在国都邺城北城有个小公馆——柏堂，是他与高级官员们秘密聚会的地方，545 年，他娶得高阳王元斌的妹妹琅邪公主元玉仪为妾侍，柏堂也是高澄金屋藏娇的地方。这里是不准外人进出的禁地。在柏堂专门侍奉高澄吃饭的“膳奴”姓兰名京，是高澄自南梁俘虏来的。兰京的父亲是南梁的徐州刺史，曾多次向高澄要求赎回兰京，可是高澄为了炫耀他的奴仆竟是南朝的贵族子弟而始终不准。这年(公元 549 年，东魏武定七年)八月八日，高澄又在柏堂开会，膳奴兰京奉茶，借机在托盘下暗藏匕首乘势刺死了这个想做皇帝而没有做成的二十八岁的高澄。

高澄的弟弟太原公高洋立即赶到柏堂，心情平稳地善后，逮捕兰京和他的同党六凶嫌，立即剁成肉酱。

高洋慢慢走出柏堂，对外只说高澄受伤。

高澄被刺的消息很快传到孝静皇帝元善见耳朵，受尽高澄压迫的元善见还在梦想着“大将军(高澄)今死，似是天意，威权当复归帝室矣”(《通鉴》)，可是军事大权都在高家掌握中，高洋接掌高澄的权力已是很自然的事。以前在他哥哥高澄面前表现得愚不可及的高洋，现在初露才华。他先命大将军督护唐邕紧急部署全国戒严，然后把邺城的军事调度都安排给他们高家嫡系官员们：清河王高岳为太尉、太保高隆之、仪同三司司马子如和侍中杨愔等人手中。

高隆之，本姓徐，因其父为高姓姑丈所养，乃从高姓。高隆之是高欢的好朋友、好部属，所以他在高欢时代很受重用，官拜太保。在高澄当政时，高隆之对高洋那种伪善做作就有微词。高澄死，高洋继之，高隆之认为名正言顺，所以尽力保高洋上垒。后来高洋酝酿受禅，高隆之极言不可。迨高洋自为齐帝，且封高隆之为平原王，而高隆之仍然一味任性，心直口快，时有冒犯高洋之处，做高官的而不识时务，其结果当然是自取其辱。公元554年秋，高洋命武士痛殴高隆之致死。不久，高洋回忆高隆之既往，越想越气。于是又把高隆之的尸体挖出来斩碎、焚烧，再把骨灰撒在漳河中；又下令逮捕高隆之家人，让他儿子高慧登等二十多人，排列跪在马前，高洋亲自挥刀斩杀，把尸首投入漳河。人命在高洋的心目中如同儿戏。

在高澄死后第三天，高洋率武装勇士八千进宫，有二百卫士随从，在昭阳殿晋见皇帝元善见。卫士们部撩起衣襟，手握刀柄，如临大敌。高洋令主事传达给元善见“臣有家事，须诣晋阳”(《通鉴》)，再拜而出。

在晋阳基地的高家臣属高级官员们的心目中，高欢在时只知有高欢，高欢死后只知有高澄，对于已被高澄矮化了的高洋根本不重视。

高洋到了晋阳，“大会文武，神彩英畅，言辞敏洽，众皆大惊”(《通鉴》)，大家才知道平常木讷不语的高洋是有超人才华的。

高洋先把为高澄主理财政的度支尚书崔暹和他的叔叔崔季舒各打二百皮鞭，下放到边疆做苦工。然后检讨高澄时代的各种法令规章与政策，凡不合时宜的一律废除。

是年(549)冬十二月末，东魏调并州刺史、陈留王彭乐为司徒(宰相)。

彭乐骁勇善骑射，初随杜洛周起义，旋归降尔朱荣为中军都督，后从高欢出山东，尝与宇文泰战，强负重伤而不退，曾获宇文泰金带。北齐天保初封陈留王，又升太尉。

公元537年，西魏与东魏在沙苑之战，彭乐单枪匹马冲入西魏主帅营，被刺受伤、小肠流出，彭乐把自己的小肠揉进腹中，裹伤再战，终胜西魏。六年后(543)，因为阵前放走宇文泰，高欢疑其二心，但是没有直接证据，高欢留置而观察之。嗣后十多年中，由将军、大将军、刺史而太尉，最后又以“叛国”之罪被高洋下令处斩。在独裁统治、帝王威权的高压之下，类此事件在古代的历史中可以说是司空见惯了。

东魏听说西魏进兵司州(这个司州应是南梁侨置在关南——在今河南信阳南平靖、黄岘、武胜三关以南的司州)，且已兵临司州以南一百多里的湖北安陆了。东魏急令河东郡王潘乐(此潘乐与潘相乐、彭乐疑为一人)等率领五万大军进攻南梁的司州后防，南梁的司州刺史夏侯强投降，东魏遂完全占领淮河上游以南各郡县。

高洋小档案

东魏孝静皇帝元善见的武定八年、南梁大宝元年(550)春，元善见晋封高洋为齐郡王、丞相、都督中外诸军(统帅六军)、录尚书事(统辖国家大政)、大行台(皇帝特派大臣)。

三月中再晋封高洋为“齐王”，余官如故。

这时候的邺城气氛凝重，大有山雨欲来风满楼的趋势。做官的人人都在战栗，人人都是一身鸡皮疙瘩，街头巷尾的老百姓到处流传着耳语私话，都说是高家就要受禅了。

当时最流行的预言家、星相家、善神秘图谶者等术士应运而生。金紫光禄大夫徐之才、北平郡守宋景业等透过高洋管记高德政，根据天命、人事的预兆力劝高洋受禅。

高洋向母亲娄昭君请示，娄昭君执意反对。佞臣徐之才等建议试铸铜像以求天意，结果铜像铸成。

高洋又派仪同三司段韶到九原(山西省忻州市)探听一下功臣大将肆州

刺史斛律金的意见。斛律金立刻赶到晋阳晋见高洋，向高洋说明反对的理由，并建议应以“妖言惑众”罪处死徐之才和宋景业等。

“天子”和“统御天下的权力”都是历代政客之所欲，都常在政客、军阀们之心中。高洋再命最支持受禅的高德政到邺城访察朝内高级官员们的反应。

高洋心急如焚，等不及高德政的回报就径自晋阳出发东下邺城。途经山西和顺的平都城时又召开一次高级将领会议，没有人敢表示反对，只有州长史(秘书长)杜弼不愿苟同，开府仪同三司司马子如也说“事不可行”。

这时候高洋心急，等着升高官、发大财的佞臣的心更急。高德政回来了，高德政录在邺诸事，条进于洋。

高洋写封密信交给侍从陈山提飞马送达留守邺城的右丞杨愔，要他加紧筹备。杨愔与太常正卿商议东魏孝静皇帝元善见的禅让仪式，由秘书监魏收草拟“加九锡”“皇帝禅让”的诏文以及文武百官劝进表章。

杨愔假传圣旨召集元姓皇族各亲王在北宫集合，把他们软禁在东斋。

五月初，被蒙在鼓里的元善见再升高洋为相国，总管文武百官，并加九锡(赐)。

“九锡”(或作九赐)出于纬书，在《汉书·武帝纪》始见诸文字。自来各名目大同小异、排列次序也不一。兹依历代相沿用者录于后：

一、加服：供给特别兖冕之服(另《汉书》说是“衣服”，并注以“赐以衣服以表其德”)。

二、朱户：红漆大门。古时一般平民百姓大门只准漆黑色。

三、纳陛：朝见皇帝时的特别引道，不必拾阶而上。

四、舆马：高级座车。

五、乐则：特赐乐队。

六、虎贲：特别警卫。

七、斧钺（或铁钺）：象征专杀的兵权。

八、弓矢：象征专征、宣战之权。

九、秬鬯：特制有香料、祭神用的酒。

关于“九锡”的注解，史籍各有不同，本书依《通鉴》。

高洋自晋阳出发，行经晋阳东的前亭镇，坐骑忽然栽倒，高洋以为不祥，怀疑邺城有变，于是命司马子如、杜弼等紧追陈山提之后赶到邺城观察时事反应。当时邺城的官僚政客们认为大势已定，在那种军事统制的严肃气氛笼罩之下，只有接受，不合理、不合法也得接受，没有谁敢反抗。老百姓则认为：只要不打仗，谁来就完谁的粮。

高洋随后到达邺城，下令征调民夫数千人在邺城南郊兴筑神坛，备妥受禅之地。

襄城王元旭、司空潘乐、侍中张亮、黄门侍郎赵彦深等觐见孝静皇帝元善见，拿出拟妥的禅位诏书，元善见签署之后一言不发地走下皇帝宝座，徒步到东廊跟皇后、宫人们辞行，后宫立刻为愁云惨雾所笼罩，到处是哭哭啼啼，到处是如临末日。

公元550年，东魏皇帝元善见的武定八年，元善见走出皇城云龙门，到北城临时下榻司马子如的行馆，把皇帝玉玺交给太尉彭城王元韶等代为转致高洋，禅位于齐。

元善见自十一岁那年由高欢扶植登基，是为东魏孝静皇帝。今年二十七岁。这个史称“好文学，美容仪。力能挟石师子以逾墙”（《魏书·孝静纪》）的元善见做了十六年的皇帝而逊位，而最后还是死于非命。

云冈冈上城东北隅万历十九年“开山历代祖师墓塔”

北　齐

民　　族：鲜卑族

时　　间：公元 550—577 年，计二十八年

疆　　城：东自朝鲜北部、东北、山东、江苏

南有河南、安徽、湖北自武汉以东

西至新疆、甘肃、宁夏、陕西北部

北有内蒙古东部

首　　都：河北临漳的邺城

历代帝王：文宣皇帝高洋：公元 550—559 年，计十年

废帝高殷：公元 559 年十月—560 年八月，计一年

孝昭皇帝高演：公元 560—561 年，计一年

武成皇帝高湛：公元 561—565 年，计五年

后主、无上皇高纬：公元 565—577 年，计十三年

幼主、宗国大王高恒：公元 577 年正月做了二十五天的皇帝

东魏武定八年，公元 550 年五月初十，东魏二十二岁的齐王高洋在邺城南郊登基称帝，他原来是东魏的“齐王”，就改国号为“齐”，改年号为“天保”，后来的历史学家称为“北齐”。

次日，北齐文宣皇帝高洋封他的父亲——高欢为“高祖、神武皇帝”。

封他那位早就想做皇帝而没做成的哥哥——高澄为“世宗、文襄皇帝”。封他的母亲娄昭君为“皇太后”。封东魏逊帝元善见为“中山王”，“邑一万户；上书不称臣，答不称诏，载天子旌旗，行魏正朔，乘五时副车(指玉路、金路、象路、草路、木路)；封(中山)王诸子为县公，邑各一千户；奉绢三万匹，钱一千万，粟二万石，奴婢三百人，水碾一具，田百顷，园一所，于中山国立魏宗庙”(《魏书·孝静纪》)。

东魏原有元家系皇族、贵族大员的爵位各贬降一级，不过原为高家功臣和西魏或南梁投降过来的人员不在贬降之列。

元善见死于非命

五胡史中历代各王朝的权力递嬗，所有逊位皇帝都是被杀或毒死。高洋受禅后，还常邀逊帝元善见陪同巡狩，而元善见为了苟全性命也只得提心吊胆地虚与委蛇。

元善见的皇后高氏，是高欢的次女，侍奉元善见很周到，她知道历代的传统，她也想到高洋会如何处置元善见，不过她仍然幻想着高洋能以人性对待元善见，所以她侍奉元善见甚至每餐必亲自先尝。一年过去了，元善见才放下心来。

一天，高洋一面邀约元善见的高王妃入宫午宴，同时乘机送给元善见一坛毒酒，元善见明知必死，立时饮下毒发而死，等高王妃回去已经来不及施救了。高洋把他——元善见安葬在邺城之西，不久，又把他的棺柩挖出来投入漳河。高洋下令高王妃改称“太原长公主”，命其改嫁给篡立功臣杨愔，时任尚书左仆射的杨愔也乐意，可以沾上这份皇亲国戚之光。

北齐皇帝高洋，对皇族高岳等十人、功臣库狄干等七人，一一加封王爵。

皇族：高岳封“清河王”、高隆之封“平原王”、高归彦封“平秦王”、高思宗封“上洛王”、高长弼封“广武王”、高普封“武兴王”、高子瑗封“平昌王”、高显国封“襄乐王”、高睿封“赵郡王”、高孝绪封“修城王”。

功臣：厍狄干封“章武王”、斛律金封“咸阳王”、贺拔仁封“安定王”、韩轨封“安德王”、可朱浑道元封“扶风王”、潘相乐封“河东郡王”。

六月五日，高洋封皇弟高浚“永安王”、高淹“平阳王”、高澈“彭城王”、高演“常山王”、高涣“上党王”、高淯“襄城王”、高湛“长广王”、高湝“任城王”、高湜“高阳王”、高济“博陵王”、高凝“新平王”、高润“冯翊王”、高洽“汉阳王”。

封高澄的儿子高孝琬为“河间王”、高孝瑜为“河南王”。

高洋的元配夫人是曾任都督中外府长史的汉人李希宗的女儿李祖娥。李氏为高洋生了高殷、高绍德两个儿子。高洋后娶段韶之妹为昭仪，高洋不顾鲜卑“汉妇人不可为天下母”(《通鉴》)的祖训，立李祖娥为皇后，高殷为太子。封高澄的正妻元氏为“文襄皇后”。是年(550)六月十二日任命厍狄干为太宰、彭乐为太尉、潘相乐为司徒(宰相)、司马子如为司空(监察长)。

附注：潘乐与潘相乐应是一人：《梁书》称“潘乐”。《通鉴》也称“潘乐”，其后却称“潘相乐”。《中国人名大词典》说：“潘乐，本名相贵。”“潘相乐”想是后人传抄之误。

六月十三日任命清河王高岳为司州牧，七月七日任命尚书令封隆之为“录尚书事”（主管政府机要）、尚书左仆射平阳王高淹为尚书令(国务院最高执行长)。

打击关说，虎头蛇尾

“关说”是官僚政治的传统，任何一个朝代都有这种恶风。高洋登基，对高澄时代一些陋规与恶例，都一一进行了检讨，应兴应革都曾加以评审、评估。

高洋决心澄清吏治，严禁官员上下勾结而关说的恶风。直长赵道德本来是一名值勤小官员，他自恃本年五月初，强扶逊帝元善见上车离宫而有功于新朝，当高洋即位之后，他有私事请托黎阳(河南省浚县)郡守房超，当时房超不问情由，立即用棍打死了这个送信的人。高洋对房超这种做法十分赞赏，并下令各郡县守宰，全部设置木棍，准备效法房超打死送关说信的差人。都官郎中宋轨奏曰：“若受使请赇，犹致大戮，身为枉法，何以加罪!”乃罢之。

重整法律

公元550年八月高洋命右仆射薛琡等整饬法律，以十年前东魏公布的《麟趾格》为蓝本，重新检讨增删，修正为《齐律》。

户政是国家建设的根本，高洋始立九等之户：以贫、富各分上中下三等，每等又分上中下三级，“富者税其钱，贫者役其力”(《通鉴》)。

“百保鲜卑”，是高洋整军经武的标准。六军中精简一可当百、勇敢强壮的宿卫之士，编练成六军；又选拔骁勇善战的汉人武士，编成“勇士”的边防军。

高洋做了北齐皇帝，对内大力整顿，其外交政策则是消灭西魏。可是他应该想到“消灭东魏”也是西魏的基本国策。高洋篡魏，又给西魏制造一个用兵的借口。西魏的丞相宇文泰借口保卫魏统，乃集合各路大军自长安出发讨伐北齐高洋。

宇文泰命西魏齐王元廓镇守西陲边防的陇右(甘肃省东部)，命秦州(甘肃省天水市)刺史宇文导都督二十三州诸军事，驻军咸阳，镇守关中。

同年(550)九月中，西魏的东征大军自长安出发，五天开到潼关。宇文泰在河南灵宝(弘农)兴建黄河浮桥，大军渡过黄河，到达山西晋城(建州)。十一月二十日，北齐皇帝高洋自晋阳出兵进驻太原东的东城，准备迎战宇文泰。适逢连阴雨天，西魏军士卒、牲畜死亡很多。宇文泰遂自蒲阪回师，于是黄河南自洛阳以东各州郡，黄河以北自平阳(山西省临汾市)以东所有州郡，全为北齐版图。

高洋又改变了历法，命散骑常侍宋景业依照《握诚图》《元命苞》，制定《天保历》，颁布全国施行。

高洋在公元550年做了皇帝，初几年，确实以一心改革、培养人才为要务。他的用人政策是不分胡人、汉人，都以知人善任为原则，他执法也很严谨，不论皇亲国戚或胡、汉官员都是依律行事。不过他所定的量刑标准，皇族是在法律之上的，贵族、鲜卑平民以及其他少数族群与汉人等都有轻、重的差异。

至于军事方面，他以国家大统领的权势，独断专行。每逢冲锋陷阵，他也是亲冒矢石，所以战无不胜，以致国家一片新兴气象。

高洋锐意南进

侯景自称“汉帝”的第二年(公元552年，侯景太始二年、北齐天保三年)春，高洋明知侯景根本不得民心，其命运自然不会久长，于是以自三年前从南梁萧范手中取得的合肥为前进基地，不断进攻侯景占领区各地。侯景派太尉郭元建率步兵进占合肥的东昭关(小岘)，派驻镇江苏江都(扬州市)的南兖州刺史侯子鉴率水师进驻合肥东南的濡须，正月中联合进攻合肥。北齐守军合州刺史斛斯昭闭门固守，不出击，也不迎战，侯军粮尽而退去。五月中，斛斯昭乘侯景的汉军新败之际，一举而攻下建康上游五十里的历阳(安徽省和县)。

南梁因侯景之乱与萧家皇族、王族的内斗渐趋强弩之末。朝廷以外的军阀势力，以盘踞湖北西部、陕西、河南南部、政治中心在湖北江陵的南梁湘东王萧绎的势力为最大，反抗侯景的态度也最坚决。

高洋看准这一点，于是派员沟通萧绎，双方互相聘问，建立联络关系。是年春三月十五日，北齐高洋以宗主国的姿态，任命萧绎为南梁的相国，承制，行使皇帝职权，另组南梁朝廷、文武百官，全力反制侯景西犯的意图。其实高洋在东战场上是尽量鼓励侯景全力西犯，他好一石二鸟乘虚南下。

公元 552 年五月，高洋派司徒潘乐率七万多大军围攻南梁江苏六合的秦郡。行台尚书辛术以时、地不宜而劝阻，高洋不听。

南梁新兴起的大军阀陈霸先派遣别将徐度率军增援坚守秦郡。北齐军攻势猛烈，南梁司徒王僧辩又派左卫将军杜崱增援，陈霸先也亲率大军自江仪征来与北齐潘乐的部将郭元建部在士林(江苏省六合区境内)会战。郭元建部一万多人战死，一千多人被俘，郭元建率残兵败将北逃，秦郡休战。

北齐又派散骑常侍谢季卿到南梁报聘，表面上是对南梁消灭侯景表示贺意，实则又是一种纵横之术，因侯景已于本年(552)四月十八日死。

北魏时代，对于新占领区常有减免赋税的假仁政。晚近，尤其北齐政权以来，对于淮南一带新占领区，反而不断以不同名义来加重税赋，使人民负担日益沉重。长江以北的豪杰，不断向南梁朝廷请求出兵收复失地，拯救人民，可是司徒王僧辩却不敢开罪北齐，只借“以与齐通好”的理由，“皆不许”(《通鉴》)。

是年(552)秋七月，北方逃到广陵(江苏省扬州市)的难民朱盛等人，暗中集结志同道合的反胡人士数千，计划袭杀北齐的刺史温仲邕。先派人向驻屯京口的陈霸先求援，佯称义民起事，已占据了广陵外城。陈霸先向司徒王僧辩请示，老谋深算的王僧辩回信说“人之情伪，未易可测；若审(真)克外城，亟须应援，如其不尔，无烦进军”(《通鉴》)。可是这个批示还没送到，陈霸先已经渡过长江，北上广陵。王僧辩知道大战势在必然，又紧急下令武州刺史杜崱出兵协助。这时在广陵城内的义民朱盛等事泄，局势已被北齐驻军控制。不过好的则是陈霸先已经把广陵城团团包围了，才使高洋没敢屠杀城内的义民。

北齐、南梁广陵之战

北齐高洋施以缓兵之计向南梁陈霸先要求解除广陵(江都)之围，使北齐军队自广陵、历阳两地有秩序地和平撤退。

于是陈霸先率军回师京口(江苏省镇江市)基地，长江以北的居民追随陈霸先到江南去做难民的有一万多家。

北齐天保五年、南梁承圣三年，公元554年春，南梁陈霸先见高洋并没有撤兵的迹象，乃下令自江苏镇江的丹徒北渡长江，再围北齐占领之下的广陵。同时下令驻在江北六合的秦州刺史严超达、驻守江南当涂的南豫州刺史侯瑱、江苏吴郡张彪等，分别率军包围北齐广陵的供给城防泾州(安徽省天长市)，以声援陈霸先再向广陵进军。

是年夏六月，北齐派义阳郡公步大汗萨率军四万人增援泾州。南梁见北齐大军来助，于是下令侯瑱、张彪配合严超达抵御步大汗萨军。

北齐派冀州刺史段韶率军讨伐义民东方白额，中途听说广陵和泾州告急，段韶知道泾州是广陵的命脉，泾州失陷，广陵也无法守，所以他立即留下敬显携继续包围宿预监视东方白额，他自率大军直趋泾州。南梁包围泾州的侯瑱、张彪因与主师严超达不能配合作战，最终各自撤回其原驻防地。北齐的段韶进军途中击败了严超达、尹令思及杜僧明等南梁部队。泾州解围之后，段韶又去增援广陵。陈霸先闻风丧胆，解围南走。段韶遂又回师宿预，进剿义军东方白额。

高洋与山胡

晋阳是北魏三朝(尔朱荣、高欢与高澄)大军阀的根基所在。高洋虽然称帝，都城在河北邺城，但他仍然以晋阳为其精神堡垒。

晋阳之西吕梁山脉的西麓石楼县，为山胡(吐京胡)部落游牧区的盘踞要地。公元 553 年(北齐天保四年)春，山胡部落向北扩张到离石。高洋亲自率领大军进剿，山胡闻风而退。石楼纯为山地，悬崖绝壁，地形险峻，北魏自建国以来一直没有征服过这个地方。所以高洋乃下令南自太原西南一百五十里汾阳的黄栌岭起，北到太原东北繁峙县社平戍，修筑一道全长四百多里的长城，其间设三十六个堡垒由正规军队驻守，以防山胡向东扩张。

长城一年完工，高洋对这个桀骜不驯的山胡部落，进可以攻，退可以守了。于是在公元 554 年，北齐天保五年春，下令再讨伐石楼的山胡部落。高洋的三路大军，南路由常山王高演率领，自山西临汾(距离石楼一百公里)前进；斛律金率中路军由山西孝义(距离石楼七十五公里)西进；高洋自率主力自山西离石南下约定在石楼会师。山胡部落明知不敌乃退入深山区。高洋下令把山胡十三岁以上的男子一律斩杀，女子和十三岁以下的男子都作俘虏处理，分别赏给有功军人做奴仆。

石楼由于地形复杂，深山绝壁，北魏立国以来久想征服但却没有动兵，这次是一次毁灭绝种的讨伐，在附近的山胡部落除了逃入深山者外，为了生存都向高洋臣服。

高洋对他自己部队的作战军纪要求极严，一个都督在阵前受伤，他属下的什长路晖礼没有把都督救出来，高洋就下令把这个什长路晖礼的五脏挖出，让他的九个部属来吃他的肉，连五脏粪便都得吃完。

高洋铸钱

早在拓跋魏还没有完全统一中国北方的胡乱时期，除前凉时曾铸汉制五铢钱外，在史书中还看不到所谓币制的问题。当时民间一定还有魏晋遗留下的残余货币流通，但当时民间对统治者的贡税纳赋，只用粮食、布帛、绸缎为之，民间贸易也只是以物易物而已。

当时政治局势很乱，大小统治者对于货币问题大都不太重视，他们没有薪给制度，最大的消费是军费，而军费的重要来源是粮食与人口。至于君臣之间的赏赐或国与国之间聘问献纳等度支费用，大部分是使用黄金、白银、皮毛、绸缎、布、牲畜、奇宝异玩等。这样对一般物价好像没有什么直接影响。

到了北魏太和十九年(495)，元宏因经济发展所需，开始铸造“太和五铢”钱。元恪的永平三年(510)冬又铸“永平五铢”钱。但只“利于京邑之肆而不入徐扬之市”(《魏书・食货志》)。官家可以铸钱，民间私铸之风大兴，于是所谓“环凿”“鸡眼”(或作“鹅眼”)、“皮钱”、“细钱”“小钱”等私铸钱流行于市，“于是流通界充满了劣质的钱币，致使币值陷于混乱，不断发生物价腾贵的情形。而在钱币大肆膨胀以后，往往又是通货紧缩。这样，在长时期的币值与物价的剧烈波动下，给人民的生活与国家经济带来了非常大的灾难”(《中国古代货币思想史》)。

于是北齐朝中又产生了“废钱”主义，主张复古用谷、用帛。可是既具影响力而且又切合农业经济发展的“金属主义”者，也提出有力的辩护：“布帛不可尺寸(分割成小额度的价值)而裂，五谷则有负担之难。钱之为用，贯繦相属，不假斗斛之器，不劳秤尺之平，济世之宜，谓为深允。”(《魏书·食货志》)并且计算一下成本，一斤铜值钱八十一文，但可以铸成足值永安五铢钱二百文。

北齐常平五铢钱

(取自《中国历史图说》)

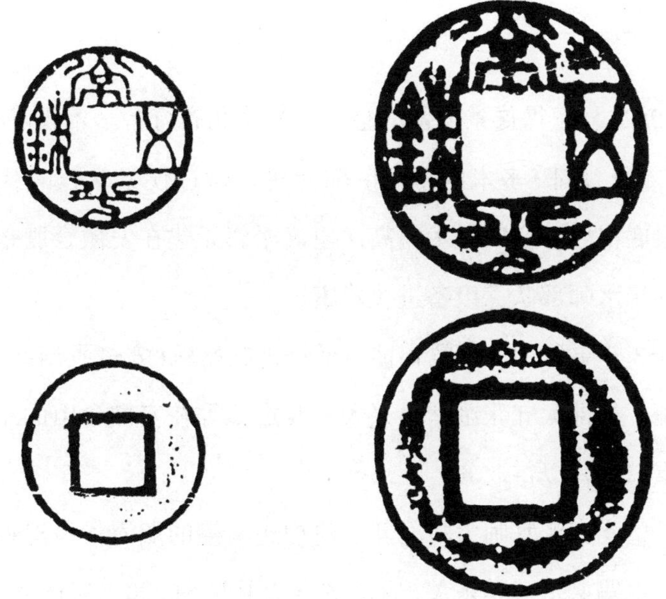

北齐代东魏，天保四年(553)铸“常平五铢”钱，重如其文。常平五铢钱的文字秀丽且铸造规整。

在北齐建国之前(公元548年，东魏武定六年)，高澄对于当时市面流通的永安五铢钱和民间私铸铜钱的品质大表不满。当时他曾要求民间私铸合法化，但必须提高品质，政府严格检定要足重五铢才准在市面流通。当时由于年馑，大臣们建议缓行。

高洋刚愎自用，公元 553 年，北齐天保四年的正月，他以皇帝权威，直接下令政府改铸“常平五铢”钱流通市面。以前北魏时代的“永安五铢”钱或民间私铸不足重量的细钱、皮钱一概废止。

新的“常平五铢”钱铸工精致，足重五铢(二十粒粟米的重量为一铢。每二十铢为现在的一两)，乃定为国家制钱。

高洋与契丹

去年(552)夏，携侯景遗留的皇帝玉玺向北齐行台辛术投降的郭元建，一直留在广陵(江都)辛术的幕下。郭元建曾做过侯景掌权时代的南梁太尉，兵学根底很好，所以辛术向高洋建议派郭元建在安徽合肥地方建立水师基地，训练水师部队，以备进攻建康。

公元 553 年十月中，南梁司徒王僧辩进驻姑孰(安徽省当涂县)，派婺州刺史侯瑱、吴郡太守张彪、吴兴太守裴之横等在安徽含山的东关地方构筑防御工事，严阵以待北齐。

闰十月，北齐派水师大将军郭元建护送南梁的湘潭侯萧退返回南梁准备做南梁的傀儡皇帝，在东关(安徽省含山县境内)和南梁的侯瑱军遭遇，一战之下北齐军大败，损失兵员一万多人，北齐军不得已退回邺城。萧退的皇帝梦碎，回到邺城不久就死在北齐的金紫光禄大夫任上。

契丹是东胡后起的一个少数族群，《魏书·列传第八十八》说：“契丹国，在库莫奚东，异种同类，俱窜于松漠之中。……经数十年，稍滋蔓，有部落，于和龙之北数百里。”突厥崛起，契丹臣服于突厥。

北齐天保四年，公元553年秋，在辽宁通辽一带游牧的契丹部落进犯北齐北境。九月中高洋率禁卫军经过冀州、定州、幽州而进驻安州(河北省丰宁满族自治县)督战。经过各州动员地方兵马，定期在平州(河北省迁安市)会合后下达攻击令，命司徒潘相乐率精骑五千人，出迁安沿长堑故道(迁安北喜峰口、冷口)越过青山(辽宁省凌源市西北)北上，务于十月十三日前占领昌黎城(辽宁省义县)。命安德王韩轨率精骑四千人东断契丹退路。十月中高洋到达凌源境内的阳师水，五天激战，大破契丹军，俘虏十多万人，战马牲口数百万头。潘相乐又于青山破契丹别部。

突厥与柔然

柔然是中国大西北的一个好战而韧性很强的族群。过去靠着占有广大的瀚海沙漠，有无限纵深的空间来掩护，每次战败，就化整为零遁入大沙漠中隐藏，或向北逃入高车部落，在贝加尔湖附近藏匿。

自从突厥兴起，一则是报复柔然以前对他们的压榨，二则是争取出人头地。所以他们第一目标就是消灭柔然，夺取柔然的地盘来建立一个突厥汗国。

北齐天保三年，公元552年春，原住在今新疆境内的突厥部落酋长阿史那土门进攻柔然，大破柔然军。柔然头兵可汗自杀，柔然的敕连头兵豆伐可汗太子郁久闾菴罗辰和叔父郁久闾登注俟利以及登注俟利的儿子郁久闾库提等率领残余部众投奔北齐。仍留在故土(瀚海大漠)的族众，推举郁久闾登注俟利的次子郁久闾铁伐继任可汗。

翌年(553)，北齐皇帝高洋派兵护送柔然第十五任可汗郁久闾铁伐的父亲郁久闾登注俟利和他的哥哥郁久闾库提返国。郁久闾铁伐不久就被契丹部落击斩，柔然贵族拥护郁久闾登注俟利为第十六任可汗。可是郁久闾登注俟利又被部落大人郁久闾阿富提所杀，贵族们再拥护郁久闾库提为第十七任可汗。

是年(553)冬十一月，在新疆境内的突厥第三次向柔然作灭国性的大攻击，柔然无力抵抗，举国投奔北齐。

高洋自晋阳发兵，北上接应柔然来奔的部众，把这批柔然残众安置在山西朔州的马邑川地方游牧。高洋罢黜来奔柔然的现任可汗郁久闾库提，另任命郁久闾阿那瓌的儿子郁久闾菴罗辰继任可汗。高洋继续追击突厥到朔州接受了突厥的投降。

翌年(554)，柔然的可汗郁久闾菴罗辰又背叛北齐，高洋亲自率军讨伐，大破柔然军，郁久闾菴罗辰父子率族众向北逃走。

是年夏四月，柔然的残余族众为争水草，又回兵进犯北齐的肆州(山西省忻州市)，且已进入高洋为防山胡新修的长城以内，已经严重威胁到晋阳。高洋自晋阳出兵，把柔然赶到恒州地方。高洋回师山阴县北的黄瓜堆住宿，柔然军又突然发动游骑兵乘夜奇袭，高洋奋勇反击，柔然军大败而退，高洋大军追击斩杀，柔然军横尸二十多里，高洋大军俘虏了郁久闾菴罗辰的妻子儿女、大臣及族众三万多人。高洋命都督高阿那肱率精骑兵再猛烈追击，郁久闾菴罗辰攀登悬崖绝壁落荒而逃。

如意算盘的不如意

北边稍定，高洋计划再南向剿平江苏宿预地方反抗胡虏的义民。义民首领东方白额于公元553年冬献城投降南梁，于是安徽、湖北东部沦陷于北齐的江西各郡、县人民，群起响应东方白额。翌年(554)正月，南梁派驻守江苏常州的晋陵太守杜僧明率三千军支援东方白额。

北齐的冀州刺史段韶，乘广陵之胜，回师加强对宿预的包围。段韶先派辩士游说义民首领东方白额，东方白额却把这个辩士斩首了。高洋又派王球率兵进攻宿预，又被南梁的晋陵郡守杜僧明击败，王球退回彭城。

高洋派常山王高演、清河王高岳、平原王段韶在洛阳西南兴建伐恶城、新城、严城、河南城。是年秋四城竣工，高洋前往布置谋划中的各种阵地，打算诱使西魏发兵来攻，以便一举消灭西魏的主力军。可是西魏没有反应，高洋也只有怏怏回晋阳(山西省太原市)。

公元554年冬，高洋冒着大风雪酷寒前往山西平鲁(又名平虏)西北三十公里的平鲁城地方勘察山川形势，至达速岭，勘定再修新的长城。

翌年夏六月初，北齐动员一百八十万民夫，由定州刺史赵郡王高叡率军督工，兴筑东自幽州的夏口(居庸关)、西到恒州的平城九百余里的新长城，以实北境边防。

一年前南梁的萧绎受到西魏大军南犯时，曾派联络人员向北齐求援。在公元555年春，北齐皇帝高洋就派清河王高岳率军进攻西魏所据原属南梁的安州(湖北省安陆市)，表面上是声援南梁的萧绎，实际是趁火打劫。可是当高岳的军队刚刚到达义阳(河南省信阳市)时江陵已经失守，反正向南梁略地也是北齐的既定国策，于是高岳就顺势继续南下，进窥南梁的江夏(湖北省武汉市)，南梁驻军郢州刺史陆法和及宋莅献城投降，长史王珉力主抵抗，结果被宋莅斩杀。

翌年(556)正月中，北齐命高岳班师，派仪同三司慕容俨驻守郢州。南梁正统派的太尉王僧辩派驻守浔阳(江西省九江市)的江州刺史侯瑱会同任约、萧循、徐世谱等反攻郢州。慕容俨运用以攻为守的战法大破侯瑱军，但是侯瑱军仍然把郢州紧紧包围。

傀儡世界

高洋的政治作战，也不亚于宇文泰，当他听说宇文泰扶植了南梁的傀儡皇帝萧詧替萧绎之后，高洋当然也不示弱，他想到东魏时代，高澄俘虏来的南梁南豫州刺史贞阳侯萧渊明（南梁武帝萧衍的侄儿），一直被软禁在邺城。他决定利用萧渊明来作侵略南梁的木偶君主。于是封萧渊明为南梁皇帝，并派上党王高涣率军护送萧渊明回国登基。以前俘虏来的或投降过来的南梁大小官员们随行。几经周折，才和南梁主导国政的大军阀王僧辩通谋，是年（555）五月，萧渊明在建康正式登基为南梁皇帝，改年号“天成”，现任梁王称制的萧方智，以侄儿关系封为皇太子。

萧渊明为讨好北齐而下令侯瑱解除郢州之围。北齐也调回慕容俨，把郢州还给了萧渊明。

萧渊明仅仅做了四个月的南梁正统派皇帝。是年九月间就因患背痈，体力不支而自行退位（翌年五月死）。公元555年十月二日，皇太子萧方智又正式坐上皇帝宝座，改年号为“绍泰”。

高洋征柔然

高洋的既定国策是消灭南梁，不过他的后顾之忧是北方的柔然。高洋完成了北疆边防长城后，于是年秋七月初出兵对柔然发动总攻击。他自晋阳经内蒙古呼和浩特进入阴山小径的白道，放下辎重，以五千轻骑奇袭阴山北麓柔然的怀朔镇。在内蒙古固阳（包头东北）的怀朔镇决战，高洋亲自督战，柔然最有名的控弩战士和一些有名的兵器全部搬上战场。激烈战斗数天，柔然不敌，遂又施敌来我走的传统老计，向北方大沙漠中撤退。高洋军追到古沃野镇，柔然遗下大小部落酋长和族群两万多口，牛、羊、战马数十万头。高洋班师回晋阳。

高洋的宗教革命

佛教与道教的明争暗斗在北魏一百多年来已经是常见的事。高洋认为佛、道二教不同，应该取消一个，留下一个教，大概就没有争执了。

这年(555)高洋召开了一个佛教、道教的公开辩论会，由和尚、道士两方在高洋面前举行辩论。结果高洋裁定取消道教，保留佛教，下令所有道士都得剃发为和尚，违抗这一命令的处死。当高洋杀了几个有名的道士之后，其他道士有的改头换面做了和尚，有的逃往江南。于是北齐境内道士绝迹，完全成为佛教世界，不过还不算是佛教净土。

北齐当时有佛教寺、庙四万多所，有二百多万僧侣，还有为数不少专门依赖寺庙掩护“假慕沙门，实避调役”(《魏书·释老志》)的僧祇户、佛图户之类。两百多万僧侣，已占当时官府编户总人数的十分之一了。

沙门户数说明北齐的兵源危机，僧侣是不当兵、免徭役的。僧侣人数越多，朝廷的兵源与税收越少，而平民百姓的赋役、差徭越加重。这样发展下去，就是北齐最后败亡的主因之一。

北齐建国二十八年，前十年(天保年间)创业皇帝高洋极权高压，除了一意扩展军备向西、向南大肆用兵之外，对于宗教也很注重。根据台北“历史博物馆”所辑北齐流传到现在的佛雕之美者选得数幅于后。

菩萨头像

北齐天保至隆化年间(550—576)造
(震旦文教基金会收藏，吴文成先生提供)

北齐武平七年(576)张解造佛七尊像碑记，碑身正面共分三层，碑身背面则刻有造像铭记。

(台北“历史博物馆”提供)

石头城争霸

自陈霸先于公元555年秋勒杀了王僧辩父子之后，南梁的正统派皇帝萧方智已经被陈霸先控制，陈霸先也因为他已挟持了皇帝而以“南梁正统”自居。这时王僧辩的弟弟王僧智联合王僧辩的女婿浙江吴兴郡守杜龛、江苏宜兴(义兴)郡守韦载等联合起兵反抗陈霸先。

高洋乘此机会，一面说服王僧辩的外甥——驻守江苏六合南梁的谯州、秦州刺史徐嗣先和他的堂兄徐嗣徽等为反抗陈霸先而联袂投降北齐。

高洋命徐嗣徽秘密联合驻守安徽当涂(姑孰)的南梁南豫州刺史任约，乘陈霸先亲自东征，建康空虚的时候，进攻建康，打算挟持皇帝萧方智。当任约和徐嗣徽联军精锐五千进占建康西的石头城，即将兵临宫城时，效忠陈霸先的南梁老将侯安都率铁甲战士乘夜奇袭徐嗣徽、任约联军。徐嗣徽、任约退守石头城，向北齐求援。

是年(555)十一月初，北齐派军五千南渡长江进姑孰(安徽省当涂县)，声援徐嗣徽、任约。北齐军、徐嗣徽、任约联军在石头城仓门、秦淮河以南立二栅，和陈霸先的侯安都军对峙。

十一月末，徐嗣徽出击建康西南的冶城。陈霸先亲率精锐部队反攻，徐嗣徽大败，乃命柳达摩守石头城，自己再前往采石矶接应已经驻长江北岸的北齐大都督萧轨。

十二月初，支持陈霸先的南梁高州刺史侯安都率军攻破江苏六合(秦郡)徐嗣徽的前进基地，俘虏数百战士，并进入徐嗣徽私宅搜索。

十二月中，陈霸先把反抗军的军情完全掌握，于是在建康西南的冶城搭建浮桥，向秦淮河南岸反抗军的基地营垒发动猛烈攻击，烧毁北齐军柳达摩的营垒，北齐军大败，将士争先恐后地抢夺船只逃生，互相拥挤，淹死的、战死的数千人。徐嗣徽、任约整合北齐残部一万多人，又退守建康西的石头城。

陈霸先围攻石头城，由于城中缺粮缺水，守将柳达摩主动向陈霸先遣使请和，于是北齐军、反抗军等撤退到长江以北。任约、徐嗣徽随军投降北齐，高洋收斩柳达摩。北齐驻守安徽和县的和州长史乌丸远也撤到江北历阳(安徽省和县)。这一仗虽然北齐败了，反抗军败了，但是敲响了南梁必亡的丧钟。

建康攻防战

《通鉴》所说的“鲁阳蛮”，是概指早已散居在河南西南部桐柏山区的义民。其中有原住民汉人、有山外逃来避乱的汉人，也有不属于东胡族系的少数族群，还有自六镇起义之后，逃亡山区为数不少的散兵游勇。这些人结合起来经常不断地向北齐展开斗争。

北齐仪同三司娄叡于公元556年四月末率军进入鲁山一带山区中清剿鲁阳蛮族，乌合之众的蛮族军，当然不堪一击，又是化整为零，进入深山，等待机会再动。

亲北齐的南梁反抗军徐嗣徽、任约，曾于二月间袭击长江的采石渡口，俘虏南梁正统派的守将张怀钧，押送北齐。

是年(556)三月末，北齐又派仪同三司萧轨、尧难宗、厍狄伏连、东方老等率十万大军自安徽含山西南的栅口基地出发对南梁的梁山(安徽省和县及当涂县的长江中小岛)发动大规模攻击。计划会同徐嗣徽、任约等占领采石，即可顺流进攻建康。

陈霸先为了防御江州的反抗军，早就派侯安都、周铁虎等率舰队到梁山岛构筑很坚固的防御工事。南梁陈霸先的部将黄丛迎战北齐军，黄丛使水师守住正面，再运用步骑迂回猛攻和县的北齐军基地。会战结果是北齐军自梁山岛撤退，据守长江南岸的芜湖。

陈霸先又派侯安都率轻装备部队袭击北齐行台司马恭据守的历阳基地，俘虏北齐一万多人。

五月初，北齐军自芜湖出兵，经丹阳进占秣稜故治，距离建康只有三十里。

二十天以后，北齐军在秦淮河两岸构筑木栅、搭建浮桥，乘夜顺流到方山(又名天印山，在江苏省江宁县东南)。

徐嗣徽下令船舰停泊青墩(安徽省当涂县西南二十里，今名青堆沙)至七矶(安徽省芜湖市西北十五里)，在秦淮河上排列成阵，意图阻挠南梁南豫州刺史周文育的退路。次日天亮，周文育下令反攻，徐嗣徽属下勇将鲍砰战死，北齐军大为震惊。徐嗣徽下令弃船上陆，自小丹阳猛攻南梁。陈霸先紧急命令驻守梁山的侯安都、徐度，急速来援周文育。

五月末，北齐军先头部队追击南梁守军到台城(宫城)，建康人心震动。十四岁的南梁皇帝萧方智也亲率禁卫军出宫驻守长乐寺，内外戒严。

陈霸先与周文育会师，冒恶劣天气危险，顶风迎战徐嗣徽。南梁老将侯安都率十二铁骑猛冲徐嗣徽大营，北齐仪同三司乞伏无劳被俘。

陈霸先又派三千精锐部队，由沈泰指挥，渡江北上突击北齐行台赵彦深所据守的瓜步(又名瓜埠，江苏省六合区东南长江渡口。公元 450 年前拓跋焘曾据瓜步，觊觎建康有半年之久)，掳得北齐船舰一百多艘，粟米一万斛。

六月初，北齐军秘密进占建康东要塞钟山(又名紫金山，在南京市朝阳门外)，次日进抵长江南岸的幕府山。南梁侯安都派别将钱明率水师自江苏仪征长江南岸出击，切断北齐粮运，并把北齐军满载粮食的船队全部掳去。陈霸先则率精锐军分别控制着乐游苑和覆舟山(南京市太平门内，又名玄武山)，断其冲要。

北齐军处境是进退两难，加之阴雨连绵，军中已断粮数天，兵士日夜在泥泞污水中，不少兵士脚部发生溃烂，南梁军南北夹击北齐军，双方全力投入战场，南梁侯安都自白下突击北齐军背后，北齐军在缺粮又多病的状况之下溃败，被杀的、被俘的数千人，自相残踏死亡的还不知道有多少。生擒徐嗣徽和他弟弟徐嗣宗，萧轨、东方老、王敬宝等四十六将领都被南梁俘虏，只有任约、王僧愔逃回江北。南梁把北齐留在江上的船舰和梁山岛上所有的军事设备统统放火烧掉，建康攻防大战才算稍歇。

三台与长城

邺城是曹魏时代的行都，曹操曾在此兴建了历史有名的铜爵台、金虎台、冰井台，构成邺城景观与防务上的名城。三百多年了，高洋为了炫耀他的皇帝威福，于公元556年夏六月下令征集民夫和各种工匠三十多万人来重修这三个台。

三年后公元558年秋，三个台整修完成，高洋把铜爵台改名为“金凤台”，金虎台改名为“圣应台”，冰井台改名为“崇光台”，又大赦天下以示庆贺。(关于三台，本书以《通鉴》为准。)

北齐的外患都在北方的柔然、突厥，而高洋志在中原，对北患既不能彻底消灭，又难以和平统一，他只有实边御防一途。公元556年，北齐天保七年冬，高洋下令征工一百八十万修筑长城，西自内蒙古准格尔西河郡的总秦戍(山西省大同市西北)开始，东到渤海，长达三千多里。每十里筑一堡垒，由正规军队驻守。在重要军事要塞设置州镇二十五所。翌年又修建一道长达四百多里的内长城(又称重城)，西自库洛枝(山西省代县与朔城区交界处)，东到坞纥戍(山西省灵丘县)。

北齐驻守湖北黄冈的南安驻军冯显，向北周投降，北周柱国宇文贵派丰州刺史郭彦率军接应，北周遂进占南安。

原属南梁萧纪的前梁州刺史谯淹，率水师七千与老弱部众三万多人顺江东下，打算投靠反抗陈霸先的王琳。北周驻守巴东的贺若敦率军截击，斩了谯淹并俘虏其全部残众。

王琳、陈霸先

公元556年十月初，南梁萧詧派驻在湖北武昌的江州监州事萧泰投降北齐。高洋见宇文泰策反南梁的王琳很成功，于是也想利用萧泰的关系，一面任萧泰为永州刺史，一面派萧泰游说王琳来北齐的邺城担任司空，但被王琳拒绝。南梁的正统派也争取王琳做湘州、郢州的刺史，王琳也没有接受。

陈霸先篡梁的模式跟以前的大军阀们完全一样，公元557年，南梁大定三年冬，南梁正统派的十五岁皇帝萧方智禅位给太师陈霸先。是年十月十日陈霸先在建康(南京)登基，改国号“陈”(史称“南陈”)。改年号“永定”。陈霸先封逊位的南梁萧方智为“江阴王”，翌年(558)夏四月又将其毒死。

南梁反抗陈霸先的王琳部队十多万，驻在江西九江西白水浦，一面联络友军，一面派记室宗虩向北齐请求援助，并要求北齐释放三年前陈霸先送往北齐做人质的南梁永嘉王萧庄，使他回到江南继承萧家皇族的香火。

唯恐南朝不乱的北齐接受王琳的请求，立即护送萧渊明的儿子永嘉王萧庄回江南，并任命王琳为丞相，都督中外诸军、录尚书事，这又是全权在握的军阀首领，只可惜他并没有达到他匡复萧家皇室的目的。

王琳除派侄儿王叔宝率所部十个州刺史的子弟前往北齐做人质外，又拥护萧庄在王琳的基地——郢州登基称帝，改年号“天启”。

司马消难叛高洋

北齐驻守虎牢关的北豫州刺史司马消难，对于高洋酗酒成癖，而且动辄杀人的作风，至感恐惧。他是高洋的姐夫，有心直谏，但又怕高洋不听反而身受其害，于是只有设法争取部属的军心而策划未来自救自保的自全之计。

司马消难派他的中兵参军裴藻秘密向北周接洽投降，公元558年的三月初，北周派柱国达奚武、大将军杨忠率领五千骑兵接应司马消难，经过相当的崎岖波折，终于接到司马消难而班师长安。北周任命司马消难为小司徒(大司徒的副手)。

陈霸先称帝后，与建康只有一江之隔的广陵(江苏省扬州市)原是高洋派南城主张显和与长史张僧那等驻守。公元558年夏五月中，张显和等竟率北齐各部队向陈霸先投降，给高洋统一华夏的野心一记响耳光。

正当北周在西方得意的时候，他没料到北齐的咸阳王斛律光率军进攻北周侵占河南宜阳南原属东魏的柏谷城，北周的仪同三司曹回公战死，守军首领薛禹生弃城北逃。斛律光是北齐名将，行兵常为士卒先，且有远大谋略，他收复柏谷城后追击北周败军过黄河进入山西再占领北周的文侯镇(山西省稷山县西北)，立即构筑坚强防御工事，派军驻守后班师。

姓 氏

中华民族的形成，自周代就是宗法制度为主轴，有血统本质铄以伦常观念，构成中华民族传统的伦理道德。姓氏，可以说是这个传统文化的代表。所以中国人常有拍拍胸膛“大丈夫行不改名，坐不改姓”的豪气。

公元 495 年，北魏第七任皇帝拓跋宏迁都洛阳以后，接着下令所有皇族、贵族一律废除胡姓，改用汉姓，皇族由“拓跋”改姓“元”，他自己第一个由“拓跋宏”改名“元宏”。并规定凡定居洛阳的皇族，死葬洛阳永为洛阳人。

北齐天保十年(559)，高洋临死前的八月十九日，下令民间曾改姓元的，不论有多少年代，不论什么理由，“悉听改复本姓”(《通鉴》)。这声令下，使改姓的汉人现了原形(姓)。五胡十六国以来，汉人俯仰胡人权贵，不少为胡人收养的或假借各种理由攀龙附凤的、数典忘祖的，不知有多少人家。

五年前(554)，西魏的元宝炬皇帝在宇文泰的谋划之下，使鲜卑皇族又恢复了鲜卑姓。拓跋皇族恢复原姓“拓跋”。九十九家改为单姓的，也一律恢复原来的复姓。北魏最初统辖部落三十六个、亲属九十九家，后来很多被消灭或后裔死绝的，宇文泰刻意遴选功劳最大的将领三十六人，功劳在次的将领九十九人，分别赐姓以补充三十六姓与九十九姓的贵族群，其所率的士卒，也一律改姓其将领的姓。

三十六姓一定比九十九姓高贵。当时汉人改鲜卑姓的，如李弼姓“徒河”，赵肃、赵贵改姓“乙弗”，刘亮改姓“侯莫陈”，杨忠——杨坚之父改姓“普六茹”，王雄改姓“可频”，李虎改姓“大野”，辛威改姓“普毛”，田宏改姓“纥干”，耿豪改姓“和稽”，王勇改姓“库汗”，杨绝改姓“叱利”，侯植改姓“侯伏侯”，窦炽改姓“纥豆陵”，李穆改姓“揄拔”，陆通改姓“步六孤”，杨纂改姓“莫胡卢”，寇隽改姓“若口引”，段永改姓“尔绵”，韩褒改姓“侯吕陵”，裴文举改姓“贺兰”，陈忻改姓“尉迟”，樊深改姓“万纽于”。

现在高洋要打破宇文泰这个分化族群的政治谋略，乃下令汉人恢复了汉人原来的本姓，这固然是高洋的任意摆布，但以中华民族的传统观念来看，是可减少族群对立的。

与姓氏有关聚族而居的地方州郡，高洋鉴于前朝末期就已弊端百出，各地方的大姓豪族、地方恶霸，各自分割旧制州、郡而自行设州、设郡，委任地方官吏，以致州、郡的行政官吏比往常增加一倍之多，而疆域的总面积与总人口不及北魏。高洋于整顿姓氏之后，又下令清除那些霸占一方的恶势力，收回他们的地盘，把不满百户的郡与邻郡合并，不满五郡的州撤销，强占地方鱼肉乡民的恶霸处死。于是一共撤销三个州、一百五十三个郡，处死恶霸百余人。

几年之后，高洋渐以功业自矜而骄傲起来，于是耽于酒色，生活淫乱，毫无节制的淫欲，整天沉醉在酒色中，严重损害了他的身心健康，以致意识颠倒，情绪不稳。时而自唱自舞，夜以继日；时而披头散发，胡服绿带；时而袒裎自娱，或骑驴、牛、骆驼漫步街头。他重修三台(改曹操所建的铜爵台为金凤台，改金虎台为圣应台，改冰井台为崇光台)，在当时施工鹰架高达二十七丈，两架相距二百多尺，匠人都感胆怯，而高洋却在醉中走其上，甚至手舞足蹈，毫无畏惧。侍卫人员莫不惊心动魄，可是没人敢劝说他，因为他杀过不少劝他的人。

高洋还曾在路上问一妇人：“你看天子胆识如何?”妇人说：“疯疯颠颠，何称天子?”高洋立即把这个妇人乱刀砍死。

高洋是在他哥哥高澄的强烈压抑之下熬出头的。

高澄当权时，他虽然也有强烈的反弹情绪，但是为了保全性命而不得不把这一股愤恨情绪强压在自己的心底。如今他大权在握了，他就以暴戾报复暴戾的疯狂行为来发泄他积压在心底的一肚子闷气，也许这就是造成高洋疯狂的主要因素。

高洋制定了法律，而他自己却无法无天。现在记下高洋两个可笑、可恨、可耻的小故事：

在帝王们的心目中，所有的臣民根本没有人格，当权者更不承认他们的人权。所以高洋如厕，要他的宰相杨愔给他拿草纸侍候。有一次高洋醉后抽出随身佩带的小刀要划开杨愔的肚子看看他的大便是不是跟他人一样。幸亏佞臣崔季舒在旁说了一句笑话，因掣刀去之，杨愔才幸免一死。可是没过几天高洋又因醉而把杨愔装进棺材里，放在灵车上，要考验一下杨愔的耐力。高洋舞动长矛跨马奔驰，以拟左丞相斛律金之胸者三，而甲胄在身的斛律金却丝毫不动。高洋以为斛律金有胆量有功夫，当时就赏给他绸缎一千匹。

自古以来，酒与色好像有一种分不开的关系，高洋是酒徒，也是色狼，他之淫乱是没有伦理观念的。他们高家皇族的妇女，不论长幼、亲疏，大多数都被他奸淫过。事后有的赏赐给左右侍从或其他朝中官员，有时还要百般侮辱她们，甚至有时把她们剥光衣服，令宦官殴打游戏。只有他的同母弟弟高演家是例外，因为高演平常生活谨慎，家教特别严谨，高洋觉得没有趣味，就没去沾惹她们。

高洋还没做皇帝时，他的元配夫人李祖娥的姐姐已经嫁给东魏时代乐安王元昂为妻。高洋见她貌美，时常与她通奸，高洋称帝之后还要选她入宫为昭仪。元昂不从，高洋召见元昂，命他趴在地上装乌龟，射他一百多箭，血流满地。皇后李祖娥苦苦哀告，甚至绝食抗议，高洋的母亲娄皇太后也出面干涉，高洋才算作罢，可是元昂却因伤重而死了。

高洋到他的原配夫人(皇后)李祖娥家中用响箭射倒李祖娥的母亲，还用马鞭抽打一百多鞭。

彭城王高溆的母亲尔朱英娥，是高洋的庶母，高洋对她非礼，尔朱英娥不从，高洋亲手把她杀死。

某年，河北地方大旱，高洋徇当地习惯在西门豹祠祈雨，结果未能如愿。高洋乃大怒，立即下令拆毁西门豹祠，还挖开西门豹的坟墓，原打算焚骨扬灰，但西门豹的遗骸已经成灰了，高洋无骨可焚、无灰可扬了。

高归彦从小是高岳养大的，之后高归彦甚得高洋的器重，曾被封为平秦王，但高岳却看不起他(高归彦)。于是高归彦恩将仇报，设法陷害高岳，先是说高岳盖的房子很像皇宫，又说高岳曾与高洋的爱姬薛氏有染，这一招踩住了淫棍(高洋)的痛脚，因为这个歌女是高洋的情妇。

高洋看上一个姓薛的歌女，把她娶到后宫。一天高洋到薛女房中见薛女的姐姐长得美丽大方，他就当着薛女的面把她的姐姐奸污了。他是皇帝，他有生杀大权，当然薛女的姐姐得表示一番柔情。事后薛女的姐姐向高洋要求任命她父亲为司徒，高洋顿时大怒，责备她是卖淫妓女，立即命武士把她倒悬起来，用锯分尸。

高洋本来喜欢薛姓歌女，一天高洋与薛女燕好时，突然想起她曾经与清河王高岳有染，妒火中烧，立即下令武士把她斩首，而且还把她的人头藏在怀里，出东山宴饮。酒过三巡，高洋忽然把薛女人头掏出来放在一个大菜盘子上，又下令分割她的尸体，把玩她的大腿。座上官员人人惊慌失色，而高洋又在醉醺醺中把薛女的碎尸收拾起来，放在车上匆匆离去，还一面哭，一面走。

回去之后命高归彦送一瓶毒酒给高岳，令他自杀。

高洋有着跟所有皇帝一样的特权心态，他不承认臣下有人格，所以他对待臣下随便戏弄，疯狂虐待，任意侮辱。

临漳令稽晔、舍人李文思，曾经极尽恳切地劝高洋戒酒，高洋当时没有反应，之后找个借口，把稽、李二人发配给其他臣属门下做奴隶。祠部尚书王昕私下有些微词，高洋故意设宴招待官员们饮酒，当时王昕深深了解高洋酒醉必定杀人，唯恐自己惹祸上身，所以推说有病而没去赴宴。高洋派人密探，王昕正在家中读书赋诗，于是派兵把王昕抓来，就在金銮殿前斩首，把尸体投入漳河。

高洋重修三台完工，亲去游览，都督尉子辉担任警卫，持矛拱手，高洋误以为尉子辉意图行刺，于是接过卫士长矛，戏弄尉子辉，而尉子辉不敢躲避，竟被刺死。

高洋同母弟弟高演看到高洋这种过度酗酒行为，深深为哥哥的健康与国家的安危而担忧，每次诚挚地劝谏，头顶奏章拜伏在地，恸哭失声，高洋当时也受感动，曾摔下酒杯，又把所有御用的酒具全部砸毁，说："从今以后，胆敢再拿酒来的，一律斩首。"可是过了一阵子依然故我，比以前喝得更多、更醉。

高演虽然年轻，但很严谨，对待臣下也极严厉！高洋有心报复这个最好诤谏的弟弟。有一次醉后召唤几个被高演处罚过的官员，要他们指控高演的过失。可是高演是天子的弟弟，谁敢在老虎嘴里拔牙呢?

高洋总以为高演年轻，所做的劝谏行为，一定另有幕后指使者。一次高洋酒后把高演五花大绑起来，用刀指着脖子要他供出是何人指使。高演极其沉痛地回答："天下人全都敢怒而不敢言，除了我，谁敢多嘴?"高洋怒不可遏，下令乱棒打死。所幸高洋酒醉而昏昏睡去，属下也没有谁去遵行，高演得免一难。

高洋怀疑高演所上的劝谏奏章都是亲王府中任事的王晞代笔，所以找个借口把王晞头发剃光，用皮鞭抽打一百多鞭，又发配到甲坊中做苦工。

酷 刑

高洋秉性残忍，醉后以杀人为乐事。他还特制很多刑具，如大镬，可以放下一个人来煮死。长锯、剉刀、石碓、烙铁、烧车缸等。高洋酒醉后一定要亲自杀人，斩首的、割下四肢的、放在大锅煮熟的、投入河里喂鱼的、碎尸之后丢在山谷中喂鸟的(时名为天葬)，还有用火烧死的，这些都是他的戏乐节目。

高洋是醉后杀人，醉眼惺忪，不认识人，抓住谁就杀谁。宰相杨愔为避免高洋乱杀好人，于是把大牢中的死囚犯人安置在卫士休息房中，随时供应高洋去杀，这种集中待命的死囚犯称为“供御囚”。过三个月没有杀到的就予以释放。

永安王高浚是高欢的第三个儿子，上党王高涣是高欢的第七个儿子，都是高洋(高欢的第二个儿子)的弟弟。高浚因为苦劝高洋戒酒而被关进地牢。高洋相信军师的预言说黑色对高家政权不利，漆最黑，高涣排行七。“漆”与“七”同音，于是高洋就罗织罪名在老七高涣的身上，把他关进地牢。高洋去巡视地牢，命仪同三司的刘郁捷和冯文洛用长矛向铁笼中的高涣、高浚猛刺，而高浚、高涣武功很好，用力拉断长矛，高洋下令放火把他俩烧死。然后把高浚的妻子陆氏赏给刘郁捷，把高涣的妻子李氏赏给冯文洛，以报酬他们刺杀高浚、高涣的“功劳”。

高洋在东山与群臣饮宴，一时想到西魏还没有削平，突然丢掉酒杯，对着与宴的文武官员们恸哭失声，醉言醉语：“宇文泰不接受我的命令，应该怎么办？”

最会讨好的都督刘桃枝立刻趋前请命：“请陛下给我三千骑兵，我去长安把宇文泰捉来。”高洋以为这位都督有胆识，下令赏赐绸缎一千匹。

另一个侍臣插嘴：“西魏国力比我们不相上下，三千骑兵能不能进入国境还是问题，一个国家的太师，岂能任你接近，岂能容易抓到？刘都督胡说八道。”

高洋又以为这个侍臣言之有理，立刻又下令把赏给刘桃枝的一千匹绸缎收回，转赏给这位侍臣。

高洋大醉，骑在马上打算跳下悬崖漳河，侍臣赵道德抓紧缰绳，把马拉回，高洋大怒，要把赵道德斩首。赵道德说：“你斩了我也好，我会到阴间报告先帝，说他这个儿子酗酒成性！暴虐无道！不可教训。”高洋听了有点害怕，赵道德才保一命。

管理内宫事务的典御丞李集，当众直言规劝，把高洋比作夏桀、殷纣。高洋施以多种刑罚，李集始终不改口，高洋大笑说“天下竟然有这种白痴！现在才知道殷纣王的关龙逄和比干都不算是聪明人”，遂即放了李集。

过了一会儿高洋又召见李集，问他还有没有话说，李集好像又要开口说话，高洋立即下令把李集腰斩(这是最残酷的斩刑)。

高洋试探汉人皇后李祖娥所生的太子高殷的野性有多少，一天在金凤台教高殷亲手处斩囚犯，高殷面露难色，高洋一再催他，并用马鞭指他，高殷吓得精神失常。高洋却说高殷的汉人种性太浓重、太懦弱，不像他，欲废之。

北齐天保七年，公元556年，高洋将西巡，约定文武官员在城西紫陌驿恭送。高洋下令长矛骑兵把欢送的官员包围起来，告诉兵士们以举鞭为号，他们就下手屠杀。可是因为高洋烂醉如泥不能起床，没有扬鞭的机会。黄门侍郎是连子畅(姓是连名子畅)对高洋说：“文武百官不胜恐怖。”高洋说：“大怖邪！若然，那就不要杀了。”

是年秋，高洋又下令征调山东的寡妇两千六百人(《通鉴》)，配给军中单身士兵。其中很多是有丈夫而被强迫征去的，不知道有多少家庭破碎在这种暴政之下，有多少百姓在哭诉无门中饮泣自杀？

临死还要大屠杀

就在高洋临死前半年(559)，太史奏："天象显示，本年应除旧换新。"

高洋问彭城公元韶："刘秀怎么能够中兴？"元韶回答："因为王莽没有把姓刘的杀光。"这一句话挑起了高洋的杀机，于是立刻把这位教唆杀人的元韶及其家属关入地牢，不准给饭吃，还把所有姓元的不分男女老幼，全部斩尽杀绝以禳天。

是年五月间，先诛杀了始平公元世哲等二十五家。凡是先人或其本人不问皇族、贵族，只要做过大官的，一律绑赴东市斩首。这些家中的幼儿，兵士们把他们抛向空中，另一士兵用矛尖接着。他们比着看谁扔得高，比着看谁接得准，他们以此为戏。儿童被矛刺穿而死，顿时大哭大叫，惨绝人寰地哀号，震天动地！泪水、鲜血，遍地斑斑！士兵以此为乐，而高洋看得也很高兴，拍掌叫好！

据《西魏书》载："齐天保十年(559)，大诛元氏七百余人。魏子孙在齐者，无孑遗焉。"被逮捕下狱的还有元韶的亲戚朋友十九家，统统关进地牢活活饿死。高洋大为高兴，士兵也以此为乐。

一百多年前(451)，鲜卑族的拓跋焘也曾在江苏的淮河流域有过这种暴行，而今高洋又施之于拓跋焘的子孙。

前后人口共计被杀了"七百二十一人"(《通鉴》)，尸体全投入漳河中喂鱼。高洋要杀尽姓元的，另一种杀戮方法是命他宠爱的亲信元黄头连同囚犯，各用竹席缚在两臂为翅膀，从金凤台跃下向西滑翔，看谁飞得最远可以免死，结果是元黄头飞到城西的紫陌驿站。高洋没有杀他，可是把他交给御史中丞毕义云看管，把元黄头关进牢狱活活饿死。

只有常山王高演的岳父元蛮家和已经改姓高的元文遥等数家没有遭此毒手。元文遥到隋朝还做了尚书郎，开皇中坐事徙瓜州而卒(《北史》)。

定襄令元景安打算改姓高，为他的哥哥元景皓劝阻。高洋得知，杀了元景皓全家，赐元景安姓高。一场大屠杀，把鲜卑姓元的几乎斩尽杀绝了。

河北发生蝗灾，蝗虫吃完了粟禾，魏郡丞崔叔瓒向高洋进谏：农忙时，官府大兴土木，现在又修建长城，重建三台，所以招致蝗灾。高洋大怒，命左右卫士殴打崔叔瓒，并抓着崔叔瓒的头发，把粪便顺头浇下。这是公元557年的事。

公元559年二月，尚书左仆射崔暹病死，高洋到他家祭吊。顺便问崔暹的妻子李氏“想不想崔暹”？崔妻答说：“想。”高洋说：“好吧，叫你去看他吧！”顺手斩了李氏，把人头扔到墙外。

高洋做东魏宰相时，有篡夺元家政权的打算，他的幕僚长杜弼曾经力言劝阻。当时高洋虽然不高兴，但他需要依重杜弼，所以隐忍在心底。高洋夺得东魏政权之初，曾问杜弼“要用什么样的人来治理国家”，杜弼回答说：“鲜卑车马客，会须用汉人。”意思是说“鲜卑人只会马上威风，马上享受，应该用汉人”。在那时候，朝野、民间流传说高欢是汉人，高洋当然也是汉人，可是高洋却最讨厌这个传说。杜弼说“应该用汉人”本意诚挚，而高洋却误以为杜弼存心讽刺，于是把杜弼外放山东做胶州刺史。一次高洋酒醉，一时又想起杜弼先曾阻挠他篡魏，后又讽刺他是汉人，于是立即派遣使节前往胶州斩杜弼。不久高洋酒醒时又忽然后悔，再派使者急追回前令时，杜弼已经人头落地了。

高洋杀人不分亲疏

尚书右仆射高德政，原是高洋的近亲，因为对高洋的疯狂酗酒而直言规劝，曾触怒高洋。高德政深深了解高洋随意杀人的野兽行为，打算远离高洋，因而佯称卧病而不上朝。高洋侦知高德政的心病后，有一天下令委派高德政为冀州刺史，高德政不知是诈，于是立即整装上任。帝大怒，召德政，高洋竟亲持小刀把高德政刺得混身是伤、血流满地，高洋并令高德政的挚友宫廷杀手刘桃枝砍断高德政的双脚。刘桃枝在这种状况之下难以下手，但是又不敢抗命，于是只砍下高德政的三只脚指头，到夜晚时分，才用小车送高德政回家。

高德政的夫人看到高德政的遭遇，于是整治家当，准备随时逃亡。把以前没落的元氏皇族、贵族们致送给高德政的金银、珍玩、古董等贵重东西装满几只箱子。没想到高洋又乘酒兴大发突然驾临高家，也许他原本是看望一下受了重伤的老部属高德政，也许是别有用心。可是当他看到高德政家有这么多的珍贵资财时勃然大怒，下令把高德政和他的妻子、儿子全家斩首，财产全部没收。

历代帝王都是自以为他是天子，他就是法律，他就是天意，所以他可以任意杀人。但像高洋这种杀人如麻但又能够寿终正寝的皇帝可以说绝无仅有。

高洋自公元550年三月被封为“齐王”，两个月后就受禅自称“齐帝”，到公元559年十月十日病死，活了三十一岁，做了十年的皇帝。

皇帝也有死

公元559年，南陈永定三年的六月二十一日，陈霸先做了三年的皇帝而病死，享年五十七岁。因为陈霸先的亲生儿子陈昌在公元552年时被陈霸先送到江陵萧绎那里做人质，后来萧绎兵败江陵沦入北周之手，陈昌又被北周俘虏到长安去了，一时不能回来。大臣会商，由他的侄儿，三十八岁的临川王陈蒨继立，560年改年号为“天嘉”（陈昌于公元560年三月回国，被陈蒨害死）。

同年(公元559年，北齐天保十年)的十月十日，活了三十一岁的高洋，终因酗酒过度而致命。十日十九日，北齐为高洋治丧，举行饰终大典，文武百官中只有尚书令杨愔涕泪纵横，泣不成声。

北齐皇家大宗嫡长高殷继立，改年号为“乾明”。尊他的祖母娄昭君为“太皇太后”，尊他的母亲李祖娥为“皇太后”。任命他叔父辈的常山王高演为太傅、长广王高湛为太尉、平原王高淹为司空、河间王高孝瑰为司州牧。右丞相斛律金为左丞相，侍中燕子献为右仆射。

高殷虽然年仅十五岁，但他礼士好学，关览时政，加之他的母亲李氏和祖母娄太皇太后在朝中都有厚实的幕僚群基础，所以他登基之初就做了几件显示人道和远大眼光的事。

一、高浚、高涣都是北齐建国皇帝高洋的弟弟，可是高洋妒忌他们的贤能和才华，曾把他俩下狱，以致烧死在监狱中。高浚的妻子自杀，高涣的妻子发配给放火烧死高涣的人。公元560年，北齐高殷的乾明元年，高殷下令收拾两位叔叔——高浚、高涣的遗骸，重新以王礼安葬，高涣的妻子恢复王妃位，返回王府。

二、凡是前任皇帝把鲜卑贵族或元姓的良家子女发配当奴隶或做苦工以及赏赐给官宦人家为奴的，一律解放，恢复其自由，各自回家。不过原本以买卖方式为奴婢的仍然是奴婢。

三、在高洋为帝时期，就因战争连连，天灾频仍，以致粮食缺乏，物价腾贵。高殷登基后，接纳尚书左丞苏珍芝的建议：利用当地驻军，在江苏高邮湖以北地带，实行屯垦制，两年间粮食丰收，淮河以南地区的军糈已很充足。两年后高演为帝时，也在河北、河南等地推广军事屯垦，经济情况改善很多，高殷可算开其先河。

高殷与高演

高洋在世时由于性情暴戾，不仅给高殷留下不少的积怨，而且在他高家族内也有不少的恩恩怨怨。他生前总嫌太子高殷仁厚，还有汉人传统的文弱气质，难当军国大任。临死还对他的弟弟高演说："夺权则任由你夺，但希望不要杀他(高殷)。"这也是清醒的明见，因为高演是他一母同胞的亲弟弟，而高殷又是他的亲生儿子。

高洋死后，在朝中分为主流派与非主流派。主流派权力结构的核心人物以保皇系的杨愔为主导，非主流派以二亲王(常山王高演、长广王高湛)为首脑。

杨愔出身士族皇亲的家庭，在北魏可以算得上是官宦世家。他的上一代曾出了十二个州刺史、七个郡守。他的父亲杨津在全国义民兴起那几年，曾率大军征剿义师，两手沾满了义民的血。

杨愔还是娄太皇太后的女婿，曾做过给高洋拿厕纸的宰相，当时红极一时。高洋死时他与平秦王高归彦、侍中燕子献、黄门侍郎郑颐等同为顾命大臣。他仗恃高洋余荫与太皇太后的庇护而排斥二亲王——常山王高演、长广王高湛，主张削减两亲王的权势。还要整顿官箴，淘汰不适任官吏，于是犯了众人之怒而又成为过街老鼠。他这帮主流派的重要成员是黄门侍郎郑颐、领军大将军可朱浑天和、右仆射燕子献。

郑颐是彭城人，以文学见知于高洋，与开封王杨愔、平秦王高归彦、侍中燕子献等同为高洋的托孤大臣。

领军大将军可朱浑天和是高欢的女婿，也就是新皇帝高殷的姑丈。曾说过“若不诛二王，少主无自安之理”(《通鉴》)。

右仆射燕子献，为了新帝的安全，打算把太皇太后娄昭君强行迁往北宫，使朝政大权由皇太后李祖娥(汉人)执掌。太皇太后的立场是偏向于二亲王，因为高演、高湛都是她所生的儿子。她也很袒护杨愔，因为杨愔是她的女婿。她表面上支持她的孙子高殷，因为高殷是皇帝，她可垂帘听政，但她坚决反对高殷的母亲皇太后李祖娥，因为李祖娥是汉人。

侍中宋钦道是新帝为太子时的老师，曾谏议新帝“二叔威权既重，宜速去之”(《通鉴》)。高殷虽然没有立刻答应，但是表示“可与令公共详其事”。令公，就是杨愔。杨愔打算外放二亲王为州刺史。事为娄太皇太后侦知，杨愔又采各个击破之计，奏准任命长广王高湛镇守山西太原的晋阳，那是高家的精神堡垒。常山王高演为录尚书事，执掌朝廷机要在邺城。先把二亲王在不太敏感中分隔开来，然后再各个调离中枢。

非主流派的二亲王(高演、高湛)各就职位，掌握实权之后立即发动反击。首先瞒着太皇太后娄昭君，把杨愔捆绑起来一顿毒打，把杨愔的眼珠子都打出来了，然后斩首并灭其全族。

原是主流派的平秦王高归彦见风转舵立即向二亲王靠拢，高演命他率禁卫军武士进驻华林园，把忠于主流派的卫士部队调出皇宫，收斩卫将军娥永乐。致使皇帝高殷、皇太后李祖娥陷于孤立。

长广王高湛平素就怀恨郑颐，这时借机报复：先拔了郑颐的舌头，再砍掉他的双手，使郑颐痛呼惨叫一昼夜而死。

至于可朱浑天和与燕子献、宋钦道都是灭门之刑，无论男女，连同怀抱中的婴儿也都斩杀，其他兄弟辈在官者全部革职。

这时候国家大权已经落在高演之手。小皇帝高殷也只好任命高演为大丞相、都督中外诸军、录尚书事主理朝廷机要，高湛为太傅、京畿大都督，平阳王高淹为太尉，平秦王高归彦为司徒(宰相)，彭城王高湝为尚书令，段韶为大将军(为国家六军的最高统帅)。

高演回到晋阳他们高家的都城，保荐他的智囊王晞为司马(地区军队司令官)、赵郡王高叡为长史(秘书长)，这是朝廷以外的文武幕僚长。

高演是高洋的弟弟，高洋在世时，他在高洋面前表现出高度的忠诚、谦卑。高洋死后，他一直守在灵堂护丧。当时他的智囊王晞劝他取高殷而代之，甚至娄太皇太后也曾有意立他。可是他却表示谦冲过人，始终不敢以周公自许。但是他却在暗中酝酿着一种“天命”式的舆论，造成朝野一致拥戴劝进的声音。正如《通鉴》胡三省注所说：“史言演非不欲篡，特觇众心。”

他曾就此舆论两次言启他的母亲娄太皇太后，终于公元560年，北齐乾明元年的八月三日，娄太皇太后下令罢黜现年十五岁的皇帝高殷，改封为济南王，搬出皇宫，而命常山王高演入继帝位。懿命附带一笔但书“勿令济南(高殷)有他(意外)也”(《通鉴》)。高演现年二十六岁，当时就在晋阳宣布即皇帝位，改年号为“皇建”。太皇太后娄昭君改称皇太后，高殷的母亲李祖娥皇太后也降了一辈改称文宣皇后。

南征北战

高演命王琳前往安徽合肥地方招募南方无业游民(伧楚)在南方成军，以便就近犯南陈。驻守长江口岸的南陈合州刺史裴景徽与王琳有亲戚关系，曾表示愿率所属部队为王琳作向导。高演又命王琳为骠骑大将军、扬州刺史(州治设在安徽省寿县，辖区包括南京市在内)会同行台左丞卢潜率军南下，一则接应裴景徽，二则就地扩张战果。可是在王琳等还没有行动之前，裴景徽恐怕事泄为南陈所制，于是先率少数部众投奔北齐。王琳只好进驻安徽的寿阳待机而动。不久王琳又应南梁萧庄之邀为丞相。

原本在辽宁游牧的乌桓族群的库莫奚部落，因在中国东北不堪匈奴族的压迫而西迁到旧长城与高洋所修的新长城之间的草原上游牧。当时他们处在地广人稀的山西北部，族众不多，所以北齐时代还没有重视其存在。公元560年冬，他们入侵新长城以南，威胁到晋阳以北的忻州。高演亲率大军反击，库莫奚部众向北退去。北齐军追到山西宁武管岑山上的天池。库莫奚部越过新长城北窜。高演分兵数路追击到库莫奚的老窝，获牛羊七万只后班师。

高演与高湛

高演和高湛兄弟俩联手夺权时，高演向高湛承允登基后将封高湛为皇太弟(是皇帝位的继承人)。可是高演登基不久就封他的儿子高百年为太子，高湛心不平。高湛接受幕僚高元海的建议，打算拥护高殷复辟，推翻高演政权。

高湛留守邺城，态势如同二皇帝，手下有两员大将：一是散骑常侍高元海，二是领军将军厍狄伏连。高演在太原侦知高湛阴谋，立即下令调厍狄伏连做幽州刺史，把军权交给斛律羡接手；又调高元海来晋阳处理机要事务，分散高湛的权力，把高湛调在身边好直接监视着他。可是高湛抗命不去晋阳。

高演的哥哥高洋临死前嘱咐高演可夺权，但不可以杀高殷。高演的母亲娄太皇太后也曾警告高演不可以杀高殷。耳提面命，仅仅隔年高演应该不会忘记，可是高演为了巩固他的权位，防止高殷复辟，就在他登基的第二年(561)秋九月，下令征召高殷前往晋阳，途中派人把高殷毒死。

高演冬季狩猎御马受惊，他被摔下马来以致肋骨折断。高演好像是知道自己将不久于人世，特派尚书右仆射高叡到邺城召他的弟弟长广王高湛来晋阳继承帝位。高演不听母亲和哥哥的话而杀了哥哥的儿子(高殷)，现在他有愧于良心，对自己一母同胞的弟弟——高湛也不放心，唯恐遭报应；又特别写了一封信给高湛："百年(太子，高演的儿子)无罪，你可随意处置，但求不要杀他。"

当天(公元561年，北齐皇建二年的十一月初二)，高演死在晋阳宫，得年二十七岁。做了一年又四个月的皇帝，背着他母亲和哥哥的两条人命(高殷与杨愔)债而死去，还好不是被杀、被毒。

黄门侍郎王松年飞马前往邺城宣布高演征召高湛继承帝位的遗诏，可是高湛不敢相信，唯恐是诱杀他的诡计，乃派亲信前往晋阳开棺察验，等到亲信回邺说高演确实死了之后，高湛立即飞骑奔向晋阳。当年(561)十一月十一日在晋阳南宫登基称帝，改年号为"太宁"。高湛时年二十五岁。

新帝高湛封高演的太子高百年为乐陵王。公元564年六月，借口高百年有叛意，还是把他杀了。

郢州变色

北周得到王琳率水陆大军东下的军情，料定主战场必在建康附近缠斗。王琳与南陈的主力决战在此一役，而武汉的郢州也必然空虚，于是在公元560年春派都督荆、襄五十二州诸军事的荆州刺史史宁将兵数万袭击郢州(武昌)。

萧庄的郢州刺史孙玚婴城固守，可是助防张世贵却献上外城向北周投降。失去三千多人的助防军，孙玚手下只剩一千多人。北周乘危诱降，孙玚乃虚与委蛇，但他决心不降胡虏。当他听到王琳在前方失败后，才向南陈投降。王琳得到北周来犯郢州的军情，但是为了鼓舞士气，不敢自前方回师，于是一面加派侍中袁泌、御史中丞刘仲威严密防守，保护皇帝萧庄，一面加强前方攻势并会同北齐仪同三司刘伯球的万余大军，以及北齐慕容子会的铁骑兵，就在安徽芜湖地带与南陈军展开生死大决战。

南陈军利用王琳船只过于集中的弱点，乃发机动性很强的牛皮小艇，向王琳军舰开始火攻，霎时间王琳军大败。官兵跳水淹死了十之二三，其余弃船登陆的，还没有来得及备战，就被南陈的陆军迎头猛击，几乎全军覆没。

北齐的铁骑因为地形不熟，全部陷入芦苇草丛的泥沼中，士卒纷纷弃马逃生。北齐的刘伯球、慕容子会都被南陈俘虏。王琳仅乘小艇脱离战场，逃到九江西北的湓城，打算整合残兵败将再战，可是人都散去，他只好携带妻妾以及十多亲信投奔北齐去了。

王琳战败的军情传到郢州，萧庄的左右也都一哄而散。侍中袁泌觅来一小舟，把萧庄、刘仲威送到北齐的边境，但他自己仍是不愿做北齐俘虏而回来向南陈投降。

这时候(560)南梁只剩下局促江陵一隅的萧詧政权了。

在晋阳即皇帝位的高湛于次年(562)正月自晋阳到达都城邺城，依例南郊祭天，太庙祭祖先。然后封元配夫人胡氏为皇后(胡皇后是北魏时代兖州刺史胡延之的女儿)，封儿子高纬为皇太子，又大赦天下。再任命好战派的彭城王高浟(高欢第五子，尔朱英娥所生)为太师、录尚书事，高湛车驾巡幸，高浟留邺。北齐群盗田子礼等谋劫高浟为盟主，高浟大呼不从，遂遇害。高湛任命骄傲蛮横而无能的平秦王高归彦为太傅，尉粲为太保，平阳王高淹为太宰，博陵王高济为太尉，段韶为大司马，娄叡为司空，高叡为尚书令，任城王高湝(高欢第十子)为尚书左仆射、旋晋升为司徒，冯翊王高润为左仆射，斛律光为右仆射。改封高演的皇太子高百年为乐陵王。

王琳与卢潜

太傅高归彦，是高演手下的谗臣，深受高演宠信，致其骄傲蛮横，把所有皇亲国戚都不放在眼里。高洋为帝时，高归彦已因讨伐侯景有功而升领军大将军，他曾谗言害死他的养父清河王高岳，又和高洋的佞臣杨愔狼狈为奸。高洋死，他见风转舵倒向高演，出卖杨愔，且以高演之命毒死逊帝高殷。一年后高演死，高归彦又成为新帝高湛的佐命功臣了。可是新帝高湛深深了解高归彦的过去，于是就在登基之后，把身为中枢要员——太傅的高归彦调为地方大臣的冀州刺史。高湛念其佐命有功，赏赐很多绸缎、金银，安抚他外放信都(河北省冀州市)。

是年(562)秋，高归彦在刺史任内拥有武装部队四万人，竟意图谋反而被高湛下令讨伐，高归彦兵败，单骑向北逃亡到河北武强东子牙河的交津渡口被捕，押解到邺城。七月末，高归彦全家子孙十五口全被斩首；其他家人奴仆一百多口全部赏给高岳家做终身奴隶。

战争，把这时候的四国(南梁、南陈、北齐、北周)弄得都已疲惫不堪。虽然都已无力战争，可是都还在竭尽国力地准备战争。

北齐驻在最前线、幅员最大而又最富庶的扬州刺史行台王琳，就是北齐的主战派，可是背后还有监督他的尚书卢潜是主和的。王琳几次要发兵犯南陈，都被卢潜以“时机尚未成熟”而阻止。

南陈皇帝陈蒨写信要求与北齐和亲，由卢潜转达给北齐皇帝高湛，卢潜建议接受南陈的请和息兵建议。高湛接受卢潜的建议，并派散骑常侍崔瞻聘问南陈，接洽和谈细节。因而王琳遂与卢潜有隙，高湛征调王琳回邺城，命卢潜接掌王琳所遗的一切职务。

无行世家

在高欢十个儿子中，高澄为长，高洋次之，高演排行第六，高湛排行第九，他们同是太后娄昭君所生。高演事母至孝，他坠马受伤，娄太后亲往探视，但得知高演不听她的话而毒死了逊帝高殷后，娄太后一怒之下直到高演死，也不曾再见他一面。

一年后，娄太后于北齐河清元年，公元 562 年夏四月病死，孝顺她的儿子高演已经先她去世。现在做了皇帝的儿子高湛对她却大不礼敬。太后死了，做儿子的高湛不但不穿孝衣，不守孝制，而且还在三台摆设宴席，饮酒作乐。宫女送上丧服，他竟扔到台下。幸臣和士开以前劝高湛及时行乐，这时却劝他从传统礼制，而他——高湛又想起和士开曾与胡后有染的往事，而狠狠地扇了和士开几耳光。他的侄儿高孝瑜(高澄的长子)据理谏诤，他也是借口以前高孝瑜与尔朱御女私通而把高孝瑜毒死。

高湛的母亲娄太后死后谥封“献明皇后”，按古籍谥法解“聪明睿智曰献”(《逸周书》)，三年后(565)高湛以为他的母亲德行不配“献明”之封，乃改封为“武明皇后”。

高湛派遣使者与南陈媾和，并且听说黄河水清而改年号为“河清”，以应祥瑞。

李祖娥含恨于终

胡俗有“兄终弟及”。高洋的遗孀李皇后，是高湛的嫂子，依胡俗高湛向李皇后要求什么，高湛认为名正言顺，可是李祖娥皇后是汉人，她有汉人传统的节操观，所以她拒绝了高湛的无礼。

高湛恼羞成怒！要挟李皇后，要杀死她的儿子太原王高绍德。李皇后被迫成奸，后来给高湛生了一个女儿。李后觉得既愧对先夫高洋，在儿子跟前也没有面子，所以她就把这个女婴丢掉了。高湛听说之后，手提佩刀拉着李后的次子太原王高绍德，在李皇后面前暴跳如雷！大声吆喝：“你杀了我的女儿，我就杀你的儿子！”又责骂高绍德以前“你父打我，你竟不来救我”！说着就用刀柄捣死高绍德，并亲自把他埋在游豫园中。长子高殷已于561年九月被前任皇帝高演毒死，次子又被现任皇帝捣死，她——李皇后恨死这群猛兽皇帝！自己也痛不欲生，可是她又失去了死的自由，高湛又剥光她的全身衣服，用皮鞭抽打，血流满地，尽管她大哭大号、呼天抢地，高湛也不歇手，又把赤裸的李祖娥装入布袋丢进水沟中再捞上来，最后把已经奄奄一息的李祖娥送到妙胜寺做尼姑。

十六年(577)后北齐亡于北周，李祖娥被掳往长安，发配贵族为奴。又四年杨坚灭北周，李祖娥才得回到河北赵县终老故乡。

高湛的司法改革

五胡十六国时期，胡人是以极权统治者的态势不仅强力压制着广大群众的汉人，即使是胡人自己的皇族、贵族群以及仰胡鼻息的汉官群都得绝对服从皇帝。统治者没有法制观念，皇帝想杀谁就杀谁，他们都自以为是合法的。

北魏拓跋焘时代，虽然也曾制定过“律例”，但实际上专制统治的模式非常坚实，比如皇族人员和贵族系的王、公、大臣，犯罪只可令其自杀，不得公然问斩，而且只罪本身。对于汉人或其他族群官吏犯罪，就会使用种种极不人道的酷刑，如分尸、碎尸等方法诛杀，而且还要加灭几族，甚至连亲戚朋友都可能会株连在诛杀之列。

公元550年，高洋篡魏称帝，下令把东魏所颁的《麟趾格》改称《齐律》。公元564年春，北齐皇帝高湛又加修订《齐律》，计《律》十二篇，《令》四十卷。

律以正刑，定《律》十二篇：

一、名例：总则、刑名与案例。

二、禁卫：保卫宫廷为禁区。

三、婚户：又称户婚律。主理婚事、户籍、赋税、徭役及其他民事的规定。律名源自西汉的“户律”，北齐以婚事附之，称“户婚”律。《清会典·目录》：户律、户役、田宅、婚姻、仓库、课征、钱债、市廛。

四、擅兴：擅自兴兵，擅兴徭役之罪。

五、违制：犯礼违制(《风俗通》)、违背禁制(《唐律疏议·杂律》)、违背传统的礼制或皇帝的命令，违反善良风俗等。

六、诈伪：诈欺，伪证罪。

七、斗讼：争讼。

八、贼盗：窃盗罪。

九、捕断：北魏称“捕亡律”。北齐政称“捕断律”。北周又名“逃捕律”，类似现行的通缉令。

十、毁损：毁弃损坏罪。

十一、厩牧：晋时称为“厩牧律”。关于马、牛管理与税收的法律。

十二、杂律：“此篇拾遗补阙，错综成文。”(《唐律疏议·杂律疏》)上十一篇没有明文列入的犯罪行为的罚法。

令以存事实，制《令》(判例)四十卷。

刑罚方式计五种：

一、死刑：最重的车裂、分尸。其次枭首示众，斩首后，人头悬挂高竿上。再其次斩首，砍头。再其次绞死，吊死。

二、流刑：充军到边远地区当兵或为奴。

三、刑：坐监一年到五年。

四、鞭刑：四十鞭到一百鞭。

五、杖刑：十军棍到三十军棍。

对于没有政府待遇的低级官吏，老年人、儿童以及残障等，凡被判有罪而科以罚金的，得以绸缎代之。

高湛的土地政策

农业社会，土地是国家的命脉。土地占有不公平，影响农业生产，影响国家税收，影响国家经济。

近百年来，北魏因连年战争的破坏，人口大量地流离失所，元宏时代定下的“均田制”遭到严重破坏。原来政府手中所掌握的公田，由历代帝王分别赏赐给贵族、功勋们，还有贵族豪门与寺庙的兼并、霸占，以致形成富豪“田连阡陌”，平民百姓却“贫无立锥”之地的局面，以致“户口租调，十亡六七”（程应镠著《南北朝史话》）。

公元564年，北齐河清三年春，高湛下令：人民十八岁开始受田，也开始缴纳税赋。二十岁服兵役，六十岁除役，六十六岁缴还土地，同时停止缴纳税赋。

十八岁的男子配给专事生产粮食的露田八十亩，妇人配给四十亩。丁牛一头也配给六十亩(限四牛)。奴隶、婢女同样配给。一夫一妻每年缴纳绸缎一匹，绵八两。田赋每年缴粟二石(缴中央政府的国税)，另捐五斗(送缴郡县政府储备赈灾)，奴隶、婢女因为经常征召为义工，所以赋税为主人之半。每头丁牛年税绸缎二尺，赋粟一斗(国税)，另捐五升(地方税)。

不过那些规定、制度，都因战乱、政治不稳定而成具文。

凡是独裁统治者，最厌恶部属结党营私，侍中高元海两年前曾建议高湛扶持高殷复辟。高湛现在已经做了皇帝，跟他的哥哥高洋一样耽于酒色，朝政事务都由高元海处理。驻镇山东的兖州刺史毕义云与高元海过从甚密，经给事中李孝贞检举，高湛立即擢升李孝贞为中书舍人，高元海被高湛打了六十马鞭，外放兖州刺史，调毕义云返京。

周齐之间

北齐的幅员虽然没有北周大，但黄河中下游与长江下游都是农业富庶地区，人口也比北周多一倍(两千多万)，所以国势比北周强。但从高洋开始，历任皇帝不是昏庸无能，就是暴虐淫乱，为人臣的内斗不已，鲜卑人压迫汉人，汉人当然也不支持胡人。于是鲜卑化汉人的高家政权开始分崩离析，也就招致北周的觊觎。

山西的绝大部分地区为北齐所有，仅自汾河(河津市)以南的中条山脉与太行山脉的晋西南角稷山县、永济等十几个县是北周的占领区。北周近年来时常打算越过中条山、太行山而南进战略要地洛阳。而在洛阳北太行山八陉第一陉的轵关正是防御北周攻洛阳的要隘。

公元563年(北齐河清二年)春，高湛命司空斛律光率两万骑兵在河南济源(轵关)西北二十五里处，兴建一座坚实的防御工事“勋掌城”，可能是寓意制衡北周在山西汾河北岸所建国防前哨要地的“勋州城”而命名，并向西延伸筑长城二百多里与王屋山连成一道强力防线，设十二个防御堡垒，以防晋南的北周来犯。

同年(563)十月末，北周皇帝宇文邕命大将军杨忠(灭北周的杨坚之父)率一万步骑会同突厥从北方南下的大军，向北齐的行都晋阳发动总攻击。另派大将军达奚武率步骑三万人自南方进攻山西临汾的平阳郡，预期两大主力在晋阳会师。

北周大将军杨忠所部，所向披靡，一连攻陷北齐国境之内的二十多个城镇，最后又攻下北齐主力大军所固守的险要之地——山西代县西北的句注山(陉岭)。

突厥可汗阿史那俟斤率酋长阿史那地头、阿史那步离所部十万骑兵前来会师，十二月中自山西大同的平城(恒州)兵分三路深入北齐境内。

十几天来大雪纷纷，战地积雪数尺，北周的军事行动受到严重阻碍。

北齐皇帝高湛自邺城率军兼程赶回晋阳，立即命大将军斛律光率兵三万进驻平阳(山西省临汾市西南，距太原市五百里)堵击北周达奚武。十二月末，北周杨忠所部和突厥军联军逼近晋阳。高湛大惊，打算化装逃离晋阳，幸经河间王高孝琬等力劝，高湛才留下来又命赵郡王高叡重整战斗序列，统帅六军作战，并州刺史段韶总之，晋阳城才算稳定下来。

北周联军大败

北齐河清三年、北周保定四年，公元564年，北周、突厥联军的步兵部队利用太原以西崎岖山地的掩护挺进到晋阳城郊。北齐守军以逸待劳，集中精锐，倾城而出，擂鼓呐喊猛冲周军。北周、突厥联军在冰天雪地中行军已经疲惫不堪，自然经不起北齐军的猛烈冲击。突厥军大惊，没有接战就不顾北周军而径自向长城以北撤退。沿途放纵士卒大肆抢掠屠杀，自晋阳以北七百多里内的人民和牲畜没有留下一个活口。

突厥大军行经代县西北的句注山(句注山与太行山的飞狐口，自古以来就是胡人南下的要道)，由于融雪结冰，地冻路滑，人畜寸步难行。只好用毛毡铺路，勉强越过句注山。士卒冻坏了手脚的，冻掉了耳朵、鼻子的比比皆是，只好折断矛头当拐杖一步挨一步地走回塞(长城)外。战马饿得啃吃自己的腿毛，饿得行走不动而被弃置路旁的马尸、人尸遍地都是。

北周杨忠的部队陷于孤立，不敢恋战，只好连夜逃离战场。

北周大将军达奚武率军开到平阳才听到杨忠在北战场上败退的消息，也只好下令撤退。北齐的斛律光追击，深入北周境内，俘虏了两千多人才回师。

斛律光回师晋阳，见到高湛，当时高湛有感于这次生死存亡的艰苦之战，如果没有斛律光，真是要国亡家破了，万分感动之下，他竟与斛律光抱头大哭。

忧国大臣斛律光

黄河每年的结冰期，可在冰上通行重装载的车辆及行人。在陕西、山西的黄河就是北周与北齐的国界。过去，北周为了防御北齐的西犯，每逢黄河结冰，必在河防加强部署，而且常以人工破冰来防北齐军西犯。现在是北齐主动增强河防以防北周东进。斛律光对这一情势的逆转，感慨万千，曾告诫士卒说："国家弄到今天这个样子，皇帝还能沉醉在酒色之中吗?"大臣忧国，皇帝不知。八年后(572)这个忧国大臣斛律光竟被他的主子——高纬全家斩首。

这时候，北周一心想灭北齐，所以派使节聘问南陈。北齐是全力防御北周，无力进犯南陈，所以派散骑常侍皇甫亮报聘南陈媾和，南陈就在这种夹缝中，虽内乱频仍，而外患稍缓的现状之下苟安一时。

在专制政权高压统治之下的中国人随时随地都有起义抗暴的活动。翌年(564)春，北齐国都邺城人乘朝廷大军先后都去救援晋阳的机会，群盗田子礼等义民数十人在邺城发难，当时留守邺城的太师、彭城王高浟强烈反抗，义民领袖田子礼遂杀高浟。

北齐皇帝高湛赶回邺城平乱，委斛律光为宰相(司徒)，派高归彦的侄儿高普为尚书左仆射，赵郡王高叡为录尚书事，司徒娄叡为太尉，任城王高湝为大将军，段韶为太师，高湛安排以后又回晋阳坐镇。

北周也调整朝廷的组织，封前任皇帝宇文毓的儿子宇文贤为毕公，任邓公窦炽为大宗伯(掌教育)，任命累立战功的太傅达奚武为同州总管，驻镇国防最前线的陕西大荔。

北周、北齐双方都在调整新的战备。

大恐怖

高湛的天文军师向高湛报告，天象显示将有灾难来临。同时奉命监视高百年的贾德胄向高湛启奏说高百年时常练写一个“敕”字，并检送证物呈给高湛过目。在古代，敕字是只有皇帝才可写的，高湛立即断定高百年在准备复辟、造反。并联想到将有灾难来临，何不拿这个小娃来祭天禳灾？于是派人召唤高百年来晋阳宫。高百年自知难逃一死，就解下所佩的玉玦，交给他的妻子斛律氏(斛律光的女儿)，然后从容进宫到凉风堂叩见高湛。行臣礼毕，高湛命高百年再写“敕”字，对照贾德胄所检呈敕字的笔迹完全一致。高湛遂命左右侍臣们拖着高百年绕殿而跑，一边乱棒捶击，打得高百年皮破肉绽、血流满地，最后只剩一口气时，才把他斩首，尸体扔到水池，池水染成血红。

高百年的遗孀斛律氏紧紧抓着高百年交给她的玉玦绝食而死。可是她仍把玉玦握得紧紧的，没人能够张开她的手，她的父亲斛律光亲自来了，她的手才自动放开。

前后不到三年，高演杀死他哥哥高洋的儿子高殷，高演的儿子高百年又被高湛(高演的九弟)所杀。

公元564年，北周受突厥的唆使，再对北齐发动大规模的攻击。是役由宇文护进屯弘农，目标是先攻洛阳。进攻洛阳最近路线是北路自山西垣曲出发，通过河南济源太行山的第一关——轵关进取洛阳。可是这一关就踢到铁板上，北周军名将邵州刺史杨檦，战败而阵前降齐。

宇文护直接出兵潼关，进而包围洛阳的大军却被北齐名将兰陵王高长恭、并州刺史段韶与斛律光等部打得落花流水，北周战将王雄也受箭伤而死。北周完全战败而退回长安。(战争经过参看上文《北周》)

十二月十三日，北齐皇帝高湛抵达惨遭战火蹂躏的洛阳。十二月十五日，任命段韶为太宰、斛律光为太尉、兰陵王高长恭为尚书令。十二月十八日，高湛前往视察河南巩义东的虎牢，经过滑台，再往黎阳，十二月二十二日，返抵都城邺城。

翌年(565)正月，北齐高湛在洛阳任命任城王高湝为大司马，命其积极部署洛阳新的防务，高湛又回到晋阳宫享乐去了。

高湛禅位

天上出现彗星，本来就是一种自然现象，可是有些人却把它说成人间统治权的运行预兆，尤其是在那时候的皇帝们，包括愚蠢的、聪明的，都很相信传之已久的这一套。北齐著作郎祖珽建议皇帝高湛应把宝座传给太子，一则顺应天心，二则显示极度尊贵。

高湛果然听从了祖珽的话，于公元565年，北齐高湛河清四年的四月二十四日派太宰段韶持节(代表皇帝)携带皇帝的玉玺，把帝位禅让给年仅九岁的皇太子高纬。

高纬在晋阳宫宣布登基，大赦天下，改年号为“天统”。封斛律光的女儿为皇后，封他的舅舅胡长粲为尚书左丞，祖珽为秘书监，加授仪同三司。

满朝文武官员联名上尊高湛为“太上皇帝”，军国大事仍依旧制奏请太上皇帝裁示。

高纬任命贺拔仁为太师、侯莫陈相为太保、冯翊王高润为司徒、赵郡王高叡为司空、河间王高孝琬为尚书令、东安王娄叡为太尉、斛律光为大将军，调回瀛州(河北省高阳县)刺史尉粲为太傅。

在这个时期，北齐、北周都以务实通好为名，既向突厥、吐谷浑等各弱势族群展开银弹策略，又争相与南朝示好。因为北周总想着先灭北齐，然后再统一南朝，所以他就先控制着“西梁”(萧詧政权)，然后与南陈修好，免得他攻齐时被南朝掣肘。

唯利是图的突厥在这个时期，对于北齐、北周是左右逢源，在现实中他需要谁，他就与谁做交易。本年(565)夏，突厥派使节到北齐报聘，两方又复交。

北齐也派散骑常侍王季高到南陈报聘。这年冬，北周改函谷关之名为“通洛防”。调原驻镇陕西安康的金州刺史贺若敦为中州刺史，进驻河南新安的通洛防。

高俨、陆令萱

高纬自幼就是在他乳母陆令萱怀抱中长大的。陆令萱的丈夫骆超(甘肃省礼县人)是已被处死的谋反犯官。依当时北魏的法律，他的家属应发配到宫中为奴。陆令萱这个人“奸巧多机辩，取媚百端，宫掖之中，独擅威福”(《北齐书·穆提婆传》)，甚得胡太后的欢心，胡太后还封她为

“郡君”（县级侯爵）。高纬亲政后，对于陆令萱言听计从，并封陆令萱为“女侍中”，监督宫内诸事，甚至把朝政大权都付予她和她的儿子骆提婆（后改姓穆）和高阿那肱、和士开、韩长鸾等这帮无赖佞臣来治理，主宰天下。他们还各引朋党，凡是他们亲信或阿谀媚进之徒，不论有没有才能，都会鸡犬升天。其中汉人豪强们花了同样的钱，但得不到鲜卑贵族同等级的官职，所以到处都是不平之鸣。

高湛的第三儿子琅邪王高俨，有才华，性情刚强明快，深受高湛及胡后的宠爱，初封东平王、拜开府仪同三司、中书监、侍中。公元567年，北齐天统三年，高俨又做了最具实际权力的“京畿大都督”兼“领军大将军”（总领军权），又兼“御史中丞”（总督监察权）、司徒、尚书令、大将军、大司马、录尚书事。一个年仅十岁的孩子身兼如此文武重任，恐怕在中国历史上是空前绝后的第一人。高湛还曾经有废高纬而立高俨的意图。

北魏的传统，“御史中丞”出门与皇太子分道而行，必须清道，不论王、公、大臣、达官贵人都得回避，如稍迟延，就会立即被开道卫队的红色警棍打死。这个仪注，早在公元534年迁都邺城后已经废除。而今太上皇帝高湛为了使他宠爱的儿子高俨享受一下这种无上的威严，又下令为高俨而恢复这个旧制。

御史中丞没有做事的能力，必须配给一些有干才的副手或幕僚群。于是齐廷派赵彦深为“尚书令”（幕僚长），娄定远为“左仆射”，徐之才为“右仆射”。

同年（567）八月，太上皇帝高湛又任命任城王高湝为“太师”，冯翊王高润为“大司马”，高俨为“司徒”，段韶为“左丞相”，贺拔仁为“右丞相”，侯莫陈相为“太宰”，娄叡为“太傅”，斛律光为“太保”，韩祖念为“大将军”，赵郡王高叡为“太尉”。

佞臣——祖珽

高洋的性情暴烈，生前对于他的弟弟们动辄毒打，尤其不事长进的高湛在做长广王时就曾挨过几次打。高湛记恨在心，所以当他打死高洋的第二子高绍德时，就曾责骂高绍德“以前你父亲打我，而你都不来救我”。善于迎合上意的祖珽也很了解高湛这个情结，同时高洋以前也很看不起祖珽，时常喊祖珽为“贼”，当然祖珽也心常衔之。于是乘机向高湛进言：“文宣(高洋的谥号)狂暴，何得称‘文’？既非创业，何得称‘祖’？若文宣为‘祖’，陛下万岁后当何所称？”(《通鉴》)。这段话的意思是说应把高洋的“显祖”谥号撤销，把这尊贵的“祖”字留待将来给高湛死后谥用。高湛从之，高湛令有司高洋“文宣皇帝”的谥号奏请改为“景烈皇帝”。胡三省注引谥法：“布义行刚曰景，有功安民曰烈。猛以强果曰威，有威可畏曰威。”(《通鉴》)这一注解的寓意是高洋生前的作为“有威可畏”。高湛也觉得于法有据，于是又把高洋“显祖”的庙号改为“威宗”，“祖”字改为“宗”字，无形中降了一阶。这个“祖”字就留待三年后高湛死了追赠“世祖”名号之用了。这是贼臣祖珽的又一杰作。佞幸之臣，古今中外历史上可以说每个朝代都有。

祖珽这个人虽然品行很差，可是他那善于逢迎的才华确实高人一筹。他能在北齐朝廷官僚群中混四十多年，就是靠他这种才华。所以我们说他是佞臣、贼臣、奸臣都可以，说他是北齐的一条“变色龙”更切合实际。祖珽的父亲祖莹，做过北魏的护军将军，祖珽曾做过高欢手下的“中外府功曹”，职司主管人事。祖珽有个怪癖，见人家有而他喜爱的东西，他都想占有，想占有的手段就是偷。一次，他偷了高欢宴会上的金杯，藏在自己的发髻里，被高欢查出，正巧又有人告发他冒领仓米三千石，于是高欢下令打他二百鞭，发配到甲坊。并要他加倍归还仓米，不过没有科征。

高欢兴建“定国寺”新成，请祖珽作碑文，两天之间作成。高欢因他作得好而且快，所以不究其罪，但仍免其官，除名为民。

祖珽在参军元景献家中做客，他竟以财货诱奸元景献之妻，最可耻的是和朋友多人轮奸元妻。

他在胶州刺史司马世云家喝酒，偷了司马家的两个铜碟，厨司在他身上搜得而他竟面不改色。

高澄任命祖珽为秘书丞，佐理皇家图书。有江南人持南梁所编类书《华林遍略》(把古籍分类汇编之书，按：《新唐书·艺文志》始著“类书”之名)，要求高澄收买，高澄派人连夜照抄后把原稿退回江南人，祖珽就借机偷出其中重要几卷盗卖，而所得又输在赌场里。

高洋做东魏宰相时，祖珽推荐令史十多人，祖珽都曾受其贿，于法应处绞刑，可是高洋因爱其才而赦之。

高洋非常憎恨祖珽的低劣品行，但又非常赏识他的文学才华，所以又派他到中书省值班，负责皇帝文书。

高湛为长广王时，善于逢迎的祖珽曾亲自调制一种高湛最爱用的“胡桃油”献给高湛，并乘机盛赞高湛的相貌有九五之尊，高湛也最喜欢听这种话。高湛登基后任命祖珽为散骑常侍，这是一个无任所也无固定执掌的散官。祖珽跟幸臣和士开沆瀣一气，表里为奸。天上出现彗星，祖珽于是上书高湛传位东宫，他更引九十年前拓跋弘把帝位让给儿子元宏以顺天命的故事，嗾使高湛传帝位给年仅九岁的太子高纬。高湛以“太上皇”名义，仍掌国家大权，军国大事仍旧奏报高湛。

高纬登基，祖珽为秘书监，加授仪同三司，很受太上皇、皇帝和胡太后的器重。

公元567年秋九月，山东大水成灾，饿死的、淹死的腐尸遍地，地方官的灾情报告接二连三，太上皇高湛不胜其烦乃自都城邺城去晋阳躲避。直到冬十一月宣布大赦来掩饰其见灾不救之过，后又返回邺城。

汉人大臣、秘书监祖珽，指责皇帝高湛见灾不救，反而乘人之危，掠夺民间女子入宫。高湛辩说："以其饥馑，收养之耳。"祖珽力诤"何不开仓赈给?"(《通鉴》)高湛恼羞成怒，亲自动手用刀柄撞击祖珽的嘴，左右侍卫一起马鞭、木棍齐下，没头没脑地把祖珽差一点打死，祖珽情急，高呼"臣为陛下合金丹"(《通鉴》)。传说"金丹"可以长生不老，是古代帝王们的最爱，于是高湛下令停止酷打。

祖珽竟对高湛说："陛下有一范增不能用。"高湛愤怒又起，指责祖珽："尔自比范增，以我为项羽邪?"祖珽侃侃而对："项羽布衣，帅乌合之众，五年而成霸业，陛下……"话还没有说完，高湛被逼得无话可说，暴跳如雷，立即下令侍卫用泥巴堵塞祖珽的嘴巴。可是祖珽仍然且吐且说，高湛下令打他二百马鞭，下放甲坊。不久又放逐到山东莱州的光州，关在州地牢里。

祖珽为了迎合高湛乃建议把高欢的"太祖、献武皇帝"改为"高祖、神武皇帝"，高洋的"显祖、文宣皇帝"改为"威宗、景烈皇帝"。把"祖"字改为"宗"，在文义上就降低一等。

祖珽结纳上了皇后、皇帝、太上皇。得一望二是人的常性，他想做宰相，要做宰相就必须先排除皇帝左右反对他的宠臣们。于是结纳黄门侍郎刘逖密告侍中尚书令赵彦深和本来是鲜卑皇族系，北齐时又改姓高而得为侍中、左仆射的高(元)文遥与侍中和士开等结党营私、贪赃枉法等罪状。

奏折还没有出手，赵彦深等得到消息，先面见高湛(太上皇)，详陈祖珽的阴谋，其心可诛。高湛抓来祖珽，多方审讯，刀柄、铁环、马鞭、木棍不断地打，把祖珽打得死去活来，最后又打二百马鞭，发配甲坊。不久，公元567年，北齐天统三年，又放逐到五百里外的山东莱州(光州)，戴着脚镣手铐囚禁在海边地牢中。亲人不得探视，刑具不离其身。点燃芜菁子照明，油烟熏染因而致祖珽双目失明。但是他的政治生命却依然发光，真是怪物一个。

北齐高纬的天统四年，公元568年冬十二月十日太上皇高湛病死。翌年(569)，现任皇帝高纬又任命祖珽为远在江苏连云港海外小岛(郁州)的海州刺史。

和士开起初与祖珽是狼狈为奸，后来因为祖珽一度想陷害和士开而双方反目，现在和士开的主子高湛已经去世了，和士开依附在后主高纬系中，他想到“神情机警，词藻遒逸”的祖珽是“对策高第”“能决大事”(《北齐书·祖珽传》)的高手，所以他就放弃前嫌，一心讨好祖珽，打算收服他当助手。于是和士开串通正主朝政的陆令萱向高纬游说，使高纬承认他今天能稳坐皇宫的最大功臣是祖珽，并且祖珽虽然是汉人，但他已经双目失明，一定会死心踏地为皇上效忠的。于是高纬召回祖珽，任命为秘书监，主理皇家图书，并加授开府仪同三司。

和士开死，祖珽附为陆令萱系的主要幕僚，乃调为侍中，在晋阳秘奏皇帝高纬诛杀琅邪王高俨(高纬之弟)。祖珽又为皇帝高纬所重用。

胡太后因淫乱被儿子皇帝软禁之后，祖珽曾串通陆令萱之弟陆悉达极力活动游说以陆令萱为太后。赞“陆(令萱)虽妇人，然实雄杰，自女娲以来，未之有也”，乃称陆令萱为“太姬”。而陆令萱也互相标榜，称祖珽为“国师、国宝”(《北齐书·祖珽传》)。

由于陆令萱的影响，皇帝高纬又晋升祖珽为“尚书右仆射”，监修国史，加特进，入文林馆，总监撰书，封燕郡公，采食太原郡，并派卫士七十人。祖珽住所在义井坊(邺城东北隅)，为了扩大修建工程，把附近邻居的民房都拆除了。祖珽从此又权倾朝野，声震天下。

忠义之臣斛律光不齿祖珽的作为。祖珽就编造童谣“百升飞上天，明月照长安”，寓言斛律光将在长安称帝。于是高纬下令把斛律光全族斩首。

祖珽又通过陆令萱，要求掌理军权。事为尚书令高元海以祖珽为“汉儿，两眼又不见物，岂合作领军”（《北齐书·祖珽传》）为由而反对。

高元海也是怪人一个。他的父亲高思宗是高欢的从子，高元海在高欢时代累官散骑常侍，是一个没有固定职务，没有办公衙署但却常与皇帝接触的备差。高洋称帝，高元海由高洋许可入河南林州的隆卢山修行佛教经典。白日面壁，夜伴孤灯，与世隔绝两年。元海难耐清苦，下山还俗后乃竟纵情酒色，广纳姬妾。高洋复其原职后曾与祖珽共执朝政。北齐末年征为尚书令，周灭齐，元海附周，旋以谋逆伏诛(《北齐书·高元海传》)。

祖珽得知上情，乃列具高元海与司农卿尹子华、太府少卿李叔元、平准令张叔略等结党营私，危害国家的事实告陆令萱。高纬就下令把尹子华、李叔元、张叔略等免职，尚书令高元海原已内定外放郑州刺史也免刺史职。

祖珽“自是专主机衡，总知骑兵、外兵事。内外亲戚，皆得显位。……后主(高纬)每同御榻论决政事，委任之重，群臣莫比”（《北齐书·祖琏传》）。

祖珽有鉴于皇族腐败无能，国家濒临灭亡，在他初掌大权就先注重于政治革新。他先把民间那些鱼肉乡民、危害地方的豪族劣绅们全面性地清除、消灭。在官府人事方面确曾做了不少“官人称职，内外称美”（《北齐书·祖珽传》）的大事。祖珽雄心勃勃，还想增损政务，裁并那些多余而无用的骈枝机关，淘汰有官无职、有职而不能胜任的冗员(包括宦官、权贵)。他向皇帝高纬上奏罢京畿府，并于领军，事连百姓，皆归郡县。(加强地方权责)简化宿卫都督等号位，概从旧名，依旧制(《北齐书·祖珽传》)。这些一连串的新政，引起权能左右皇帝的陆令萱、穆提婆母子的反弹。而祖珽不自量力，他也早已把危害国家的陆令萱、穆提婆这一帮城狐社鼠列为斗争对象了，只是时机不到没露声色而已。

恩幸和士开

和士开是河北临漳人，世代为北魏官，他的先人原是西域商胡，本姓素和氏。

曾祖和跋以才辩知名，曾为拓跋珪时代平原太守。“宠遇冠诸将”，但他好修虚誉，性尤奢侈好淫，拓跋珪屡次诫之而不改，被诛。(《中国人名大辞典》)

和士开的祖父和归，在拓跋焘时曾做过统万将军。父和安，恭敬善事人，东魏末代皇帝元善见十分宠爱。高欢曾保荐作黄门侍郎。(《中国人名大辞典》)

和士开可能是有些天赋(遗传)，他精通当时最流行的赌博游戏——握槊(疑是现在的骰子)，又会弹琵琶，这些都是当时长广王高湛最喜欢的。和士开借着这些技艺夤缘幸进，甚得高湛宠爱，高洋为帝时(天保年间)高湛任命和士开为“开府行参军”，是个备差参议的官职，不过随时陪伴高湛玩握槊而已。高洋知道和士开不是好东西，不准高湛亲近和士开，于是又把和士开放逐到长城边塞。后来高湛又要求派和士开为“京畿士参军”。

高湛称帝，和士开也跟着鸡犬升天，一路蹿升到“给事黄门侍郎”，这是禁宫侍从，随时可以进出皇帝寝宫的职务。

和士开母丧，高湛表示哀伤，还派武卫将军吕芬到和家日夜扶持。成服之后，高湛派小牛车接和士开还朝，他的四个弟弟也都做了高官。

和士开做了尚书右仆射，高湛因饮酒过量而患气喘病，和士开曾为劝高湛戒酒而声泪俱下，高湛为和士开这种“不言之谏”所感动而不再喝酒。和士开与皇帝高湛之间，“言辞容止，极诸鄙亵，以夜继昼，无复君臣之礼”(《北齐书·恩幸传》)。又常与胡皇后“握槊”游戏，随意出入寝宫，触手摩肩，自然情生，遂与胡皇后有染。

和士开说高湛：自古帝王尽为灰烬。尧、舜、桀、纣，竟复何异？陛下宜及少壮，恣意为乐，纵横行之，即是一日快活敌千年。国事吩咐大臣，何虑不办？无为自勤约也？(《北齐书·恩幸传》)高湛更加信任和士开。

和士开和娄定远、录尚书事赵彦深、侍中高(元)文遥、唐邕、领军将军綦连猛、高阿那肱、度支尚书胡长粲同时掌握朝政，时人称他们是“八贵”。

和士开的宠幸过人，使毕义云、散骑常侍高元海与高乾和等都受到严重威胁，他们谋铲除和士开。事为和士开侦知，乃先下手为强，在高湛面前哭诉，高湛疏远高元海、高乾和等。名列《北齐书·酷吏传》的毕义云见风转舵，用金银财宝贿赂和士开，又被外放山东做兖州刺史而躲过了这一场斗争。

北齐天统四年，公元568年的十二月十日高湛病重，把后事交代和士开，拉着和士开的手说了一声“勿负我也”而死。

身膺独一无二的顾命大臣，皇帝又在与之握手中去世，而且又先得幸于胡皇后，这是和士开自引为最骄傲、最风光之时，但也是造成他惨遭横死的主要因素。

皇帝的饰终大典，当然是由和士开主持了，可是和士开却封锁消息，秘不发丧。三天后，由黄门侍郎冯子琮(胡皇后的妹夫)说服，才公开了早已为人共知的高湛死讯。

太上皇去世，现任皇帝高纬亲政，把高湛安葬在永平陵，封“武成皇帝”，称“世祖”。

高纬对于太上皇高湛在世时所在百工细作，悉罢之。并将邺城、晋阳与中山三行宫的宫女、奴役，或年老，或患病者一律释放，令其自由回家。又把设在晋阳的并州尚书省舍给佛教，改作“大基圣寺”，把原“晋祠”改作“大崇皇寺”。

公元 569 年任命琅邪王高俨为大司马，571 年又任为太保，但是把以前高湛时所任命的官职、封爵完全免除。

和士开由于情人胡太后的撑腰日渐掌握新朝大权，已经十多岁的后主高纬对他也有厌恶之心，不过念及他是顾命大臣，只有事事仰仗他了。和士开权势、威望如日中天，其为人处世也一天比一天更狂妄，更会弄权。

皇亲赵郡王高叡、高湛的弄臣领军将军娄定远等联名再三谏议外放和士开，都被因恋奸情热的胡太后所否决。

和士开向后主高纬哭诉委曲，谏议高纬施以缓兵之计，要高纬告诉高叡、娄定远等说：已经内定外放和士开为兖州刺史，但须等先帝(高湛)安葬之后就任。

狡黠多算的和士开，又带着两个美女、一张珍珠帘和很多黄金去见娄定远，一则说谢谢娄定远过去的爱护，二则说既然外放兖州，先来辞行。娄定远非常高兴地接受了和士开的礼物。和士开明知娄定远谋算自己，现在又送重礼给他，其动机并不是曲尽礼敬，收买娄心，而是一种栽赃阴谋。

和士开再见高纬和皇太后，诉说朝贵们排斥他的目的，是要把处理高殷的办法来加诸高纬。一旦他离开朝廷，宫内一定发生政变，到那时候他再也来不及救助皇帝和太后了。

他自己说得痛哭流涕，太后及皇帝高纬也听得如大难临头，君臣牛衣对泣。

听了和士开的一番话，高纬立即下令外放娄定远为青州刺史，并限立即赴山东青州上任。

次日高叡上朝，又向胡太后要求外放和士开。胡太后再要高叡准许延到高湛“百天”后，高叡仍然不答允，而且态度更强硬。可是在高叡出宫行经永巷时突然出来武士数人，把他架到华林园雀离佛院，胡太后命御用杀手刘桃枝把时年三十六岁且一向清廉正直的赵郡王高叡掐死。

和士开又恢复了“侍中”“尚书左仆射”之职。武平元年(570)又封“淮阳王”“尚书令”。

接受和士开贿赂的娄定远为了保全自己，除了奉还和士开所送的美女、珠帘与黄金之外，又加上自己的金银财宝一并送给和士开。这是公元569年，北齐天统五年的事。

和士开的权力地位又提高到无上的尊贵，朝中一些无耻官员，不少巴结和士开，认贼作父的、行贿的、送女儿给他为奴作婢的很多。一天，和士开患了伤寒病，医生开方只有黄龙汤最有效。黄龙汤是发酵之后的陈年大便做成的，和士开觉得难以下咽。当时前往探视他的一位官员为了奉承和士开，就说“我先替大王尝尝”，把一碗粪便汁一口气喝下，和士开为这位官员的诚心感动，勉强喝了另一碗，说也奇怪病真的好了。

和士开与胡太后的秽闻传遍朝内朝外，和士开的作威作福有过于皇帝。高湛的长子琅邪王高俨觉得母亲这些丑闻秽事，让自己实在没有面子，就和他的姨丈侍中冯子琮、领军厍狄伏连、治书侍御史王子宜、武卫高舍洛等商议诛杀和士开。于是在公元571年，北齐武平二年七月二十五日由王子宜上奏给皇帝，请求逮捕和士开，再由厍狄伏连带领京畿禁卫军埋伏在神虎门、千秋门外，把正要入朝的和士开逮捕，立即押送朝廷，由都督冯永洛监斩，时年四十八岁的和士开就此死于非命。

和士开是皇帝高纬的主要谋臣，高俨杀了和士开，高纬就得利用最有兵权实力的斛律光来制衡高俨。高纬发出十万火急令召唤斛律光进宫。斛律光听说高俨已经斩了和士开，内心十分高兴，但他无形于色。遂即进宫觐见皇帝高纬，当时高纬把禁卫军四百人交给斛律光指挥。斛律光步行前导，高呼："皇上驾到!"高俨的部属惊骇逃散，高俨也被逮捕。高纬把高俨狠打一顿，然后交给胡太后。再下令逮捕厍狄伏连、高舍洛、王子宜、刘辟疆及都督翟显贵等绑到后园，高纬亲自射杀之后肢解碎尸，再把碎尸拖到大街示众。高纬还要把高俨所属文武官员全部斩杀，幸经斛律光恳切谏议，才把他们分别议处而后已。

胡太后听说她的面首和士开已死，又听说她的妹夫冯子琮曾参与这次事件，就立即派人用弓弦绞死冯子琮，命宦官用运货车把尸首送回他家。

高俨、高纬都是胡太后的亲生儿子。胡太后就把高俨留在身边周密监护，吃饭都得胡太后先尝，严防高纬、陆令萱、穆提婆等下毒加害于他。

高俨与高纬虽然是同胞兄弟，但是高纬早已听说三年前他的父亲高湛就有"废纬立俨"的打算，所以对高俨是恨之入骨，一定要置高俨于死地。

陆令萱建议起用祖珽。又是祖珽出的主意，高纬向胡太后佯称偕同弟弟去打猎，胡后不知是诈。是年(571)的九月二十五日夜，高纬唤出高俨，走到永巷宫内，杀手刘桃枝把高俨双手反绑，高俨大声喊叫，刘桃枝用衣襟塞着他的嘴巴，又撩起高俨的长袍大襟蒙着高俨的脸，一路背到大明宫，高俨被扼窒息，宫人把血流满面的高俨尸体用草席卷着，就地埋在大明宫中。胡太后赶来现场大哭，但立即又被宫女们拥回内殿。

翌年(572)正月，为了安抚他的母亲，假惺惺地追赠高俨为"楚恭哀帝"，尊称高俨的王妃李氏为"楚帝后"，住进宜则宫，还有高俨的遗腹子，生下数月就被杀害。

高纬的叔父(高湛的亲弟弟)、定州刺史博陵王高济，因为曾对人说过"皇帝应该由我来做"一句闲话，被高纬听说了，立即派杀手到定州刺死高济，还以王礼葬之以掩饰。

北齐再派散骑常侍韦道儒聘问南陈，加强南陈与北齐间的务实通好。

北齐十岁皇帝高纬封他的弟弟高弘为齐安王，高仁固为北平王，高仁英为高平王，高仁光为淮南王。是年冬任命侯莫陈相为“太傅”，任城王高湝为“太保”，冯翊王高润为“太尉”，娄叡为“大司马”，开府仪同三司韩祖念为“司徒”。

无可奈何的反抗

北齐河间王高孝琬，是高澄的第三子。高孝琬自以为是高澄的世嫡而骄矜自负，他的大哥高孝瑜三年前被权臣和士开、祖珽谗言陷害而死，高孝琬怀恨在心，于是扎草人象征和士开、祖珽为箭靶，时予射之。和士开、祖珽谮之于太上皇高湛，说高孝琬所制草人是指太上皇，并检举高孝琬有叛乱之言。

在历史上，诬告的事件多如牛毛，凡是诬告别人的人，都会捏造一套叫他的主子们感觉到危及其身，并且信以为真的谎言。和士开、祖珽这种人，诬害别人的技巧更是高人一等。魏世有童谣说“河南种谷河北生，白杨树上金鸡鸣”。解释是暗示河间王将大赦天下，又说高孝琬收藏一颗佛牙，晚上会发出光芒。做皇帝的人物是天不怕，地不怕，就怕人家推翻他。高湛对于叛乱案，特别敏感，于是就派武士们到高孝琬家中搜查，搜出镇库用的旗帜数百个。高湛就一口咬定这是叛乱的证据，命武卫将军赫连辅玄倒鞭毒打，就这样把高孝琬活活打死，这是公元 566 年，北齐天统二年十一月的事。

高孝琬的五弟安德王高延宗，对于高孝琬之死痛哭流涕，也以草人报复。高湛又把高延宗抓来痛打二百马鞭，几乎把高延宗打死。

元(高)文遥数典忘祖

北魏太和十八年，公元494年，拓跋宏迁都洛阳后就明文规定：从此生为洛阳人，死葬洛阳。从此随拓跋宏来洛阳的皇族、贵族，一律入籍洛阳，两年后也都改姓“元”。后来也有不少汉官和其他胡官，为了攀龙附凤而改姓“元”。到了北齐篡东魏之后，高家掌权了，东魏皇族系、贵族系以及其他胡官们又要改姓“高”的也不知道有多少。公元566年，北齐天统二年冬，北齐太上皇高湛特别批准侍中元文遥改姓“高”，又升这个高文遥为尚书左仆射，这就是元文遥要改姓高的目的。

古代社会里的地方官员都是靠关系攀连而成的，在小百姓面前是父母官，有生杀予夺的权威。但在他们的背后都有栽培、提拔他们的一只黑手，不是高过他们的大官、权贵，就是某些有主从关系的豪门、军阀、财阀。

北魏末年以来的县令、郡守，大都是由高官、军阀或贵族豪门的家奴、仆役们出任，在这种风气之下，一般读过书的都以做县令是一种耻辱。高文遥做了主管吏治的尚书左仆射，他认为县令治民之本，应该提高他们的身份、地位与素质。高文遥要改善这个风气，他要求县令应密择贵游子弟，集中训练，由皇帝任命，并护送他们上任。

从此，北齐地方官员的素质大大提高，行政绩效也改善不少。北齐天统三年、北周天和二年，公元567年夏，北齐派散骑常侍司马幼之前往南陈报聘，实际是侦察北周与南陈的秘密交往。

斛律世家

在北齐集元勋、功臣、皇亲国戚于一身的斛律世家，首先得从斛律金说起。咸阳王斛律金，字阿六敦，河北蔚县(蔚州)的匈奴敕勒(又称高车、铁勒)部落人。

说斛律金是匈奴族，有两种根据：

一、《中国人名大辞典》说：斛律金有匈奴族特有的“听音辨位”之术，“行兵用匈奴法，望尘识马步多少，嗅地知军度远近。仕为第二领民酋长，秋朝京师，春还部落，故号雁臣”。

二、《北齐书·神武帝纪下》说高欢在玉壁战败，士气不稳，命斛律金作《敕勒歌》以慰军心。是以证明斛律金为匈奴族裔，又可判定当时高欢所部乃至北魏的军队中有不少的匈奴族以及其他胡族人。

斛律金早年在义军破六韩拔陵部任中级军官，很受器重。可是斛律金看准义军必败，所以就率领所部一万多户族众向魏师投降。后来在黄瓜堆与义师杜洛周部的战役中大败，族众溃散。斛律金与其兄斛律平投奔尔朱荣，先后任“别将”“都督”等职。尔朱荣挟立元子攸为帝，加封斛律金为“宁朔将军”“屯骑校尉”。由于与葛荣、元颢等义军作战有功，又加授“镇南大将军”。公元530年(北魏建明元年)，尔朱荣死，斛律金与娄昭等人归高欢，曾任恒、云、燕、朔、显、蔚等六州大都督，盘踞在晋北匈奴族裔居留地的内蒙古、河北西北部一带。公元532年(北魏太昌元年)，斛律金为汾州刺史兼大都督，进爵为“侯”，之后做了“大司马”，改封石城郡公，采邑一千户，并升为第一领民酋长。

嗣后追随高欢，历经剿山胡、攻玉壁、伐侯景诸役，魏帝元恪拜为肆州(山西省忻州市)刺史。

高洋称帝，对斛律金宠幸有加。斛律金病，高洋以皇帝之尊亲临其家省问并赐医药；刺史解职，以太师荣衔回晋阳，高洋率六宫、诸王再幸临其家设宴以贺；高洋封斛律金的次子斛律丰乐为武卫大将军，并把“义宁公主”(高欢的女儿)嫁给斛律金的孙子斛律武都为妻。

斛律金随高洋征柔然，大胜而还，进位为右丞相，又迁左丞相，煊赫一时，已经是高家王朝实力派的中心人物了。

继高洋之后做了北齐皇帝的高演对斛律金更加尊重，上朝他可坐人力小车直到金殿，又娶了他的孙女(斛律光的长女)为皇太子(高百年)妃。

高演死，遗命高湛继立。左丞相斛律金率百僚向高湛劝进，所以高湛称帝，对斛律金更加礼遇，除了纳其孙女(斛律光之次女)为太子(高纬)妃之外(天统元年又封为皇后)，又封其长子斛律光为大将军(最高统帅)，次子斛律羡及孙儿斛律武都等为开府仪同三司，斛律羡出任幽州刺史，斛律武都任梁州兼兖州刺史，其余子孙皆封侯。计其一门一皇后、二太子妃、三公主(斛律光的儿子斛律武都、斛律世雄、斛律恒伽，皆娶高家皇族的公主为妻)，尊崇之盛，当世莫比。在北齐可以说富贵荣华一连三代，这是少见的尊荣。

饱经世故的斛律金曾再三告诫他的子孙“伴君如伴虎”，对于这些裙带关系他深以为忧。

北齐天统三年，公元567年的闰六月，八十岁的斛律金去世。太上皇高湛在西堂举哀。后主在晋阳宫设灵堂祭奠，并追赠假黄钺、使持节，都督朔、定、冀、并、瀛、青、齐、沧、幽、肆、晋、汾十二州诸军事，相国、太尉、录尚书、朔州刺史，酋长如故。赠钱百万，谥曰武，子斛律光嗣。(《北齐书·斛律金传》)

斛律金的儿子斛律光，字明月，马面彪身，神爽雄杰，少言笑，工骑射(《北史》)。十七岁就随斛律金征战行阵。高澄引为亲信都督、征虏将军，累加卫将军。一天，他随高澄打猎，见一只大鸟飞过天空，斛律光一箭射去，正中鸟颈，高澄甚为惊异，当时给他一个外号叫“落雕都督”。

高洋称帝，加开府仪同三司，封西安县子爵。以后屡次战功，任晋州刺史。嗣后每与北周战有功，高洋先后拜为蔚州(河北省蔚县)、并州(山西省太原市)刺史。高演为帝，娶其长女为太子高百年妃。河清年间，高湛命其在关西督建勋掌城，又筑长城二百余里，置十三个防御据点。这一国防工事之完成使北周的进犯惨败。

高湛娶斛律光次女为太子(高纬)妃，高纬嗣帝位，即封为皇后。是年(天统元年，公元565年)晋斛律光为太尉、大将军。公元567年，北齐天统三年，丁父(斛律金)忧去官。当年六月，高纬命斛律光及其弟斛律羡等官复原职，是年秋拜太保，世袭咸阳王，暨第一领民酋长，另封为武德郡公。

公元570年春，北周犯洛阳，斛律光率军三万反攻，大破北周宇文英与梁景兴部，斩首两千多。在宜阳设置统关、丰化二城，维护洛阳与宜阳的通路。

斛律光宜阳之战，大破北周梁景兴部，俘获宇文英、梁景兴，获战马一千多匹。北齐朝廷加授右丞相、并州刺史。

是年(570)冬，紧接着又受命率军五万进驻名战场玉壁(山西省稷山县)，并筑防御工事华谷(山西省稷山县西北二十里)、龙门二城(山西省河津市与陕西省韩城市)。进军山西省吉县(定阳)以攻为防而筑南汾城，置南汾州(山西省汾阳市)以防河西北周军而巩固玉壁。在这一带山区中的山胡等少数族群与汉人有一万多户来降。

翌年(571)，斛律光又在山西稷山西筑防御工事平陇、卫壁等十三处，分布在汾河南北。北周名将韦孝宽等步骑万余来犯，斛律光大破北周军，俘虏斩杀几千。北齐朝廷又封斛律光为“中山郡公”，增加采邑一千户。

为了增强河防，斛律光再进吉县以西五十里的姚襄城、白亭城，当地原住民表示归顺，俘得北周地方部队数千人。北齐朝廷又加封斛律光为“长乐郡公”。

北周又派军围宜阳(河南省洛阳市)，斛律光率五万骑兵星夜奔驰，南下救援，大战于宜阳城下，北周军败退，斛律光收复为北周所占领的建安(应在河南省洛阳市区)等四城镇，并俘一千多北周军而回师邺城。一年之间三次加封，可以说只有斛律世家才有此殊荣。

像这种无上的尊荣、无上的威权，当然会招来无数人的嫉妒，尤其是佞幸之臣。

古今中外历史上常有忠奸对立的故事。斛律光秉性耿介，精忠为国，对于朝内那些佞幸贼臣，他看得很清楚，也恨之如寇仇。皇帝身边的武卫大将军穆提婆(原姓骆)要求娶其庶女为妻，斛律光对他这个身世污浊、混进王宫内的无名崽子根本没有放在眼里，所以严词拒绝。皇帝高纬赐予穆提婆一块相当大的田地，也为斛律光反对而作罢。因此穆提婆联合祖珽等陷害斛律光。

北齐武平二年，公元571年，斛律光与周师战于宜阳城，凯旋班师回朝，大军还没有到达邺城，皇帝高纬就下令要他停止前进，立刻解散所部军队。斛律光觉得军队立了战功，皇帝应该奖励，于是就在邺城西北的紫陌扎营待命。高纬对于斛律光把大军带到皇都近郊大表不满，立即召唤斛律光进宫，又派官员对斛律光所部宣布慰劳然后解散。高纬任命斛律光为左丞相，另封“河清郡公”。这是什么征兆？斛律光自己应该提高警觉了。

斛律光的存在，对北周是一大威胁。北周的健将韦孝宽利用斛律光被解兵权的机会编造了许多影射斛律光谋反的童谣，由间谍到邺城散播。加上祖珽、穆提婆、陆令萱、和士开等在高纬面前的曲解，于是高纬决定要杀斛律光。

还是祖珽出的主意，遣使谎称皇帝赐予骏马一匹，邀请斛律光明日同去狩猎。次日，光明正大、秉性坦率正直的斛律光不疑有他，乃自己进宫，被导引到凉风堂，由皇家杀手刘桃枝自背后勒着斛律光的脖子，把时年五十八岁的斛律光勒死。北齐朝廷先是宣布斛律光谋反，已经伏法，其余家人无罪。可是当天又下令诛灭其族。斛律光的长子斛律武都时为梁、兖二州刺史，公元 572 年，北齐武平三年，高纬乃派使节到其任所收斩。斛律光之弟斛律羡为幽州刺史，高纬派中领军贺跋伏恩到幽州任所把他斩首。

斛律光三子斛律世雄为开府仪同三司，四子斛律恒伽代理仪同三司，高纬下令赐死。最小的孙子斛律锺因年才数岁而免死。在北周灭北齐后斛律锺袭封“崇国公”。隋开皇中死在骠骑将军任上(《北齐书·斛律光传》)。

高纬的皇后是斛律光的女儿，也因其父有罪而被贬为平民。

斛律光的弟弟斛律羡，字丰乐，有智慧，善骑射，高欢很喜欢他。高澄提拔他为开府参军事，升征虏将军、中散大夫，加安西将军，进封大夏县子爵，拜通州(侨置)刺史。高洋称帝，进为征西将军，又封显亲县伯。高湛的河清三年(564)转使持节，都督幽州(河北省)、安州(北京市密云区)、平州(辽宁地方)、南营州、北营州(应在河南省境)、东燕州(北京市昌平区)等六州诸军事，幽州刺史，其年秋又打败突厥。翌年(公元 565 年，北齐天统元年)夏五月突厥来朝，北齐朝廷以斛律羡之功而加授“行台仆射”。

斛律羡驻镇北齐北境，不仅对边防的军事有重大建设，对于当地水利建设、农业建设都有很多贡献，使军糈可就地征发，省却漕运。

北齐天统三年，公元 567 年六月，丁父忧辞职家居守孝，旋又征召还任，并加位特进，翌年升“行台尚书令”，并封高城县侯。公元570年，北齐武平元年，加骠骑大将军。斛律羡素性谨慎耿直，对于自己受此殊荣，从不矜持，而且对满门显贵深以为忧，曾数度上书辞让，高纬不准，且又进爵“荆山郡王”。

北齐武平三年，公元572年七月，斛律光被杀之后，高纬又派中领军贺拔伏恩率大将军鲜于桃枝等把斛律羡及其五个儿子(斛律伏护、斛律世达、斛律世迁、斛律世辨、斛律世酋)都在幽州任所斩杀。

禳 灾

据《北齐书·斛律羡传》载：斛律羡在他遇难前几天，突然命令在他身边的几个儿子自最小的斛律伏护等五六人，戴上镣铐，骑驴出城西门，全家哭着送到城门，那些儿子到晚上才回来。举城官民都感到非常怪异。斛律羡的好友马嗣明私下问其缘故。斛律羡答说：斛律家男的出将入相，女的是公主、皇后、太子妃，满门显贵，家奴三百人，家运如垒卵，这种做法是禳灾祈福而已。数天之后，发生剿家之变。

斛律世家自斛律金于公元531年归高欢起，到572年全家处死，四十年间可以说都是尽忠于北齐高家，也享受高家的不少荣耀，有皇后、有公主，出将入相，多少荣耀，多少骄傲，多少权威，多少喜悦，一夕之间竟都化为家破人亡的哭泣。

综观斛律世家，可以说是一门忠贞，斛律金算是寿终正寝，而其两子斛律光、斛律羡虽然都遭灭门枉杀，但都还有余绪，没有绝后，也可以说是善有善报了。

高纬与高绰

高湛有十三个儿子，胡皇后生长子高纬。李夫人生高绰，排行老二。胡皇后生高俨，排行老三。余高廓、高贞、高仁英、高仁光、高仁几、高仁邕、高仁雅、高仁直、高仁谦，都是后宫的宫女们所生。

高绰，事实上应该是高湛的长子，他是李夫人在公元 556 年(北齐高洋的天保七年)五月五日辰时生，巧的是这一天(五月五日)的午时胡皇后生高纬。由于李夫人不是正妻，依传统高绰只能算是庶出。于是就把正妻胡皇后同一天所生的老二高纬宣布为嫡长子，乃法定的继承人。高湛称帝，就封高纬为皇太子，高绰为南阳王，高俨为琅邪王。

高绰也许就是因为这个经过而不满现状，时常显示出他的反抗情绪。他十几岁时跟在高湛身边，他喜欢养狗，狗也时常伤人。他的幕僚劝他不要养狗伤人，他竟然立即砍杀几只他心爱的狗，血流满地，吓得之后没人敢再劝他。

高绰做了司徒、冀州刺史，常使人脱光衣服蹲在地上装作野兽的样子，再放出狗来咬他、吃他，而高绰却以此为娱乐。

他在定州刺史任上，有一次出巡路上见一妇人抱小儿回避在路旁草丛中。高绰命随从把那个妇人的小儿夺过来给狗吃。狗吃小儿，小儿大哭大叫，妇人大呼救人，高绰竟又使人把那个小儿的血涂在妇人身上，群狗又追踪血的记忆而竟相扑食那个妇人的肉。顷刻之间，母子两人全被群狗吃完，而高绰却哈哈大笑。这种惨绝人寰、令人发指的暴虐行为，高绰说是仿效他伯父高洋的遗德遗行。

高纬做了皇帝，听说高绰在定州那些暴行，下令把高绰押解到行在。

高纬问他在刺史任内如何最快乐，高绰答说收集很多蝎子在桶里，再把猴子放在桶中，看许多蝎子蜇猴子很有趣，蝎子蜇人更好玩。高纬立即下令连夜捉蝎子一斗，天明才得三升，放在浴缸里使人脱光衣服卧在浴缸中，很多蝎子爬在人身上奇痒难受，蝎子的毒针蜇在人身上疼痛难忍，这人在浴缸中翻过来滚过去，辗转反侧痛哭哀号。高纬还说高绰："有这样好玩的把戏为什么不早奏闻？"

高纬还有一个组织庞大、项目很多的"散乐团"，很像现在的马戏团，有特技表演等。有人的表演特技，还有鸟、兽的特技表演，各种热带鸟、如鹦鹉、八哥等；兽的表演如鼋(大鳖)、鼍、玳瑁、龟、鲸鱼等。人的表演，有两个人头抵一根竹竿，美女在这根竹竿上跳舞，轻如飞燕，突然一跃闪电之间两个顶竿的人已交换了位置，而美女也又飘飘然落在竹竿上展其舞姿，这一招是高纬最欣赏的。还有各式各样的特技惊险奇异、神奇古怪的魔术，千变万化，使人目不暇接，如入神话境界。这个特技团，使北齐亡国，后来又流传到隋朝的杨广之手而亡了隋。

高纬乃封高绰为"大将军"，整天陪他游戏。近臣韩长鸾疾之，而高绰被下放为齐州刺史。韩长鸾在高绰离京之前串通高纬的亲信，密告高绰谋反。做皇帝的就怕人家反叛他，所以对叛乱犯人是杀无赦的。于是高纬在公元574年冬派宫中杀手胡何猥萨把愤世嫉俗的高绰掐死。后来北齐亡于北周，高绰的遗孀郑氏为北周皇帝宇文邕荐枕，顺便要求北周宇文邕准将高绰安葬在高湛的墓陵(永平陵)之北。

公元572年二月，北齐擢升尚书左仆射唐邕为尚书令，侍中祖珽为尚书左仆射。

祖珽虽然因品行很差而不孚众望，但他的野心很大，歪点子也多，所以在汉人官僚中还是举足轻重的人物。他为进一步扩大他的势力范围，打算从鲜卑贵族手中争过来军权，当他诛灭了斛律家族之后，他曾向皇帝要求做“中领军”，这是朝廷禁卫军的首领。陆令萱、穆提婆、高阿那肱、韩长鸾还有陆令萱的外甥女婿高元海这帮人就商议不能让汉人掌握兵权，于是他们就打击祖珽派的发展，并且大肆借词屠杀汉人官吏，如尚书左丞封孝琰，散骑常侍刘逖，黄门侍郎裴泽、郭遵、崔季舒、张雕虎等在同一天中被收斩，于是北齐政权又成鲜卑贵族独霸的局面。可是鲜卑皇族的内斗、贵族的内斗、汉人官吏与民间反抗，反而日趋激烈，以致高家危机四伏。

左皇后与右皇后

胡太后为了掩饰她那淫荡丑行，特地在儿皇帝高纬面前殷勤讨好。把她哥哥胡长仁的女儿，盛装打扮，接到宫中同住，故意使高纬看见。高纬果然一见倾心，立即封她为“昭仪”。斛律皇后被贬出宫，陆令萱打算让穆黄花封后，而胡太后却要自己的侄女为皇后。可是她对皇帝的影响没有陆令萱的影响大，只好以厚重贿赂使陆令萱与祖珽联合奏请高纬诏封胡氏为皇后。这是公元572年八月初的事。

穆黄花的母亲穆轻霄，本来是穆子伦家的婢女，后来被转卖到侍中宋钦道家为奴，与宋钦道私通而生穆黄花，又名邪利。穆轻霄也为此而惹怒了宋钦道的正妻，竟在穆轻霄脸上刺青一个“宋”字，可是穆黄花诞生后仍从母姓——穆。

穆黄花以侍婢身份随斛律皇后入宫后，为高纬所幸，给高纬生了一个男孩子——高恒。自从穆黄花生了太子高恒之后，陆令萱就多方巴结穆黄花，甚至把自己儿子骆提婆改姓穆。现在又多方怂恿高纬封穆黄花为皇后，可是已经封了胡皇后。陆令萱一面用巫术诅咒胡皇后，使之精神失常；一面精心布局，使穆黄花穿上皇后服饰，坐在陆令萱所布置的华丽宝帐中。陆令萱谎言天女下凡，诳高纬来见圣女。高纬一见竟是穆黄花，当时高纬并不知道穆黄花的身世，并且已经封过胡皇后为“左皇后”了。在陆令萱花言巧语之下，高纬只好再封穆黄花为“右皇后”。

陆令萱除了用巫蛊邪术诅咒胡皇后使她精神恍惚之外，更狠更毒的招数是她在胡太后面前挑拨离间。一天，陆令萱在胡太后面前气得脸色发紫、义愤填膺，故意做出要说又不说的样子，在胡皇太后坚持要她说时，她说胡皇后竟然不顾姑侄之情，对外抨击皇太后“行为放荡，不足为国母训”。这句话击中胡太后的最痛点，胡太后气得几乎发疯。立即叫出胡皇后，不问青红皂白当场把胡后的头发剃光，送回娘家。当年(公元572年，北齐武平三年)十二月宣布罢黜胡皇后，贬作平民。可是高纬仍然怀念着她，还不时送些东西致意。于是“右皇后”穆黄花就此成为独树一帜的“正规”皇后了。

从此陆令萱、穆提婆母子俩独霸朝政，权倾内外。宫中自太后以下都得听从陆令萱指使，朝中包括尚书令在内的所有官员对穆提婆都是畏惧万分。

可怜的胡太后

国家将亡，必出妖孽。北齐皇帝高纬的母亲胡太后难耐空帷而面首成群，其中以和尚为最多。胡太后与“沙门统”(佛教总督)昙献通奸也是公开的秘密。北齐武平二年(571)十月间，高纬朝见太后，看到侍奉太后的尼姑都长得很漂亮，其中两个被高纬召进寝宫侍寝，赫然发现“她”们都是男人。高纬对自己母亲的如此丑行，觉得是奇耻大辱。于是下令把这一群假尼姑、真和尚，包括昙献在内全部斩首。并把胡太后软禁在北宫，下令任何皇亲国戚都不准见。胡太后为了讨好儿子，有时做些好吃的东西送给高纬，而高纬也从不敢入口。这是高家的狠心儿皇帝。

在四十多年之内，北朝先后有两个臭名冠世的胡太后，一个是为儿皇帝所制的胡太后，另一个是毒死亲生儿子的狠心胡太后。

北魏孝昌四年(528)，北魏孝明皇帝元诩的母亲(宣武皇帝元恪的皇后)胡太后淫荡不羁，面首一大群。她的儿子皇帝不满她这无声誉的淫行，她竟把她亲生的儿子皇帝元诩毒死，另立年仅三岁的元钊为帝。而她也就在当年(528)四月中被大军阀尔朱荣投入黄河。可是败德恶名，就是黄河的水也洗不清她这肮脏的一生。

北齐三贵

北齐有三贵，就是主宰国政的陆令萱手下的高阿那肱、穆提婆(陆令萱的儿子)及韩长鸾。时人称高阿那肱、穆提婆与韩长鸾为“三贵”。所谓“三贵”是一种冷嘲热讽的语气。

高阿那肱是高欢时代晋州刺史高市贵的儿子。《中国人名大辞典》概括高阿那肱的一生，说他：“妙于骑射，便辟善事人，为武成(高湛)所爱重。武平中为右丞相，周师逼平阳，高阿那肱从节度诸军，专事欺罔，贻误戎机。及(周师)尉迟迥(应是尉迟勤)至关(应是在山东省的济州关)高阿那肱遂降。至长安，北周授大将军，出为隆州(四川省阆中市西)刺史。大象(北周末代皇帝宇文阐年号)末年，在蜀从王谦起兵，诛死。”

高阿那肱还没做齐奸之前，他曾是主管朝廷机要的“尚书令”，还兼着“外兵曹”，直接控制民间武力及朝廷机密。他和侍中城阳王穆提婆、领军大将军昌黎王韩长鸾等位居中枢，共同主持国政，世人称之为“三贵”。现在我们可以称之为害国、害民、害高家的“三害”也不为过。

韩长鸾的弟弟韩万岁为仪同三司、侍中，他的两个儿子韩宝行、韩宝信都娶了公主，也都是开府仪同三司。军国大事都得经韩长鸾之手。韩长鸾自己没读过什么书，所以他很嫉妒士人，尤其是汉人，他时常谩骂：“汉狗大不可耐，唯须杀之！”（《通鉴》语）

齐奸高阿那肱

北齐左外兵郎中兼祠部的源师，向尚书令高阿那肱禀告：“有龙出现，应该祭神祈雨。”高阿那肱大惊，问源师：“龙在那里出现？什么颜色？”源师答说：“是天上的龙星出现，依照古礼，应该祭祀。”当时高阿那肱把源师当成汉人了，所以用很鄙视的语气说：“汉儿多事！强知星宿！”遂拒绝了源师。

源师是源贺后裔。源贺是鲜卑族前南凉皇帝秃发檀的儿子，原名秃发贺。公元414年南凉亡国，他弟兄五人流亡到北魏，当时北魏皇帝拓跋嗣收容了他们，把“秃发”改为“源”，取同一本源之义。所以说源师并不是汉人，而高阿那肱竟把他当汉人来侮辱，可见他对汉人的成见之深了。

祖珽为讨好皇帝高纬，于武平四年(573)春以尚书左仆射的身份，奏准设立“文林馆”，并大量吸收文学造诣高的士人，在这个馆中为“待诏”，集体编纂《修文殿御览》，由中书侍郎李德林、黄门侍郎颜之推为“判馆事”（馆长）。

北齐的七兵尚书毕义云性情粗暴，对待部属、百姓都很残忍，连对他自己的家人也都非常残暴。一天晚上毕义云被暗杀身死，验明凶手竟然是他的儿子毕善昭。儿子弑父的逆伦大案，一定有行凶背景，可是北齐官府竟不追问情由，而直接把毕善昭斩首了事。

北齐也截获南陈正在准备北伐的军情，所以积极备战。于是年(573)夏，任命安德王高延宗为“太尉”(国防部部长)、武兴王高普为“司徒”、兰陵王高长恭为“太保”、宜阳王赵彦深为“司空”。

南陈北伐

南陈皇帝陈顼谋伐齐，决定派吴明彻为都督征讨诸军事，总领北伐大军；裴忌为监军事，负责政治作战，率大军十万北伐北齐。

吴明彻的战略部署是先收复威胁长江的北齐前线各要地，于是派遣都督黄法𣰰率军西攻历阳(安徽省和县)。

吴明彻自率水陆主力进攻他的故乡江苏六合的秦郡，黄法𣰰攻击安徽和县的历阳郡。

黄法𣰰命鲁广达越过和县，进攻和县以西安徽含山的大岘。在此与北齐军决战，结果大破北齐军。

驻守江苏六合(秦州)的北齐军，早有防御准备，在注入长江的涂水中栽植巨大木桩，做成水上栅栏，以阻南陈水师逆水北进，可是这个战法被南陈的骁勇击破。

齐人讨论抵御南陈之策。侍中王纮以为在南方用兵会引起北方的突厥、西方的北周觊觎。不如暂时休战，减轻赋税、差徭，使军民都得以休养生息。高纬觉得王纮这些话太迂阔，其他与会人员没有敢讲话的。于是高纬下令增兵历阳(安徽省和县)，并派尉破胡、长孙洪略出兵援秦州。结果都被南陈黄法𣰰击败。

北齐的秘书监源文宗，想起十二年前高演曾经命王琳回到他的故乡去招募“伧楚”（无业游民）的故事，因而提出建议再起用侍中王琳，授予全权命他回到淮南，招募当地士卒三四万人，就地成军，以匡时急。就在这个时候高纬所派的尉破胡、长孙洪略已整新军，高纬仅派王琳随军同行，并没有命王琳募兵成立新军。

石梁之战

北齐编成以“苍头、犀角、大力”为号的精锐部队，“皆身长八尺，膂力绝伦，其锋甚锐”（《陈书·萧摩诃传》）。

“苍头”部队是“以青头巾裹头之兵卒也。谓士卒皂巾以别于众”（《中华大辞典》）。《战国策·魏策》：“苏秦语魏王曰：‘窃闻大王之卒武力二十余万，苍头二十万，厮徒十万。’”可见“苍头”是古老的精兵之一。

“犀角”部队，皆执犀利兵器，头饰犀角以壮声势。（《文献通考》）

“大力”部队为擅于搏斗的大力士型兵士所组成。“大力”一词，语出《南史·王谌传》。

这些部队在战场上怪模怪样、声势恐怖。“又有西域胡，妙于弓矢，弦无虚发，众军尤惮之！”（《陈书·萧摩诃传》）公元573年，南陈太建五年、北齐武平四年的四月末，齐陈在安徽天长西北的石梁会战。西域胡穿着深红色的战衣，弓用可以做蜡的桦木皮包着，两头镶着象骨，极其精美。

南陈主帅吴明彻深切了解北齐军中的组织结构，所以特别安排飞镖（銑鋧）手萧摩诃，身穿犀皮甲胄，外罩士兵服装，看准西域胡杂在列阵前排，萧摩诃在阵前饮下大碗酒乘醉纵马猛冲齐阵。西域胡见状也急自挺身出列十余步，已拉满弓而箭还没有发出的刹那间，萧摩诃大喝一声，袖中射出飞镖，正中西域胡头，齐军“大力”部队十多人出战，都被萧摩诃斩杀。混战中长孙洪略阵亡，于是北齐军大败，主帅尉破胡下令撤退。王琳单人匹马逃出一命。

王琳逃到江苏铜山的彭城，高纬命他再南进寿阳招兵买马，重建新军以抗陈。又任命卢潜为驻扬州(安徽省寿县)道行台尚书，这是代表皇帝的官，比刺史要大。

南陈占领了安徽天长西北的石梁城(在六合之北，距六合不到一百里)。五月初，江北重镇的瓦梁城(江苏省六合区西，距离南京市不到一百里)与阳平郡(江苏省高邮市、宝应县间)的北齐驻军相继向南陈投降。

黄法𣰰所部进攻安徽和县的历阳镇(南京市西南百里)。北齐守军明知不敌，乃施缓兵之计，假意请求投降以待援。五月中齐援没到，黄法𣰰再下攻击令，城破，黄法𣰰下令屠城，北齐守军及居民全部被杀。黄法𣰰随即西指合肥，北齐守军投降，黄法𣰰安抚百姓，立即遣返俘虏及降军。

西战场上南陈军攻陷安徽霍山东北三十里的庐江城。这一影响，使霍山以南驻守高唐郡(安徽省宿松县)本已军心动摇的北齐军投降南陈。

公元573年，北齐武平四年、南陈太建五年五月中，南陈原驻镇安徽当涂的南豫州刺史黄法𣰰，徙镇历阳。

驻在湖北蕲春的南陈南齐昌郡守黄詠也配合黄法𣰰的战略而东进，驱逐南齐昌的北齐军。

南陈派庐陵内史任忠沿水路北进安徽含山西南的东关，又先后攻下安徽巢县的蕲城与谯郡城(安徽省巢湖市东南)。于是驻守江苏六合(秦郡)的北齐军与驻守六合长江渡口瓜步以及胡墅(江苏省六合区东)的部队都向南陈投降。

南陈在北伐之战一开始就得到相当大的战果。皇帝陈顼特命都督豫合等六州诸军事、车骑大将军、豫州刺史吴明彻回到新收复的老家秦郡盛大祭祖，战争也因此而稍歇。

北齐内斗

563 年北齐皇帝高湛重用弄臣和士开，国事由和士开主持，人事行政委由赵彦深负责，财政经济由拓跋氏皇裔元文遥(现在已改姓高)负责。命唐邕统御民间武力和禁卫骑兵。冯子琮、胡长粲辅导太子高纬。赵彦深、高文遥、唐邕等都是和士开幕下，而和士开又为主管朝廷机要的“录尚书事”，所以说朝中大权全操在和士开之手。和士开一面对高湛谄媚迎合，诱使高湛纵情酒色；而他另一面与高湛妻胡皇后奸情正热。这样的朝廷，致使北齐的政治很快腐败，国势迅速恶化。

公元 571 年，在高纬皇帝任内，高湛的儿子高俨整了和士开，而和士开一派的陆令萱又为整高俨而捧出已经双目失明的祖珽来主政。祖珽本来抱定改革朝政的雄心壮志，他知道改革朝政必先肃清君侧；淘汰冗员，必先除去为害国家的恶势力的源头——陆令萱、穆提婆母子以及那些跟着陆令萱母子混吃混喝、摇旗呐喊的贪官污吏们。

祖珽知道现在皇帝高纬正在着迷他的奶妈陆令萱母子，所以不敢直接向皇帝控告陆令萱。公元 573 年夏，祖珽密令御史中丞丽伯律弹劾陆令萱的亲信主书王子冲贪污受贿，打算从王子冲的罪行牵连到陆令萱母子头上。同时祖珽又以胡皇后的家族为奥援，请胡皇后的哥哥胡君瑜为侍中兼中领军，又征召驻镇河南开封的梁州刺史胡君璧返京任御史中丞，构成反主流的势力来斗争主流派。

陆令萱的耳目众多，对于祖珽的各种策划，她知之甚详。

陆令萱在皇帝面前说胡皇后家族的坏话，使皇帝下令解除胡君瑜的中领军兼职。贬胡君璧为金紫光禄大夫，仍回梁州任所。同时也罢黜了胡皇后，对王子冲被控贪污事则不了了之。

在北齐朝廷里当然是胡官多于汉官，祖珽既是汉人而大多汉人又不齿其所为。陆令萱唆使宫廷以内的宦官、宫娥、官员们众口一词说祖珽的坏话，于是祖珽就被皇帝高纬疏远了。

陆令萱也在皇帝高纬面前说祖珽的坏话，于是高纬命领军大将军昌黎王韩长鸾检按祖珽案。

韩长鸾与并州刺史、尚书令高阿那肱，侍中领军将军城阳王穆提婆，都是位居中枢、共同主持国政的，也都是陆令萱的死党。时人称他们是祸国殃民的“三贵”，又称他们是误国误民的“主流派”。

皇帝高纬接受韩长鸾的建议命穆提婆为尚书左仆射，中书监、侍中段孝言为右仆射。段孝言原属祖珽幕僚，是有名的“贪污大王”。韩长鸾利用他来整肃祖珽，乃调升段孝言入阁，就是利用段孝言来发掘祖珽过去的机密。

韩长鸾向高纬禀告祖珽假传圣旨、收受贿赂等十多条罪状，综其罪应该处死。高纬以前曾经和祖珽立过重誓，所以饶祖珽一死，只免除其朝廷所任各官职，贬到山东临沂为北徐州刺史。

徐州(江苏省铜山区)自古以来就是兵祸连连之地，在南北朝时，几经战乱蹂躏，已成一座人间地狱之城了。

南陈听说双目失明的祖珽为北徐州(时治山东省临沂市)刺史，以为祖珽不能临战，乃发动起义民军围城。祖珽以空城之计诱使义军接近城池，忽然鼓声号声、喊杀声震天动地，义军大惊败退。既而再来攻城，祖珽乃骑马亲临阵前，左右弯弓威力射箭不像是个瞎子，义军兵士一见惊为天人，乃四散逃走。祖珽向朝廷紧急求援，可是陆令萱、穆提婆母子不让皇帝知道，意图使祖珽困死徐州。祖珽孤军奋战，时而出击，时而固守，经过十多天的苦战，义军知难而退走。南陈军也没敢再来，徐州得保全于一时。

祖珽对于他的主子可以说是竭尽忠忱，可是他的主子却拿他不当人看，任意侮辱，随便作贱。而他却逆来顺受，不声不响地我行我素。汉人们都说他是汉奸，而他替汉人挣来的福祉尽在不言中。他好像是一个踢不烂的皮球，气足时被人踢来踢去而弹性十足；气瘪时，人家把他踢来踢去，他还是若无其事地充满韧性，气不发喘、面不改色。

四十年来，祖珽走过坎坎坷坷，经过失意、得意，终于在公元 573 年冬，带着北齐的国运，死在徐州刺史任上。从他的一生衡量，集贼臣、忠臣、佞臣、汉奸于一身的祖珽，最后还能够善终任上，已是不简单、不容易的事了。

祖珽有二子，长子君信，亦曾为官。祖珽死，君信亦被废。次子君彦，身材短小，口吃，但颇有才学。隋大业中曾为东平郡书佐，后为王世充所杀。(《北史》)

敌国环伺

北齐兰陵王高长恭，名孝瓘，是高澄的第四个儿子。相貌英俊，作战勇猛。公元 564 年，曾在晋阳把突厥与北周打得惨败。公元 573 年，邙山之战，高长恭仅率五百骑兵深入北周军中苦战竟日，使北齐转败为胜，于是威名大震。当时军中感于这次战役胜之不易，乃作《兰陵王入阵曲》来歌颂其超人英勇。皇帝高纬深怕高长恭拥兵自重而夺权，已生谋诛之意。高长恭的好友尉相愿深深了解高家的传统性格，于是力劝高长恭最好退隐林泉，不再参与政治。当时高长恭也认为有理，只是放不下既得的名与利而没有照做。后来南陈进军江淮平原，高长恭唯恐皇帝征召他去前线作战，就称病居家以避之。皇帝高纬猜透高长恭的心思，乃借口三年前高长恭进攻定阳(山西省介休市)之战中有贪污行为而下令其自杀。

皇帝有权不恤将领的生命，还有权不恤士卒的生命。公元573年夏，高纬在酷暑中游猎南苑，随从官兵中暑而死的六十多人，而高纬却若无其事。

南陈听到北齐不恤功臣而杀兰陵王后，判定北齐内部不稳，乃决计北伐北齐。

北齐听说南陈又在备战，高纬派仪同三司王纮聘问北周，一则刺探南陈军情，二则故意示好以防北周与南陈联手来犯。

南陈太建五年，北齐武平四年，公元573年的六月，南陈使驻在湖北武昌的郢州刺史李综，大张旗鼓地出师北伐，攻占北齐前线湖北黄陂西南的滠口城。不过真正主力大军是在东战场上。南陈的庐陵郡内史任忠攻占了北齐安徽合肥(合州)外城。这一战吓得北齐驻守江苏睢宁(淮阳郡)和沭阳(沭阳郡)的守军全都弃城而逃。

是年六月中，南陈驻在江西南昌的豫章内史程文季攻下安徽天长西北石梁——北齐的泾州。

六月末南陈的宣毅司马湛陀攻下北齐在河南新蔡的新蔡城。南陈的豫州刺史黄法𣰰也自安徽和县的历阳出兵，攻占合肥城。吴明彻配合作战，攻下台肥以西灵璧的仁州。

北齐在前方节节失利，七月初派尚书左丞陆骞率两万步骑兵增援湖北蕲春的齐昌，在巴水、蕲水之间与南陈驻湖北黄冈的西阳郡守周炅的部队遭遇。周炅派出老弱残兵布成疑阵对抗陆骞的大军，他亲自率领精锐部队绕道小路包抄北齐军的后路，大败北齐军，同时又攻下湖北黄冈的巴州。

在东战场上南陈的北伐统帅吴明彻所部已经攻下安徽凤台西南的峡口，这个位居淮河北岸的要塞一失守，在淮河南岸各地的北齐守军大都弃守而逃。这时候淮河以北安徽五河的绛城以及灵璧西南的谷阳一带居民，群起响应王师，到处攻击北齐驻军。过去的战争都在争城池，现在农村已是遍地烽火了。

寿阳之战

公元573年四月末，北齐鉴于安徽天长石梁之战败，高纬想到十年前骠骑大将军王琳曾做过驻镇寿阳的扬州刺史，故而又命王琳到寿阳与扬州刺史王贵显配合作战。

南陈的北伐统帅吴明彻，乘王琳刚刚进驻寿阳不久，众心未固的机会，就对寿阳外城发动猛烈攻击。血战三个月，双方伤亡都很惨重。寿阳外城陷落南陈之手，王琳、王贵显退守中城。这是一场硬仗，也是影响全盘战局的一仗。驻守江苏淮安山阳城的北齐守军于八月初向南陈投降。八月中，驻守江苏盱眙的北齐守军也向南陈投降。

八月中，南陈戎昭将军徐敬辩攻陷江苏东海属北齐的海安城，同时驻守东海城的北齐守军也向南陈徐敬辩军投降。九月中，安徽灵璧阳平郡的北齐守军向南陈投降。

南陈驻在山东潍坊的高阳郡守沈善庆率领地方部队南下安徽怀远东北的马头城，给寿阳带来更大的压力。

安徽潜山的晋州，是长江北岸的重镇，南陈平固侯陈敬泰兵不血刃而占领了它，使淮河两岸的北齐军在战略形势上有腹背受敌的致命威胁。

是年(573)冬，南陈又调驻守江西吉安的卢陵郡地方部队，由任忠率领北上，攻下安徽霍山北齐所据守的霍州。

驻守湖北黄冈西齐安城的北齐守军向南陈投降。

南陈左卫将军樊毅攻下河南息县的北齐广陵郡楚子城。

十月初，南陈将领湛陀进攻湖北蕲春北齐所据守的齐昌城。

十月初，南陈统帅吴明彻下令总攻寿阳，并引淝水灌城。不到一个月，城中军民因水肿、腹泻而死了十之六七。北齐命行台右仆射皮景和等率军南下增援，皮景和逗留在淮河以北的颍口附近不敢前进。最后经皇帝高纬不断督促，皮景和迫不得已才勉强渡过淮河，数十万大军在寿阳西三十里处扎营。南陈吴明彻料定皮景和的畏战心理，没有理会他，只是下令猛烈攻击寿阳城。十月十三日城破，俘虏了王琳、王贵显、卢潜、李騊駼与可朱浑道裕等高级将领十多人，并押送到建康。皮景和没敢应战，连夜拔营北逃，遗下无数战马、军用物资，都成了南陈的战利品。

南陈把寿阳改称豫州，任命吴明彻都督豫、合等六州诸军事，封车骑大将军、豫州刺史。

王琳之死

王琳，是前南梁郢州(湖北省武昌市)朝廷正统派皇帝萧庄手下的名将。公元560年春，他在江西省温城之役战败后投奔北齐，本来是打算侍奉萧庄再作匡复南梁之计的，可惜为时势所不许，终为北齐所用。

《通鉴》说王琳“体貌闲雅，喜怒不形于色；强记内敏，军府佐吏千数，皆能识其姓名；刑罚不滥，轻财爱士，得将卒心；虽失地流寓在邺，齐人皆重其忠义”。

王琳被南陈俘虏，他的故旧部属在吴明彻军中任职者，争相向吴明彻恳切请命，一度为吴明彻释放。大家又纷纷为他捐制行装与川资。由于王琳的名气太大了，吴明彻又恐怕他再生变故而获罪于朝廷，于是又派专人追赶到寿阳以东二十里处，把年仅四十八岁的王琳斩杀。消息传出，民间一片哭声。他的主子萧庄也在公元577年北齐亡国后抑郁而死，一场复国梦随风而逝。

南陈皇帝陈顼下令把王琳的人头悬挂在建康街头，南陈骠骑仓曹参军朱玚是王琳旧部属，请求将人头暂时埋在八公山麓。不久，寿阳人茅智胜等又把王琳的尸体秘密送往北齐安葬。北齐追赠王琳为开府仪同三司、录尚书事，并封“忠武王”。

南陈内史鲁天念攻下北齐在湖北武汉黄陂区东的黄城，接着北齐驻守江西九江东北部郭默城的部队向南陈投降。

十月，北齐又派一万大军到达寿阳以西的颍口，还没有进入战斗就被南陈的樊毅所部击溃。北齐又派军增援，也被南陈军打败。

北齐在江苏淮阴城的守军向南陈投降。

十一月，南陈的威虏将军刘桃枝攻下江苏东海的朐山城。同时樊毅所部又攻占了江苏盱眙的济阴城。

南陈的鲁广达攻占了北齐在江苏宿迁的南徐州，南陈改名为“北徐州”，由鲁广达驻守。

这年冬，北齐在淮河以北最后的要地——安徽蒙城的谯城守军向南陈投降。

一度献城投降北齐的南陈定州刺史田龙升，也被南陈江北道大都督周炅讨伐，田龙升被斩。

翌年(574)正月十三日，北齐在河南息县金城的广陵守军向南陈投降。

公元575年春，南陈左卫将军樊毅攻占安徽泗县北齐所属的潼州。三月间樊毅又攻下江苏下邳、宿迁的高栅等六个城池。

从此长江以北、淮河以南的这块大平原已完全归属于南陈了。汉人的土地，汉人收复了。

汉官、汉奸最悲惨

北齐国子监祭酒张雕，曾是皇帝高纬的经书老师，高纬对他也非常尊重，见面总是以“博士”称之。“知遇报恩”是汉人的传统美德，所以张雕被提拔为“奏度支事”后，曾极力“省宫掖不急之费，禁约左右骄纵之臣，数讥切宠要，献替帷幄，帝亦深倚仗之”（《通鉴》）。张雕为报答皇恩，针对当前北齐时弊，曾以澄清吏治为己任，所以对于皇帝所宠爱的佞幸群宦之所为，都曾大胆批评，以致招惹陆令萱帮的“主流派”猜忌，于是他们阴谋设计陷害张雕。

这时候南疆重镇——寿阳失守，战事步步北移。高纬身边那帮“主流派”的宦官内侍们看着年仅十七岁的皇帝，禁不起前方战败的惊吓，就劝他到晋阳远离战火去躲避一下。

当时忠心于高纬的汉人大臣们，如侍中崔季舒、尚书左丞封孝琰等和张雕商议，一致认为大军出动作战，事事都得皇上裁决，如果圣驾西狩晋阳，恐怕会使百姓误会皇帝是逃避现实，以致震动人心。于是这帮不明就里的愚忠大臣们联名上书，劝阻高纬此行，以致踩着高纬的痛处，使高纬恼羞成怒。韩长鸾借机进谗言说：“汉人连名行动是借故讥讽皇上的。”高纬大怒，立刻下令召集这帮署名官员，包括侍中崔季舒，尚书左丞封孝琰，散骑常侍刘逖，黄门侍郎裴泽、郭遵和张雕等，于公元573年，北齐武平四年的十月九日在含章殿前把他们全部斩首，家属里男人被发配到北方边境为奴工，妇女配给奚官，全部财产充公。最残忍的是把男孩子交付蚕室去势，使他们永远绝后。一片哀鸣，敲响了高家的丧钟，最悲哀的应是北齐的国运。

集体屠杀的两天后，高纬依然前往晋阳去躲避战火。

高纬到了晋阳行宫，看见穆提婆、韩长鸾等正豪赌方酣。他们见高纬忧愁满面，穆提婆劝慰高纬："陛下尽放宽心，丧失一个寿阳无足惜，即使丢掉河南，我们还是一龟兹国。最可惜的是没有及时行乐，因为人的生命太短了啊！"加上左右嬖臣家奴们一致赞扬穆提婆的洒脱见解，说笑逗趣来讨高纬欢心，果然高纬又转忧为喜，忘掉他的都城，忘掉战场上的将士与人民而大肆饮酒狂欢起来。

不过他的良知未泯，还知道下令在黄河北岸的河南浚县的黎阳郡守，立即沿黄河北岸构筑防御工事。又派皮景和移防西兖州(河南省滑县)，好像真的是为"失去河南"而打算了。

高纬是在公元574年的二月五日，前方战事暂停后才敢回到他的都城——河北邺城。

最有趣的是在北齐已濒败亡边缘，而突厥却派使节来邺城提出通婚的请求，好像是北齐之回光返照。

高纬这个怪皇帝

近两年来，南陈北伐之战使北齐尽失淮、泗之地。北周东侵，北齐士气大受打击。而年已十九岁的北齐皇帝高纬，如依常人、常理说，他应该懂事了，可是他在那些奴才、小人的包围之下，不但不以国事为重，反而一味效法他父亲高湛那种奢侈豪华的生活，以为这都是帝王天经地义的生活范式。宫中的宫娥采女与宦官等都穿锦绣绸缎，都吃山珍海味。他又大肆修筑新宫殿，极尽雄伟华丽，稍不顺眼就会下令拆了再建。各种工匠及土木工程，夜以继日地不断进行。中国北方的冬季天寒地冻，一般土木工程都得歇工，而不恤民命的高纬却下令用烧滚了的水来和泥，用火烤结冰的地来不停地进行施工。

在晋阳的西方山中，工匠们夜以继日雕刻他家先人们的石像，每夜点燃万盏灯火，光照如同白昼。高纬并派人严厉监督，不得稍懈地赶工，好像他知道自己来日无多似的。因为他也记不清楚他先人的相貌，只是叫工匠设计都得雍容威仪，显示福相，因而后人看来都是一样的圆面孔佛像。

高纬很迷信，每逢天灾，他并不考虑开仓救济，只是到处摆设斋席，盲目地大宴和尚、道士来祈福；遇有星象变异，高纬从不反省自己，只知道迷信血祭，随便找他看着不顺眼的人，编个故事杀之以禳灾。民间有不满情绪反应的，他就大肆屠杀以镇压。民脂民膏，他任意挥霍；民力民命，在他手里被任意糟蹋的不知道有多少，真可以说是罄竹难书了。

高纬在华林园设立一个“贫儿村”，收容一些贫民孤儿。他自己也曾穿着破烂衣服，扮作贫儿模样在这个村中行乞取乐，毫无慈善、救济之意，只是戏人自娱而已。

高纬喜爱琵琶，时常自弹自唱，还自作《无愁曲》由左右侍从数百人演唱。国土日蹙，强邻北周虎视耽耽，而他竟然毫不在意，所以民间讽刺他是“无愁天子”。

高纬也常命令他的士兵做些军事演习、布阵、假想敌，但是他对这些活动，完全是以自娱为目的，并没有实兵意识。

他身边有一群他所宠爱的家奴、弄官，如他的奶妈陆令萱、陆令萱的儿子穆(骆)提婆、高阿那肱、韩长鸾、宦官邓长颙、陈德信、何洪珍等，这些不识之无的小丑们竟能参与机要，把持国政。他们还各自引荐其亲友，超阶任用到显要地位，如宫中杀手刘桃枝竟都高升到“开府仪同三司”，晋封王爵。宦官、歌手、舞女、巫师、奴隶、婢女等有上万人拥有高官厚禄。

一般官员升迁，不论才能，全看贿赂多少。送钱的升了再升，不送钱就会降了再降。

为逗高纬欢喜，宫中豢养了很多的狗、马、鹰、鸡，都封有什么将军、什么大夫一类官名，也都享有俸禄。家奴、弄官们千方百计使高纬欢喜，这笔庞大的开支以致国库空虚。高纬开始卖官鬻爵，先从郡、县做起，由侍臣议价拍卖郡守、县官、大郡、富县的价码，高过他十年、二十年的应得薪俸。因而所有地方官吏竞相搜刮民间财物来大捞本。人民苦不堪言。国家有了这种元首，岂有不亡之理？

高纬下令在统治下的“杂户”居民家中，凡二十岁以下、十四岁以上还没有结婚的女孩子们，全部集中在都城等待他来选美入宫，胆敢藏匿或抗命的家长一律处死。可是老天有眼，在高纬还没有来得及处分他们时，北周已经又打到邺城了。这些所谓“杂户”，可能是在一百多年前拓跋焘西征时掳来战俘的后裔。在北魏、北齐统治下一直都是世代为奴隶、苦工，到了公元577年北周灭了北齐之后，这些“杂户”才得以解放为平民百姓。

高思好本是姓范的孩子，高欢命从子高思宗收养为其弟，取名思孝。高洋为帝时，他为左卫将军，因讨柔然有功，高洋特命名为“思好”。

高纬的武平五年，高思好以南安王身份为朔州行台，驻镇山西朔州为朔州刺史。高思好为人忠贞耿直，他虽然与佞臣韩长鸾是儿女亲家，但他最看不惯朝中那一伙专门弄权的家奴幸臣。

一天，高纬派一个姓斫骨名叫光弁的弄臣到朔州去视察。这位弄臣了解高思好身世并非出自皇族嫡系，所以敢在高思好面前耀武扬威，目的是索贿。高思好想想那昏庸的皇帝和这群无耻的大臣，越想越气，他决心不蹚这混水，并一怒而驱逐斫骨光弁，遂起兵叛变。他以“肃清君侧”为诉求，发兵南下。军队开到晋阳北的阳曲，被武卫将军赵海的部队截击，高思好战败，投水自杀。所部两千多人拒绝投降，全部从容就义。

北周灭北齐

北周宇文邕的建德五年、北齐高纬的武平七年(当年年底又改为隆化元年)，公元576年冬十月初，北周皇帝宇文邕下令再次攻北齐。由于去年东进之战的经验，宇文邕这次要先攻北齐的精神堡垒——晋阳。他所部署的战斗序列是：

越王宇文盛、杞公宇文亮、随公杨坚等统帅右翼三军。

谯王宇文俭、大将军窦泰、广化公丘崇等统领左翼三军。

齐王宇文宪、陈王宇文纯任前锋。沿汾河东岸北进，采逐城作战法。

这时候北齐皇帝高纬正在晋阳北宁武境管涔山上的天池(祁连池)，陪着他的爱妃冯小怜打猎。晋州——平阳(山西省临汾市)紧急，请求援军的急奏章接二连三地送到祁连池，都被右丞相高阿那肱押着。迨晋州(平阳)已经沦陷时高纬才看到那些战报，高纬正要启驾南返晋阳，而冯小怜却又要求“再杀一围”。不知国事为何物的高纬竟然同意留下来“再杀一围”，直到十月十八日才回晋阳。

北周宇文邕已经进驻山西临汾南的汾曲(曲沃)督战，在汾曲下达总攻击令：

一、凉成公辛韶率步骑兵五千驻守山西永济的蒲津关(北周境内)，确保支援部队畅通无阻。

二、赵王宇文招率一万步骑兵由汾河以西的华谷(山西省稷山县西北北齐与北周的边境)北上，进攻北齐汾阳——汾州所属各城池，以声援汾河东岸的北上各军。

三、郑公达奚震率一万骑兵，封锁山西石楼的统军川，以掩护宇文招部的进攻。

四、大将军韩明率步骑兵五千，封锁河南济源西五十里的齐子岭(又名秦岭)，以防北齐东来的援军。

五、焉氏公尹升率步骑兵五千人进驻山西垣曲北的鼓钟镇，确保北上大军重镇曲沃的安全。

六、越王宇文盛，率一万精骑超越前进，封锁汾河东岸灵石西南的汾水关，以掩护沿汾河北上的北周主力大军。

七、陈王宇文纯率骑兵两万，进攻山西霍州东南的千里径。然后以跳跃前进方式指向晋阳。

八、命春官内史王谊为总监督，监督北上各军进攻山西临汾的晋州(平阳)。

晋州(平阳)之战

北齐行台仆射、海昌王尉相贵固守晋州(平阳)。十月十八日北齐皇帝高纬回到晋阳(太原)，立即召集各路兵马在晋祠誓师。十月二十五日高纬率大军南下向晋州平阳进发。

北周的宇文邕已进驻临汾南五十里的汾曲，每天必亲自到晋州城下督战。北齐守军行台左丞侯子钦无法抵御，乃向北周投降。北齐晋州刺史崔景嵩当天晚上也向北周投降。北周将领段文振会同崔景嵩冲入北齐行台仆射尉相贵的晋州，俘虏了尉相贵以及其武装部队八千多人，全部占领了晋州(平阳)。

北周齐王宇文宪攻下山西洪洞、永安(山西省霍州市)，正在计划向北推进。北齐军烧毁桥梁把守险要，以致北周军不能前进，只好驻守永安。宇文宪命永昌公宇文椿进驻霍州东北的鸡栖原，砍伐树木，建成半永久性的圆形帐蓬为基地。

十月二十八日，北齐皇帝高纬派出一万军队增援霍州东南的千里径，堵击北周宇文纯向晋阳的进攻。又派军增援汾水关。高纬亲自率领主力军攻击鸡栖原。

北周驻守汾水关的宇文盛紧急求救，齐王宇文宪率军赴援，北齐军听到宇文宪之名即行撤退，宇文盛乘势追击，北齐军大败而退。

宇文宪再增援鸡栖原，在战场上与北齐高纬军对峙一昼夜。宇文宪因转战奔驰、士卒疲劳而不出战。适逢宇文邕下令宇文宪回师，宇文宪遂乘夜撤退。北齐军见北周的全军营帐仍在，误以为北周军仍在，所以没敢追击。次日天亮才发现是一座空营。高纬派右丞相高阿那肱率领前锋军追击。

北周任命上开府仪同大将军梁士彦为晋州刺史，拨给精锐部队一万镇守晋州(平阳)。

北齐皇帝高纬的大军于是年(576)十一月四日开到晋州(平阳)，北周皇帝宇文邕为了暂时躲开北齐大军的锐气，乃不顾将领劝阻决定暂时西撤。并派齐王宇文宪为大军后卫，掩护大军转进。宇文宪与大将军宇文忻各率一百精骑反击北齐追兵，斩其勇将贺兰豹子，北齐军才被逼退。宇文宪率军渡过汾水，在玉壁与宇文邕会合。

北齐反攻

北齐主力大军包围晋州，在皇帝高纬亲自督战之下日夜不停地轮番进攻。城中北周守军虽然危急万分，但在刺史梁士彦的领导之下都沉着应战。城楼、墙垛全被齐军铲平，残存的城墙只剩六七尺。时而短兵相接肉搏血战，时而喊杀声震天动地。齐军飞箭如雨下，而周军矢尽，只有用拆来的民房的砖、瓦抛石抵御。城外的齐军有正规军、杂户(奴隶)军、地方部队、老弱妇孺，都在轮番上阵。城内北周军兵源有限，只有动员军眷、民间老幼日夜不停地支援守军。军粮吃完了，吃民粮；民粮吃完了，吃树皮、吃死尸。激烈的浴血抗战，持续了一个月多。

北齐高纬下令在晋州城南挖掘一条深沟，东自临汾东的乔山，西到汾水，以阻北周南来的援军，声援晋州。

北齐军在地面上加紧攻势，另行地道战法，致使城墙崩塌一大段。眼看北周守军就要崩溃，齐军正要乘势攻进城去时，高纬竟突然下令停止进攻。为的是要召唤他心爱的淑妃冯小怜前来观赏这场壮烈无比的胜利进城。可是冯小怜正在御营化妆，不能立刻赶到。而北周的守军就趁机筑起新的防御工事，晋州遂得保住。

冯小怜听民间传说临汾城西山石上有神仙的脚印，她要高纬陪她去参观。可是必须经过的桥梁在北周军飞石、流箭的射程之内，高纬唯恐伤到冯小怜，于是下令调动攻城木材在晋州北远离北周军射程之外另建一座新桥。高纬与冯小怜正要通过这座新桥时，而新桥又因赶工草率而突然折断。工兵加紧抢修，直到夜晚高纬才得回到御营。北周的晋州守军已经在从容整合后准备反攻了。

宇文邕的俘虏战

北周皇帝宇文邕于十月十八日返抵长安。听了前方战报之后，一面命令齐王宇文宪率六万大军，立即进驻涑川(山西省闻喜县)声援平阳的梁士彦。一面把投降或俘虏过来的北齐军民全部释放回国，叫他们运用各种手段散播谣言去困扰高纬。(涑川:《中国古今地名大辞典》涑水条:《左传·成公十三年》:“入我河曲，伐我涑川。”杜注:“涑水出河东闻喜县西南至蒲阪县(山西省永济市)入河。”)

同年(576)十一月二十二日宇文邕自长安出发，二十七日渡过黄河与前方六军会合。命齐王宇文宪所部向晋州推进，次日，宇文邕率主力大军进驻晋州城南扎营，与高纬的御营隔壕相峙。只是高纬所挖的壕沟很深、很宽，北周军无法越过。

北齐高纬打算突袭北周军，也因自己挖的这条壕沟太深太宽而无法通过。右丞相高阿那肱建议，于是高纬下令乘夜填平一段壕沟，以便派军南下闪击北周军。

高纬和冯小怜并肩骑马在附近小山丘上观战。北周军见北齐填平壕沟，乃充分准备消火来犯的北齐军。

两军刚刚接触，北齐军左翼稍向后退，冯小怜吓得跌下马来，大声呼叫着“败了！败了!”录尚书事(主管机要)城阳王穆提婆也惊惶失措，拉着高纬马缰，大叫“陛下快走……”高纬立即带着冯小怜奔向临汾东北的高梁桥，仪同三司奚长劝阻不住。于是北齐大军全面崩溃，死了一万多人，军用物资等全都抛弃，数十里间堆积如山。只有安德王高延宗全军而归晋阳。

北周军只顾乘胜追击北齐败军，无暇清理战场，对于北齐所遗弃的如此大量物资也无暇收拾，全被朔州境内山区的匈奴族稽胡部落抢去。稽胡发了这笔天上掉下来的大财，于是又开始了反抗活动。拥立四十二年前(534)义民领袖刘蠡升的孙子刘没铎为“圣武皇帝”，年号“石平”。义民复起，立即又成为北周军的后顾之忧了。

北周为情势所迫，只得回头讨伐稽胡，活捉刘没铎，余众投降。

这一仗前后打了一个多月，将士疲惫，兵器几乎耗尽。宇文邕打算班师。梁士彦劝阻说：“我们苦，敌人会比我们更苦。……此刻纵虎归山，将会后患无穷。”将领们敦请班师，宇文邕却改口：“如果你们没有信心，我就一人独自前往。”众将见皇帝突然如此肯定，也只有绝对服从了。宇文邕遂即北进汾水关(山西省灵石县西南)。

狼狈不堪的高纬回到晋阳后，一时不知所措。听他的奴才们建议，强作镇定，摆摆皇帝的架势，下令大赦天下。

高纬计划留下安德王高延宗(高澄的第五个儿子)与广宁王高孝珩(高澄的第二子)招兵买马镇守晋阳，他自己带着亲眷逃奔北朔州——山西朔州(太原市北四百里)。如果晋阳失守，他就投奔内蒙古的突厥。可是文武官员都反对他投奔突厥的打算。同时开府仪同三司贺拔伏恩等和皇宫警卫亲信官员三十多人，都投降北周。

这时候右丞相高阿那肱的部队，还有一万多人驻守在山西灵石的高壁(在太原市与临汾市的中间)与洛女砦(灵石县北)，足可拱卫晋阳，阻止北周军北上。可是，当北周军开到高壁时，高阿那肱竟然弃城而逃。宇文宪进攻洛女砦时，当地高阿那肱的部队也是不战而走。以前北齐军士数次告发高阿那肱勾结北周，可是高纬却认为是诬告，先斩告发人。

十二月十一日高纬派左右亲信先把他的母亲胡太后、太子高恒秘密送到北朔州。

北周皇帝宇文邕和齐王宇文宪于十二月十二日在晋州以北的介休会师，北齐守军韩建业献城投降。介休距离晋阳还有一百多里，当天晚上高纬就要逃走，可是为群臣将领们拦阻住了。

翌日(公元576年十二月十三日)北周大军迫近晋阳了，高纬还在强作镇定，再次下令大赦天下，并将武平七年改为“隆化”元年。又任命安德王高延宗为宰相兼并州(太原)刺史，统帅山西军队。在煞有介事的游戏一阵子之后，当天晚上高纬就秘密逃出晋阳城，原打算北向投奔突厥去的，经领军将军梅胜郎劝阻，高纬这才转头东向，逃回河北临漳他的都城——邺城。当时还有高阿那肱等十多骑跟随，广宁王高孝珩、襄城王高彦道等也陆续跟去。公元576年十二月十六日，高纬一行逃到邺城，十七日晋阳就为北周占领了。

陆令萱与穆提婆

北周兵临晋阳城下，北齐皇帝高纬向东逃去，可是他最宠信的乳娘陆令萱和幸臣穆提婆却背道而去，径向西逃而投降北周。陆令萱出身官宦之家，在政治圈里几十年，尤其是近些年她在高纬手下的所作所为，她的丈夫、家人都死在高家之手，她从三品夫人到亡夫之妇，从一个发配奴婢到几乎拥有皇太后般的地位。而今她背叛了高家，所有亲属又被高家或处死，或发配为奴，她自己也又做了亡国之奴、丧家之犬。想来想去，她只有自己了断自己这龌龊的一生。

陆令萱的儿子穆提婆投降北周，宇文邕为了利用他来号召北齐残余，乃委任他为柱国、宜州(华原——陕西省耀州区)刺史。自此，北齐的残余官员士卒们不断向北周投降。北齐平定后，北周斩了穆提婆。

高延宗称帝两天半

皇帝高纬跑了，北周的皇帝还在城外。晋阳城内的北齐领军将军莫多娄敬显、唐邕等要求安德王高延宗称帝。高延宗不得已乃于公元576年十二月十四日登基称帝，改年号“德昌”。任命晋昌王唐邕为宰相，齐昌王莫多娄敬显、和阿干子、段畅等分别统率各军武装部队。各地北齐旧属民众闻风前来投效的，前后相继。

高延宗把库藏金银财宝以及行宫美女和没收的十几家宦官财产，分别赏给各将士。又派开府仪同三司纥奚永安出使突厥求援，可是当纥奚永安到达突厥时，晋阳已为北周所有了。纥奚永安打算引刀尽节，突厥的佗钵可汗嘉许其志，赠予战马七十匹，送纥奚永安南返。

十二月十五日，北周宇文邕兵临晋阳(太原)城下，团团围着晋阳。高延宗命莫多娄敬显、韩骨胡守南城，和阿干子、段畅守东城，高延宗自己对抗攻击北城的北周宇文宪。和阿干子、段畅率一千多骑兵出城立即向北周投降。宇文邕遂自东门进城，高延宗、莫多娄敬显前后夹击宇文邕，北周军大乱，纷纷争着抢出城门逃命，以致自相践踏，两千多士卒阵亡。宇文邕的左右卫士全被杀光，宇文邕本人也差一点被抓到，幸经降将贺拔伏恩、皮子信等奋勇救护，他才逃出一条命。

北齐军获得空前大捷，官兵争相饮酒庆祝，全都酩酊大醉，满街躺着的都是死尸和醉卧在路边鼾睡的醉汉。高延宗没法集合部众，致为北周所乘。

翌日(十二月十七日)的凌晨，北周宇文邕下令拂晓攻击。就在死人最多的东门，高延宗一边大声叫人，一边奋力抵抗。声嘶力竭、筋疲力尽才向城北逃走，中途被北周军追上擒获。高延宗做了两天半的皇帝而亡国。

宇文邕拿出晋阳宫中高纬所遗无数的金银财宝、衣服、珍贵物资赏给有功将士，释放两千多宫女恢复自由。下令强迫并州(太原)军民四万多户人家迁移到关中地区，拆毁高家的并州宫殿，削除齐制，废除其一切法令制度。

高延宗失败了，所有官员除了战死者外，其余都向北周投降。只有莫多娄敬显走还邺城，又做了高纬的司徒——宰相。翌年春北周再陷邺城，莫多娄敬显也做了俘虏。

高延宗是高澄的第五个儿子，幼小时由高澄的弟弟高洋抚养长大。高延宗在年轻时性情古怪，不知礼法。他在高湛为帝时曾挨过数次毒打，高湛还把常在他身边教唆他为非作歹的奴才们杀了几个，从此高延宗深知悔改。历任并州(太原)刺史，总督山西诸兵事。后被北周俘去，翌年(577)押到长安，与高纬全家一起被赐死，是北齐第一个为国尽节的现任皇帝。

邺城末日

北齐皇帝高纬在邺城命有司悬重赏，招募勇士从军，但他自己不肯拿出金银财宝，于是三军毫无斗志。广宁王高孝珩要求高纬释放宫中美女，取出库藏珍贵宝物赏赐将士，高纬不肯，只用高官位来诱使人们归心，结果也没有收效。

北齐的朔州行台高励，率军护送胡太后和太子高恒，自朔州经太行山的井陉关于十二月二十日返回都城邺城。一路上宦官苟子溢等放纵所豢鹰犬到处捕捉农家的家畜、家禽。高励逮捕苟子溢要绳之以法，而为胡太后所阻。

是年年底，高纬在邺城朱雀门内设宴招待高级官员，征求应变意见。当时人心惶惶，没有人愿意战斗，会议也没有达成共识。朝中很多贵族官员都潜逃出城投降北周，所以朔州行台高励建议集合五品以上官员，命令他们出城作战，同时把他们的眷属集中在三台（铜爵台、金虎台、冰井台）。如果他们不能战胜，就纵火烧毁三台。他们顾念妻子儿女，一定会拼死以赴的，可是高纬不敢这样做。

高纬禅位

高纬迷信望气者的话，效法他父亲高湛当年禅让的故事，于公元576年的十二月二十九日把皇位传给年仅八岁的皇太子高恒。这一天也是北周宇文邕下令大军向邺城进发的时间。宇文邕命陈王宇文纯为并州（太原）总管，镇守晋阳。命齐王宇文宪为前锋，发兵进攻邺城。

翌年（577）正月一日，北齐新帝高恒宣布登基，改年号为“承光”。还虚应故事地“大赦天下”。年仅二十一岁的高纬被尊为“太上皇帝”，胡太后为“太皇太后”，穆黄花为“太上皇后”。

高恒任命广宁王高孝珩为太宰，招致“主流派”高阿那肱与韩长鸾等妒忌，又把高孝珩外放到河北南皮做沧州刺史。亡国在即，他们还在争权夺利。

高纬命长乐王尉世辩率斥候部队侦察北周军的动态。尉世辩登上高丘向西瞭望，看见一群乌鸦飞起，误以为是北周军的旌旗招展。因为北周军的军衣、军旗都是黑色的，尉世辩的眼睛可能是老花或近视，立即奔回邺城，向高纬报告周军已近。

黄门侍郎颜之推、中书侍郎薛道衡、侍中陈德信等建议高纬沿卫河以滑州为中心，招募新军，再谋中兴。如果不能成功就索性向南陈献地投降，可是为时已晚。

正月三日，胡太皇太后、穆黄花太后已经私下离开邺城，东奔济州(山东省茌平县——碻磝)；正月九日，小皇帝也离开邺城东下。正月十五日北周大军已到达与邺城只有一水之隔的紫陌桥。公元577年正月十八日北周军兵临邺城，进行包围部署，并放火烧毁邺城西门。

高纬命武卫大将军慕容三藏保卫皇宫，而他自己率同侍卫一百多骑，放弃邺城向东逃走。

北齐的王公大臣、皇族、贵族官员全部投降。保卫皇宫的慕容三藏见大势已去，也向北周投降。北周军遂兵不血刃地占领了邺城。

北齐领军大将军鲜于世荣仍在三台统帅作战，北周军把他活捉了，而他坚决不投降，遂被北周军杀害。

宰相莫多娄敬显在邺城失陷后投降北周，可是北周皇帝宇文邕责其三罪，“前从并走邺，携妾弃母，是不孝。外为伪主(高纬)戮力，内实通启于朕，是不忠。送款之后，犹持两端，是不信。如此用心，不死何待？遂斩之”(《周书·武帝纪下》)。

小娃皇帝演儿戏

公元577年正月二十一日，北齐太上皇帝高纬渡过黄河，进驻山东茌平的济州。就在这个苦难之时，小娃皇帝高恒又把皇帝宝座禅让给他的叔祖高湝。还以皇帝高湝的名义尊太上皇帝高纬为“无上皇”，高恒为“宗国天王”。

高恒命侍中斛律孝卿，把禅让诏书和玉玺送往河北省高阳县交给瀛州刺史高湝(高欢第十个儿子)，可是斛律孝卿出了济州城就带着玉玺、诏书奔回邺城向北周投降去了。所以高湝并没有接到这个禅让书和玉玺，当然也没有做第七任的亡国之君，不过他最后还是与亡国之君共存亡了。

北周宇文邕命大将军尉迟勤加速追缉北齐逃亡皇帝高纬一家人。

北齐驻镇洛阳的洛州刺史独孤永业所部还有部队三万多人，当他听到山西临汾的晋州陷落北周之手时，曾要求高纬准他出兵反攻。可是这个奏折上去之后，一直没有回文。独孤永业愤慨万分，接着又听说并州也落入北周之手了，他觉得北齐实在没有希望了，于是由他的儿子独孤须达向北周接洽投降了。

北周派越王宇文盛为“相州总管”，驻镇河北临漳原北齐的都城——邺城。

高纬的穷途末路

高纬把他的母亲胡太后留在济州——碻磝(山东省茌平区)，他自己带着他最宠爱的皇后穆黄花、淑妃冯小怜、已经卸任的娃娃皇帝高恒和宠臣韩长鸾、邓长颙等数十人，向东走上了穷途末路。

高纬这一群皇家难民到了青州(山东省青州市)，立即规划着南下投降南陈。可是他的心腹战将右丞相高阿那肱却早已和北周军暗中串通，北周命他一定要把高纬全家活捉。所以高阿那肱一直跟在高纬身边，捏造假军情，使高纬这一群人逗留在青州，暗地把高纬行踪传达给北周军。北周大军突然兵临青州以西的济州关，高阿那肱开关迎降。北周军紧攻青州，高纬仓皇间携带着数十袋的黄金，带着穆黄花、冯小怜、高恒等十余骑狼狈逃出青州南门。逃到五十里之外临朐西南的南邓村，被北周大将军尉迟勤追上。高纬全家被擒，连同在济州的胡太后一并押解邺城。时在公元 577 年正月二十五日。

高阿那肱也在长安因功而做了北周的大将军。

高孝珩、高谐、高绍义

北齐的广宁王高孝珩，被当权派挤出朝廷而外放为沧州(河北省盐山县)刺史。他在沧州率领五千新兵到高阳与任城王高湝会合，在当地募兵四万多，共同策划匡复大计。这时候高湝并没有收到逊帝高恒的禅让文书，所以他也没有以北齐皇帝名号行事。

北周宇文邕派齐王宇文宪、柱国杨坚自邺城出兵进攻信都，并命被俘虏的高纬写信给高湝、高孝珩，劝他们投降，被高湝拒绝。

高湝命领军将军尉相愿在信都城南列阵抵抗北周军，而尉相愿竟在阵前降敌。尉相愿是高谐的心腹大将，他一投降，致使高湝的军心涣散。高湝一怒之下，杀了尉相愿的全家眷属。次日再战，高孝珩在阵前又被他手下的叛将乞伏令和用槊刺下马来受伤。士卒被俘的、被杀的、投降的、逃亡的，总计三万多人，北齐军溃散。高湝、高孝珩都做了俘虏。

高孝珩是高澄的第二个儿子，被俘后很受北周优遇，宇文邕还亲自为他裹伤。因而他曾感慨北齐主流派的当权者没有一个活到四十岁的。这是最后的叹息，是最后的忏悔，还是承认天命?

高绍义北奔突厥

山西朔州是北朔州治所所在地，也是北齐北疆重要的军事基地。朔州前长史赵穆等迎接驻镇河北定州的定州刺史范阳王高绍义来守马邑(朔州）。同时肆州（山西省忻州市）以北二百八十多个城镇也都起兵响应高绍义。

高绍义与驻守山西繁峙的灵州刺史袁洪猛整军南下，打算反攻并州（山西省太原市）。当他军队还在半路时，忻州（太原北与朔州之间的重镇）已经被北周军占领了，当地北齐守军也都投降北周了。同时北周已经完全占领晋阳以北各州、城、镇。

高绍义退守北朔州。北周建德六年（577）春，北周东平公宇文神举围攻朔州所在地的马邑，高绍义又战败，乃率三千多残兵败将，向北投奔突厥。

北齐驻守东雍州（山西省汾河北岸新绛县）的行台傅伏与驻守辽宁朝阳营州刺史高宝宁二人坚决不降。其余各地方州、郡都归降北周。

依《通鉴》胡三省注记载，北周得齐地五十州，一百六十二郡，三百八十县，三百三万二千五百户。

五十州（依《通鉴》胡三省注）

在河南有十四州：

司州（河南省洛阳市）。

北荆州（河南省嵩县）。

义州（原河南省汲县，今卫辉市）。

怀州（河南省沁阳市）。

东燕州（可能是在河南省鹿邑县境）。

兖州（据《读史方舆纪要》，北魏初置兖州于河南省滑县，又移治山东瑕丘。曰“东兖州”，滑台之兖州曰“西兖州”。太和中又置“南兖州”于安徽省涡阳县）。

洛州（前燕置洛州，治金墉——在洛阳东。北魏本来在洛阳置洛州，魏迁都于洛阳后，把在洛阳的洛州改为司州。东魏又改称洛州，把河北省临漳县的相州改称司州)。

郑州(原名管州。后改称郑州，治河南汜水，寻徙治郑县)。

阳州(《读史方舆纪要》说是在河南省宜阳县，《中国古今地名大辞典》说在山东省东平县。待考)。

宋州(河南省商丘市)。

梁州(东魏置，在河南省开封市。北周改曰汴州)。

豫州(后魏天兴初年置豫州于野王——河南省沁阳市。泰常中徙治洛阳。寻又徙于虎牢。皇兴初移治悬瓠——河南省汝南县，而以虎牢为北豫州。又改为东豫州，治广陵——河南省息县。当时以虎牢、悬瓠、广陵为“三豫”。北齐改豫州为舒州，隋复称豫州，又改曰蔡州。后赵置豫，治许昌。前秦的豫州自许昌移治弘农——河南省灵宝市。又移陕城——河南省陕州区，又移洛阳。前燕置豫州，治陈留，后移许昌。后燕的豫州与兖州并治滑台——河南省滑县)。

襄州(东魏置，治河南省叶县。西魏也置襄州，治湖北省襄阳市)。

西兖州(河南省滑县)。

在河北有九个州：

营州(后赵置，在河北省迁安市。北魏置，治和龙——辽宁省朝阳市)。

北燕州(河北省怀来县)。

冀州——信都(河北省冀州市)。

赵州(河北省赵县)。

蔚州(河北省蔚县)。

定州(河北省定州市)。

瀛州(河北省河间市)。

幽州(河北省蓟县，今属天津市蓟州区)。

安州——方城(北京市密云区。一说在河北省丰宁县)，西魏初曾改名为“始州”。

在山西有十个州：

东雍州(北魏置，治山西省新绛县)。

建州(山西省晋城市)。

汾州(山西省汾阳市)。

汾西州(山西省汾西县)。

晋州(山西省临汾市)。

并州——晋阳(山西省太原市)。

肆州(山西省忻州市)。

显州(山西省孝义市)。

恒州(山西省大同市)。

南朔州(《读史方舆纪要》载：北齐置北朔州山西省马邑郡。高齐置南朔州于山西省汾阳县)。

在山东有六个州：

北徐州(山东省临沂市)。

青州(山东省青州市)。

济州(山东省茌平区)。

光州(山东省莱州市)。

胶州(山东省诸城市)。

南青州(山东省沂水县)。

在江苏有四个州：

徐州（江苏省铜山区）。

海州（江苏省东海县）。

东徐州（北魏太和中移治江苏省宿迁市）。

东楚州（江苏省宿迁市，北周又移治泗州）。

在安徽有三个州：

南兖州（安徽省涡阳县）。

仁州（安徽省灵璧县）。

睢州（安徽省宿州市）。

在四川有两个州：

潼州（四川省绵阳市）。

黎州（四川省广元市）。

在宁夏：

灵州（宁夏自治区灵武市）。

附注：

一、五胡十六国时代，在一个朝代中对一个州名时常变易多个地方，这种治所不常的事情很多。

二、《通鉴》所列北齐亡于北周时之五十州中列有“南营州”，可是翻遍《周书》不见“南营州”。《隋书》也没有“南营州”的记载。只有《读史方舆纪要》第八十一卷载有“南营州”之名，但是“唐武德五年改为‘南营州’，贞观八年又改为‘道州’”。

《中国古今地名大辞典》说“道州，唐置营州，寻曰南营州。寻复为道州”。这个道州、南营州都是在湖南，而北齐的势力并没达到湖南境。

三、《隋书·地理志》说北齐“洎乎国灭，州九十有七。郡一百六十。县三百六十五。户三百三万”。《周书·武帝纪》则说：“齐诸行台州镇悉降，关东平。合州五十五，郡一百六十二。县三百八十五。户三百三十万二千五百二十八。口二千万六千八百八十六。”这些数字都不一定准确，历代治史大家都有考证，参考别书更正者有之，辩论者有之。但对史实都没多大用处，所以在这里并不多予论评，也不再加考据。

四、事实上在北齐亡国之前还有一些地方《通鉴》没有列上而从五胡十六国史上临时摘录下来的，诸如：南司州(湖北省黄陂区)、南恒州(山西省武乡县)、南梁州(陕西省安康市)、南雍州(河南省洛阳市东北)、南平州(河南省唐县)、南汾州(山西省吉县)、南豳州(陕西省彬州市)、南定州(蒙龙城、湖北省麻城市)、南冀州(山东省)、南荆州(河南省信阳市)、隰州(山西省隰县)、南襄州(河南省唐县)。

军事管制与胜利游行

北齐原驻守山西汾河北岸新绛的东雍州刺史傅伏，驻守辽宁朝阳的营州刺史高宝宁二人据守防地不降。

北周皇帝宇文邕下令：在河南孟州的河阳、山东青州、幽州、安徽亳州的南兖州、河南汝南的豫州、江苏铜山的徐州、山西北朔州、河北定州等八个重镇，各设军事“总管府”。又在原北齐都城邺城的相州、山西太原的并州，各设行营别宫以及朝廷的分部，加强统治。

公元577年的四月初，宇文邕在长安举行盛大胜利游行，最可笑的是把俘虏来的北齐逊帝高纬安排在最前面，其余亲王、藩王、三公于后，北齐皇室所用的车、轿、旗帜、仪仗等按顺序排列在游行队伍前端。宇文邕乘坐大驾车辆，布六军，高奏凯歌。又把这批北齐皇家俘虏群带到宇文家祖庙，向宇文氏祖先行献俘(虏)礼。然后宇文邕封高纬(俘虏)为“温公”，其亲王三十多人也都授予爵位。

宇文邕设宴与高纬及其随行官员欢乐饮酒，席间命高纬起舞，高纬毫不在乎似的接受了，可是在列的高延宗却悲痛万分，以后他曾几次自杀，都被监视他的侍从人员阻止。宇文邕要让他死在自己的命令之下，才显示出来胜利者的权威，高延宗就在这种高压之下又苟延残喘了半年。

战争结束了，北齐高家皇族也已消灭了，北周兼并了北齐。宇文邕为了标榜他自己是英明而伟大的皇帝，乃下令“以德报怨”。为五年前(572)被高纬灭门族诛的斛律光、崔季舒等平反，还追赠了官爵，并以公侯之礼再安葬。对他们还存活在世的子孙们分别派任官职，家人发配为奴的恢复其自由，财产被没收的悉数发还，可是事实上这不过是有名无实而已，因为斛律家只剩下高纬的斛律皇后和斛律羡的最小儿子斛律伏护没有被杀，可是在斛律光全家族灭的同时，他们已经被贬为平民，也已不知下落了。

宇文邕还下令将北齐以前那些浪费民脂民膏、专供皇帝游乐的豪华建筑，如东山、南园、三台等，完全拆除。砖瓦、木材，赏给当地居民。山川园林所占之地，一律归还原有人。

高家的悲歌

北齐自公元550年高洋受禅于东魏，到公元577年被北周所灭，计传六帝，历二十八年。

北周皇帝宇文邕觉得原北齐所属各地大致平定了，亡国之君高纬父子也没有利用价值了，乃下定决心消灭高家。

就在灭了北齐的当年(577)冬，宇文邕使人诬告已被封为“温公”的高纬和驻在陕西耀县的宜州刺史穆提婆谋武装叛乱。于是宇文邕下令所有在软禁中的高姓家族，不论皇族、贵族以及四月间封过爵位的三十多位官员等，一律强制自杀。只有高纬的两个弟弟高仁英是白痴、高仁雅是哑巴，二人得免一死，但仍被放逐到四川巴蜀郡做苦工，而死在边裔。其他没有被杀的皇亲国戚，一律拆散其家属，分别发配到西北边疆各地劳动改造，后来也都死在边疆。

宇文邕把高家杀得灭门绝后，十七年(594)后，隋朝皇帝杨坚也把宇文家族杀得灭门绝后，而且杨坚又下令高仁英承继高家香火。这种骗人的空头人情也已记在历史上了。

高家人等临死还都大呼冤枉。只有做了两天半北齐末代皇帝的高延宗，一言不发，带着亡国的耻辱跟高纬一起服毒而死。

高纬史称“后主”，高恒史称“幼主”。

高绍义与突厥

高绍义是高洋的第三个儿子，时为北齐的朔州刺史。北周进攻北朔州，高绍义战败而投北邻的突厥(蒙古境)。高绍义当时手下还有士卒三千多。突厥的佗钵可汗对高绍义十分敬重，下令侨居在突厥国内的北齐居民全归高绍义领导。

高绍义于是年(577)年底，遥应远在辽宁朝阳的营州刺史高宝宁的敦请，遂在突厥组织流亡政府，自称“北齐”皇帝。改年号曰“武平”，任命高宝宁为宰相。突厥的阿史那佗钵可汗也允拨军队相助。

两年后(579)，突厥的阿史那佗钵可汗向北周请求和解。北周皇帝宇文赟封赵王宇文招的女儿为“千金公主”，嫁给阿史那佗钵可汗，交换条件是要突厥交出北齐流亡皇帝高绍义，可是突厥严词拒绝。

突厥锐意袒护北齐流亡皇帝高绍义的基本用意，并不是什么“兴灭”“继绝”的大义精神，而是保持北齐的影子政权，在当时态势上对北周是一种牵制，在北周、北齐、突厥三者之间是一种平衡。北周、北齐长时间对峙，对他们两家都是消耗。突厥可以左右逢源，渔翁得利。

公元578年六月北周皇帝宇文邕死，高绍义认为是他复国的大好机会。适逢幽州——燕郡(北京市)义民首领卢昌期聚众起兵，并占领范阳(河北省涿州市)。是年闰六月高绍义率突厥军前往增援。北周派东平公宇文神举率军讨伐卢昌期，高绍义则打算乘虚而袭宇文神举的基地——大兴，并且邀同丞相、营州刺史高宝宁出兵支援范阳。适值北周的宇文神举已破范阳，并俘斩了卢昌期，义军溃散。于是高绍义与高宝宁在毫无收获之下各回原防地。

再两年后，中国北方情势发生了重大变化，在突厥北方的高车族和西域各少数族群的兴起，使突厥再想南下周、齐也有了后顾之忧了。公元580年，北周大象二年、流亡齐帝高绍义的武平三年，北周皇帝宇文阐先派汝南公宇文神庆、司卫上士长孙晟护送千金公主前往突厥与阿史那佗钵可汗成亲。随后又派建成侯贺若谊访突厥，贿赂阿史那佗钵可汗引渡北齐的流亡皇帝高绍义，阿史那佗钵可汗应许。于是使贺若谊隐匿在边境，阿史那佗钵可汗邀同高绍义到边境狩猎，故意任由北周的贺若谊把高绍义掳去。是年(580)秋七月一日，高绍义被押解到长安，再被贬逐到蜀，久之，病死在蜀。这是高家最后一个死的皇帝，高欢系的高氏族灭。

高家的女眷更悲惨

高家祖孙三代(高恒死时年仅九岁，未计在内)所做的那些血腥、污浊事，都已得到他们应得的报应。可是高家的女眷们最后的遭遇，也使人不禁感到她们是因果报应的祭牲品。

高洋的汉人皇后李祖娥最悲惨。高洋死后，她被高湛强占怀孕，又被高湛多方侮辱、鞭打。最后北齐亡了，她被北周掳到长安，发配为奴。五年后，隋灭北周，她才被释放回到河北赵县的故乡，其后就不知所终了。

高演的孝昭皇后，被北周掳去发配皇宫为奴，杨坚做了宰相才被释放出宫。

宇文邕把高湝年轻美貌的王妃卢氏赏赐给有功将领斛斯徵。卢氏蓬头垢面、不言不语、长斋礼佛、不近荤腥，当然也没有生活情趣。斛斯徵只好给她自由，卢氏遂回山东高门故乡出家为尼。

最有趣的是亡国皇帝高纬的母亲(高湛的武正皇后)胡太后，在北齐还没有亡国之前，她的风流韵事一箩筐。一大群面首族，还有假扮尼姑被豢养在宫中的。北齐亡国后她已经是半老徐娘了，她带着儿媳妇(高纬的皇后)年方二十岁的穆黄花，就在北周的都城——长安公然为娼。并且还对她的儿媳自嘲："做皇后不如做妓女，做了妓女才有自由，才更有乐趣。"如此厚颜，古今中外少有，高家胡太后的厚脸皮真可谓古今独一无二。

高湛的长子南阳王高绰的遗孀郑王妃，北齐亡国后为北周掳入后宫，一度宇文邕荐枕之后，后又被发配为商家奴。

最可怜的要算是亡国皇帝高纬最宠爱的冯小怜了，她被掳到北周后，北周把她发配给宇文泰第十一个儿子代王宇文达做妾侍。能歌善舞而又年轻的冯小怜，当然也会受到宇文达的怜爱，因而引起宇文达元配夫人李王妃的嫉妒，自是少不了醋海生波。

杨坚灭了北周，周室皇族系的宇文达被杀，杨坚又把冯小怜当奖品赏给隰州总管李询。巧的是李询正是被杨坚所杀的北周宇文达原配夫人李王妃的哥哥。李询的母亲要为她的女儿李王妃复仇，乃对冯小怜施行多方不人道的凌辱、虐待，冯小怜无法忍受，只好自杀了。

后来小说家还把冯小怜戏剧化，说她弹琴弦断，曾自吟“虽蒙今日宠，犹忆昔时怜！欲知心断绝，应看胶上弦”一首，又补她两句“天生尤物最招殃，桀纣都因美色亡”以责其误君误国。

史乘还说北齐的其他皇族皇后、妃嫔们后来大都穷苦潦倒，以卖蜡为生。